내 삶을 바꾼 독서의 기적

가장 빠르게 삶을 뒤집는, 가장 현실적인 독서법

내 삶을 바꾼 독서의 기적

초 판 1쇄 2020년 06월 17일

지은이 이도경
펴낸이 류종렬

펴낸곳 미다스북스
총괄실장 명상완
책임편집 이다경
책임진행 박새연 김가영 신은서
본문교정 최은혜 강윤희 정은희 정필례

등록 2001년 3월 21일 제2001-000040호
주소 서울시 마포구 양화로 133 서교타워 711호
전화 02) 322-7802~3
팩스 02) 6007-1845
블로그 http://blog.naver.com/midasbooks
전자주소 midasbooks@hanmail.net
페이스북 https://www.facebook.com/midasbooks425

ISBN 978-89-6637-804-3 03190

값 18,500원

미다스북스는 다음세대에게 필요한 지혜와 교양을 생각합니다.

내 삶을 바꾼 독서의 기적

가장 빠르게 삶을 뒤집는, 가장 현실적인 독서법

이도경 지음

미다스북스

평범한 내가 책을 통해
살아갈 용기를 낸 것처럼

참 좋다. 일요일 아침 나는 일본 도쿄 신주쿠 오쿠보 에끌라 카페에서 이 글을 쓰고 있다. 아침 7시에 문을 여는 곳이다. 오른쪽으로 시선을 돌리면 일본 회사 사무실이 보이고, 왼쪽을 보면 회사 직영 매장이 보인다. 요즘 나 자신만의 시간, 일, 공간이 주는 이런 여유가 참 좋다. 이걸 갖기까지 시간이 얼마나 흘렀나 생각해본다.

"내가 지금 제대로 잘 살고 있는 걸까?" 늘 내 머릿속을 떠나지 않던 다가올 노후, 미래에 대한 불안감으로 잠을 못 이루는 날도 많았다. 나를 포함해 현대를 살아가는 여자들의 삶에 대한 공통 고민이지 싶다. 제대로 살고 있는 건가? 자괴감이 자주 들었다. 일과 가정의 균형을 맞춰보려고 전전긍긍했던 시절에 뜻대로 잘 안 된 순간엔 모든 게 의미 없다는 우울감으로 삶을 다 놓아버리고 싶을 때도 많았다. 매일 출근하며 열심히 살아도 돈은 부족했고, 아이 키우는 일도 버겁고 내 몸과 마음도 다 지쳐갔었다.

주위를 둘러보면 살림하는 전업맘이든 나처럼 육아, 살림, 일을 함께 하는 워킹맘이든 해결되지 않는 감정들이 보였다. 스스로를 위해 쓸 수 있는 시간과 돈은 늘 부족하게 느껴졌고, 사업을 하면서도 늘 돈에 쫓기고 미래에 대한 불안감이 들었다. 또 인생에서 뭔가 중요한 걸 놓치고 산다는 생각도 들었다. 아침부터 저녁까지 주말이나 공휴일도 없이 일터와 집을 오가며 살았다. 가사도우미의 도움이 있으나 없으나 집안일은 끝이 없었다.

20년이 훌쩍 지나갔다. 결혼 후 회사 일, 육아, 살림까지 열정적으로 열심히 살아왔다. 지방에서 매장 1개로 시작한 화장품 사업이 전국 시 단위, 도시마다 한 개 이상 매장을 오픈할 정도로 전국적으로 커져가고 성공할 때는 세상을 다 가진 줄 알았고 성공이 보장된 줄 알았다. 철없이 방만한 경영으로 실패했을 때는 이혼까지 들먹이며 죽을 것같이 힘들었던 기억이 난다. 지금은 일본에 자리를 잡아 탄탄하게 사업을 하고 있다. 지치고 힘들었던 순간들도 책과 함께 하는 시간과 함께 이제 과거가 되었고 이제 슬프지도 힘들지도 않다.

많은 사람들이 경제적인 자유, 행복한 가정과 만족스러운 자기 삶을 꿈꾸지만 어떻게 하면 될지 몰라 고민한다. 나도 그랬다. 누구보다 간절하게 경제적, 시간적으로 자유로운 인생을 누리고 싶다는 꿈을 이루고 싶었다. 그리고 이때, 꿈을 이룰 수 있도록 의식 성장을 가져다준 것이 독서였다. 독서를 통해 난, 내 자신이 변해야 진정으로 행복해질 수 있다는 사실도 알게 되었다.

내 자존감을 회복하려면 나만의 시간 확보가 필요했고 그건 책으로부터였다. 경제적인 문제와 나 자신이 잘할 수 있는 일이 무엇인지 고민했다. 일도 똑부러지게 잘하여 인정받고 싶었고, 남편과도 그만 싸우고 잘 지내며 아이를 잘 키우고 싶었다. 물질적인 문제와 시간으로부터 자유를 만들어서 뭔가 잃어버리고 사는 듯한 내 삶을 잘 리드해내고 싶었다. 나를 드러내는 일이 두렵기도 했지만 용기를 내어 지금껏 살아온 내 삶의 경험을 나누고자 한다. 나는 실행력이 좋고 경청에 소질이 있다. 조언을 구하는 사람에게 솔직하고 쉽게 잘 알려준다. 그럴 때 기쁘고 행복하다.

책은 한동안 사람들을 피하던 나를 마음을 열어 먼저 손을 내밀 줄 아는 사람으로 만들어주었다. 사업에서 위기를 맞았을 때 일어나게 했고, 이젠 어떤 성공 앞에서도 자만하지 않고 나만의 색깔로 인생을 살아갈 중심을 잡아주었다. 책은 세상에서 나를 제대로 성장시키고 컨트롤하여 내 삶의 주인으로 새로 태어나게 했다. 책에서 나는 수많은 멘토의 글을 만났다. 읽은 책이 나를 만든다는 말은 진리다.

평범한 내가 책을 통해 살아갈 용기를 낸 것처럼 누군가도 책으로 자존감을 회복하고 내면이 강한 사람이 되기를 바란다. 나 자신에 대해 믿음이 생기는 순간 막연한 두려움을 이겨낸 나처럼 당신 스스로도 진정 무엇을 원하는지 책을 읽으며 깨닫고 원하는 것을 모두 갖길 바란다. 무엇이든 첫걸음이 가장 힘들다. 하지만 내디딘 첫 발자국, 첫 페이지 문장을 읽어보는 첫 시작만이 계속적인 성장의 삶으로 나를 이끌게 된다는 걸 알게 될 것이다.

기적의 삶을 보여주는 "꿈독서"를 하자. 멋진 당신의 미래, 바라고 이루고 싶은 모든 것을 일단 상상하자. 그리고 종이에 천천히 적어 나가보자. 지금 현재 힘들다고 희망이 없다고 주저앉아 포기하지 말자. 내가 그랬던 것처럼 당신도 당신이 상상하던 그 삶의 그림에 멋지게 서서 미소지을 수 있게 될 것이다.

목 차

1 장

열심히만
살면
잘될 줄
알았는데

나는 왜 이렇게
힘들게 살아야 할까?

인간은 살아 있기 위해
무언가에 대한 열망을 간직해야 한다.

— 마가렛 딜란드 —

정이 많고 부지런하셨던 친정 부모님은 평생을 공장과 시장에서 일하셨지만 가난하셨다. 초등학교 중퇴이신 부모님은 우리 삼남매를 대학교는 꼭 보낼 거라고 밤낮없이 고된 노동을 하셨다. 함안, 부산, 마산, 울산, 포항, 대전으로 일자리만 있으면 온 가족을 데리고 이사를 하셨고, 6년 전쯤 아버지는 폐암으로 돌아가셨다. 아버지의 하청업체 사업 실패로 생긴 부채, 우리 삼남매 학비, 친척, 지인에게 무상으로 주신 돈, 주택 대출금들이 모두 빚으로 남았다.

중3 때 여상에 진학하려 했으나 아버지의 권유로 인문계 고등학교에 진학했다. 그저 입학에 의미를 두고 대학에 들어갔고, 졸업 후 사회복지사 일을 했지만 내 적성에 도무지 맞지 않았다. 세계를 여행 다니며 살고 싶은 마음에 항공사 시험을 봤지만 떨어졌다. 부모님께 죄송했다.

취업으로 고민할 때 내가 좋아하던 고모가 피부미용사를 추천했다. 뷰티업에 흥미가 생겼고 학원에 등록했다. 학원에서 소개 받은 피부 관리실에서 6개월 정도 일을 했다. 친절하다고 나를 찾는 단골들이 늘어나고 매출도 오르는 걸 보았다. 원장님은 나와 다른 직원 2명에게 샵을 맡겨두어도 샵이 잘 운영되자 다른 데 또 오픈을 준비하기 시작했다. 나는 나의 사업을 해서 돈을 빨리 벌고 싶었다. "아직 경험을 더 쌓고 해도 늦지 않다"고 원장님은 말리셨지만 귀에 들어오지 않았다.

부모님께 피부 관리실 사업을 하겠다고 말씀드리며 상의했다. 부모님은 나를 믿고 창업 비용 4천만 원을 준비해주셨다. 포항 중앙상가 3층에 약 20평 정도 자리를 계약했다. 보증금, 인테리어비, 피부 관리 집기와 제품 구입비 등 오픈 준비에 약 3천 5백만 원 정도 투자되었다. 40대 경력자와 20대 초보자 직원 두 명과 야심차게 시작했다. 그런데 사업 시작부터 삐끗한 사건이 생겼다. 다른 샵에서 간판 상호가 유사 상호라며 소송을 걸어왔고, 이것 때문에 법원을 다니게 되었다. 결국 그 상호를 쓸 수 있었지만 지쳐버렸다.

피부 관리실 홍보를 하기 위해 전단지를 만들어 일간지 신문에 홍보했고, 인근 매장에 상호가 새겨진 수건과 피부 관리 무료 체험 쿠폰을 돌리기도 했다. 무료 체험권으로 온 고객을 정기 티켓으로 유도해야 했다. 10명을 상담하면 100%는 아니라도 50% 정도 고객은 정기 티켓으로 유도해야 하는데 30% 미만이었다. 비싸게 들여놓은 피부 관리기계 티켓을 끊어야 매출이 오르는데, 고객들은 새로운 기계에 대해 신뢰감이 없었다. 원장 경험이 고작 6개월밖에 안 된 나를 신뢰할 수 없었던 것이다. 고객층은 고등학생부터 60대까지 다양했다. 고객들이 20대인 나보다 40대 직원을 원장으로 착각하면 기분이 언짢았다. 고객이 피부 관리 비용과 화장품 값 할인을 요구할 때 고객의 마음을 읽지 못하고, 단호히 거절하여 손님을 놓치기도 했다. 장사를 너무 몰랐던 것이다. 피부 관리실용 화장품의 매입 가격도 터무니없이 비싼 금액으로 공급받았다는 것도 뒤늦게 알았다. 직원 관리에도 서툴렀던 나는 급여 외에 추가 보너스 주는 것도 생각하지 못했다. 내가 직장에서 직원으로 근무할 때 인센티브가 없어서 속상했던 기억을 잊고, 정작 내가 피부 관리실 원장이 되자 직원 마음을 못 본 것이다. 아뿔싸! 경력자 직원이 그만둔다고 했다. 게다가 경험 없이 시작한 피부 관리실은 임대료가 밀리는 상황이 되어 부모님께 돈을 또 빌렸다. 스트레스로 살도 빠졌다. 퇴근 후 집에 들어가면 부모님 얼굴 뵐 면목이 없었다. 너무 죄송했고 보증금 까먹기 전에 폐업을 고려하고 있던 1995년 어느 날이었다.

"안녕하세요. 1층에 화장품 매장을 며칠 전 오픈한 사람입니다. 1층 화장품 매장에서 일정금액을 구매한 고객에게 피부 관리 무료 쿠폰을 증정하는 행사를 하려고 합니다. 혹시 피부 관리실 원장님이십니까?" 그때 나는 3층 피부 관리실을 매매로 내놓은 상태였다.

"그리고 혹시 직원이 부족해서 그러는데 바쁠 때 판매를 잠시 도와주실 수 있는지요?"

장사가 잘되던 1층 화장품 매장 사장님은 내게 데이트 신청도 없이 처음부터 결혼을 이야기했고, 결국 3개월 만에 우리는 결혼을 했다. 마음이 잘 맞으니 일도 함께, 가정일도 함께 척척 아무 문제없이 행복할 줄 알았다.

그러나 같이 퇴근하는 날에 집안일을 같이 하자고 하면 남편은 짜증을 냈고, 게임을 하거나 다시 외출을 했다. 결혼했는데 남편은 혼자 사는 사람처럼 생활했다. 솔직하게 이 글을 쓰면 남편이 읽어보고 섭섭해할지도 모르지만 솔직히 써보련다. 남편은 매장을 나에게 맡기고, 낮에도 거래처에 가서 술을 마시는 일을 자주 반복했다. 내가 전화를 걸면 남편은 되레 짜증을 내기도 했다. 결혼 안 한 친구들과도 어울리거나 저녁에 거래처들과 술자리는 거의 매일이었다. 첫아이 낳고 남편이 연락이 안 되어 병원에 먼저 온 것도 친정 남동생이었다. 남편에게 섭섭했다. 밤에 술에

취해 병원에 온 남편은 산모 침대에 누워 잤고, 담배 피다가 간호사에게 쫓겨나기도 했다. 배려심이 많은 줄 알았는데 실망했다. 사실 결혼 전 남편과 술을 마셔본 적이 없어 술을 좋아하는지 몰랐다. 술자리로 늦은 귀가와 엄청난 술값 청구서를 보고 놀라 싸움을 자주 했다. 혼자 버는 돈이냐고 왜 막 쓰고 다니느냐고 대들었다. 나는 이때 내게는 문제가 없고 무조건 남편 탓이라고 생각했다.

결혼 전 남편이 매장에서 새벽까지 일하고 박스 깔고 잤다고 하는 걸 알았기에 경제관념이 철저하고 성실할 줄 알았다. 결혼 후 가정적인 모습을 보이기에 육아일도 같이 할 줄 알았다.

결혼 전 잘 통하던 미래 설계에 대한 대화가 어느새 꺼내는 것조차 어색한 분위기가 되었다. 새벽 귀가나 며칠씩 연락 안 될 때도 많아서 나 혼자 처리를 할 때도 많았고 외로웠다. 연락 없던 남편과 며칠 만에 만나면 남편이 밉고 원망스러워서 또 아이들 보는 데서 싸웠다. 우리 부부는 철이 없었다. 아이라도 없으면 바로 이혼했을 것 같다. 왠지 내가 억울한 마음이 들어 결혼 생활이 이럴 줄 몰랐다고 따지기라도 할라치면 눈물이 너무 나서 말발 센 남편에게 졌다. 낮에 일하고 밤에 아이 챙기고 집안일을 나 혼자 하느라 나는 평소에도 눈이 빨갰다. 그러다 30대 초반에 자궁암 진단을 받았고, 40대엔 갑상선암 수술을 하며 난생처음 유언장도 써

봤다. 회사 일, 집안일 모두 잘 해내보려고 이렇게 노력하는데 내가 왜 암에 걸렸는지 너무 억울했다. 남편은 나와 다툴 때마다 '다시는 연락 없이 늦지 않겠다. 술 많이 마시지 않겠다. 돈 맘대로 쓰지 않겠다.'라며 이런 내용으로 각서도 참 많이도 썼지만 소용이 없었다.

세 살 아들아이가 발달장애 진단을 받고 언어 치료 등을 받으러 다닐 때라 더 바빴고 마음이 우울했다. 지금 생각해보면 내가 무슨 정신으로 그렇게 수많은 일을 하며 살았는지 모르겠다. 일하다 중간에 아이 데리고 치료 갔다가 다시 매장에 나와 일했다. 남편은 이때도 치료 받을 필요 없다며 협조해주지 않아 서운했다. 시어머님도 남자아이라 말 좀 늦을 수 있는데 내가 너무 예민하다고 말씀하셨지만 나는 동의하지 않았다. 나 혼자 아이 데리고 치료 받으러 다니느라 힘들었다.

부부 싸움 중에도 매장 5개, 인터넷몰 직원이 50여 명으로 늘어나며 사업 규모는 커져가는 듯 보였다. 결혼 전 행복한 삶과 미래 꿈 이야기는 잊혀져갔다. 서로 상의 없이 그냥 회사 돈, 개인 돈 마구 섞어서 썼다. 우리는 서로 마음이 따로따로 대화를 하지 않는 날도 많았다. 남편은 남편대로 사업상 만난 분들과 일상을 보내고, 나는 나대로 일과 가정일의 스트레스를 푸는 것으로 큰 아파트에 비싼 살림살이를 들여놓았다. 남편이 잦은 술자리 접대를 받은 대가로 밀어 넣은 고객에게 팔리지 않는 제품은 악성 재고로 남았다. 회사 장부는 마이너스였다. 손해 보며 제품 할인 판매를 했던 것이다.

장부에 돈은 있지만 결제해야 할 돈이 더 많았다. 그 당시에는 어디서 잘못된 건지 우리 부부는 몰랐다. 결제 미수금이 늘어나 결제 압박을 받게 되었고, 매장을 한 개만 남기고 다 팔고, 집을 팔고, 차를 팔고 미수금 정리를 해야 했다. 은행 빚, 개인 빚 독촉이 오기 시작했고, 거래처에서는 미수금 갚으라고 집에 압류 딱지도 붙었다. 믿어준 친정 부모님과 시어머님께 죄송했다. 같이 일하던 남동생, 믿고 따라와준 직원, 거래처에도 미안했다.

2005년 어느 저녁이었다. 결혼 후 평생 살 거라며 마련한 72평 아파트를 팔았다. 우리 가족은 상가주택 5층에 월세로 이사했다. 초라했다. 사업 실패는 괜찮았다. 그때가 30대 후반이니까 마음만 모아 다시 힘 합치면 된다고 생각했다. 그러나 상의 없이 일 처리하는 것과 집안일과 아이 돌보는 일을 함께 하지 않고 술자리에만 어울리고, 자주 연락이 안 되는 남편과의 결혼 생활을 더 이상 못 할 것 같았다.

"당신 앞으로 진 빚은 당신이 앞으로 벌어서 갚고, 내 이름으로 된 빚은 내가 가져가고 이혼하자"고 나는 소리쳤다. 모두가 남편 탓이라며 고래고래 고함을 질렀다. "아이구, 가시나야. 3년만 더 살아보자. 응? 지금 이혼하면 내가 너한테 위자료 줄 돈도 없다. 사업이 왜 망했는지 안다. 내 진짜 다시 성공할 자신 있다." 남편이 나를 말리며 이렇게 말했다.

남편은 정말 가정적으로 변할까? 물론 내가 선택한 이 결혼 생활을 실패로 끝내고 싶지는 않았다. 단순히 경제적인 문제로 헤어지려 했던 건 아니다. 산후 우울증을 오래 앓은 나의 이야기에 귀 기울여주길 바랐다. 미안하다며 각서 쓰는 남편을 다시 한 번 믿어보기로 했지만, 반신반의하며 내 마음은 그때도 어수선했다.

2

나는 좋은 엄마가
되고 싶었다

연은 순풍이 아니라
역풍에 가장 높이 난다.

― 윈스턴 처칠 ―

어린 시절 학교 갔다 오면 엄마가 없는 텅 빈 집이 싫었다. 일 바지 입고 초라한 모습으로 장사하지 않고 집에 있었으면 좋겠다고 생각했다. 예쁜 옷 입고 맛있는 간식을 준비해서 기다려주면 좋겠다고 생각했다.

결혼하던 1995년 가을, 시댁 종갓집 제사에 참석했다. 집안 어르신 한 분이 나에게 말씀하셨다. "새아가, 이제 밥값 할 때 안 됐나?" 하시는데 무슨 말씀이신지 몰라서 "저 밥 먹었어요." 했더니 남편이 '임신 소식 없느냐?'란 뜻이라고 했다. 1997년 아들아이, 1998년 딸아이가 태어났다. 아이 낳기 하루 전날까지 일하던 나는 출산 후 한 달 만에 다시 일을 시

작해야 했다. 돌이 안 된 아이를 맡아주는 어린이집이 없었다. 친정엄마
는 그때도 장사를 할 때라 봐줄 수 없었다. 시어머니께서 백일 때까지는
키워주시겠다고 데리고 오라고 하셨다. 그러나 시어머니는 형님 부부의
아이를 돌보고 계셨는데, 어머님 힘들어 안 된다며 형님 부부가 반대하
는 바람에 맡기지 못했다.

"이참에 내가 우리 아이 키우며 집에서 살림하면 안 될까요? 연년생 아
이 두 명 봐줄 사람 구하기도 힘들고."라며 남편을 설득했다. 하지만 좀
더 맞벌이를 하는 것으로 결정을 했다. 나는 초등학교 입학 전까지나 최
소한 아이 세 살 때까지만이라도 키우고 싶었다. 결혼하니 주어지는 일
들이 너무 많았다. 맞벌이에 집안 대소사, 가사일, 며느리, 아내, 아이 둘
육아가 추가되어 내가 잘 해낼 수 있을지 가슴이 답답해왔다. 일단 돈을
벌어야 했다.

아들, 딸아이 둘을 같이 봐줄 사람 찾기가 어려워 따로따로 봐줄 분을
찾았다. 퇴근해 나 혼자서 아이를 데려와 씻기고 먹이고 빨래, 설거지,
청소를 하다 보면 새벽이 되었다. 두 아이의 눈을 들여다볼 시간도 없었
다. 눈에 보이는 대로 어질러진 것을 해치우는 것밖에……. 남편은 나의
힘든 육아, 가사 일에 무심했다.

어느새 닮고 싶지 않았던 친정엄마의 바쁜 삶을 되풀이하고 있었다.

좋은 엄마 모습은커녕 일상에 지친 모습으로 짜증과 화를 내고 사랑하는 아이들 보는 앞에서 좋은 결론도 못 낼 부부 싸움을 몇 년을 해댔다. 부부 싸움 앞에서 아이 둘이 얼마나 무서웠을까? 다른 사람들은 그냥 잘 살아가는 것 같은데 왜 나만 일상이 이렇게 힘들까? 내가 선택한 삶이라 원망도 못했다. 그때는 몰랐다. 그저 내가 좀 희생하면 온 가족이 편하니까…. 이 생각만 했고 친정엄마는 여자가 참는 거라고 했다. 아니었다. 내 자신을 먼저 챙겼어야 했다는 것을 몰랐다. 아내, 엄마, 며느리 딸 노릇이 버거웠고 솔직히 도망치고 싶었다.

"연년생 아이 둘 그렇게 남에게 맡기고 돈 벌어 뭐 하니? 얼마나 버니? 아이 교육보다 더 중요한 게 어딨니? 애 키우는 것도 다 시기가 있는데 나중에 후회하지 마라. 돈 그렇게 많이 벌어야 하니? 얼마나 벌려고 그러니? 굳이 그렇게 바쁘게 살아야 하니? 돈 적게 벌고 덜 쓰면 안 되니? 왜 그렇게 시간 여유도 없이 사니? 남편 혼자 벌면 안 되니? 일하는 엄마세요? 아이 키우는 게 제일 중요하지 않나요? 어떤 일 하세요? 남편 무슨 일 하세요?"

안 그래도 출근하기 싫고 같이 일하자는 남편이 미워 죽겠는데 그쯤 지인들이나 친구가 하는 말들이 내게 가시가 되어 돌아왔다.

두 아이가 세 살, 네 살 되던 해에 분양 받았던 아파트에 입주했던 어느 날 아침이었다.

"눈이다! 눈! 눈! 엄마, 눈! 눈!"

거실에 나가보았다. 거실에 분유가루 하얀 눈이 내렸다. 세 살, 네 살 남매 둘이서 분유통을 쏟아부었구나. 해맑게 웃는 두 아이 앞에서 시간에 쫓기고 피곤해 감정도 말라버렸는지 귀엽고 사랑스런 아이 둘과 같이 놀아주기는커녕 나는 울어버렸다. 출근해야 하는데 저걸 언제 다 치우지 하는 생각밖에 없었다.

화장품 광고에 커리어 우먼 일하는 여성이 아름답다는 둥, 미디어에서 광고도 나오곤 했는데 멋있어 보이기는커녕 짜증이 났다. 일하는 여자? 자아실현 같은 소리하네, 흥……. 나는 꼬이고 꼬여갔다. 아파트 대출금, 사업이 커지는 만큼 늘어난 은행의 사업 대출금, 시댁과 친정 생활비, 아이 양육비, 생활비 등 들어갈 돈이 더 늘어나서 벌어야 하니 쉴 수가 없었다.

같이 맞벌이를 해도 집안일, 육아, 집안 대소사일 챙기는 일은 남편 분담 없이 내가 다 해야 하는 것에 늘 화가 났다. 그저 사랑하는 두 아이를 남의 손에 맡기고 일하러 다니기를 20여 년을 했다. 그저 사랑하는 사람과 헤어지기 싫어 결혼했는데 일상의 책임과 의무가 나에게는 장난이 아니었다. 나는 좋은 엄마는커녕 아이 둘이 짐처럼 느껴져서 살갑게 잘 대해 주지 못했고 지시만 했다. 내 입에서 나오는 말은 '자라, 일어나라, 옷 입어라, 먹어라, 나가자, 씻어라, 늦었다, 큰일났다'였고 툭하면 큰소리로 화만 내는 폭탄 덩어리에 버럭 엄마가 되어갔다. 아이들이 좀 더 크면 교육비도 많이 들 거니까 일을 멈출 수가 없었다.

또래보다 생각이 깊은 자랑스러운 딸로 자라준 딸아이에게 미안했던 일이 떠오른다. "엄마, 나도 어린이예요." 하는 말을 못 들은 척한 일, 초등학교 1학년인에게 알림장 싸인 직접 해가라고 한 일, 학교 준비물로 빈 요구르트 병 챙기는 정도는 스스로 하라고 한 일, 아들아이보다는 좀 빠르다고 안도하며 아들아이만 자주 데리고 다니고, 아이 봐주는 이모님께 자주 맡긴 일, 초등학교 6학년인 아이를 다 컸다고 말하며 아이의 두려움을 모른 척하고 캐나다로 유학 보낸 일, 아이 보는 앞에서 부부 싸움 섬뜩하게 했던 일.

요즘에 와서 정서가 발달되고 편안해진 아들아이에게 미안했던 일은 이렇다. 임신 7개월쯤, 내 분에 못 이겨 내 주먹으로 배를 두드린 일, 분유 먹이다 내가 졸던 사이에 아기가 침대에서 바닥에 떨어져 한참을 울음을 멈추지 않았던 일, 언어 치료 다닐 때 왜 내게서 태어났냐고 아이에게 소리친 일, 어린이집 갈 때마다 우는 아들을 그냥 맡기고 출근한 일, 초등 수학 가르치다 아들 머리를 쥐어박은 일, 반 친구에게 장미가시로 얼굴 긁혀서 온 날 바보라고 소리쳐서 뒷걸음치게 한 일, 초등 6학년 때 뇌전증으로 쓰러졌다는 소리를 듣고 바로 달려가지 않고 일 마치고서야 보러 간 일, 병원 진단 후 경계성 자폐성 장애 2급이란 소리를 듣고 절망하며 괜히 낳았다고 후회한 일, 아들이 그렇게 싫다던 대안학교를 2년간 보냈던 일, 강아지 안고 자는 아들에게서 강아지를 몰래 빼내 남에게 줘버린 일, 너 때문에 내 인생이 꼬인다고 화를 담아 쏟아낸 일, 아들을 낳은 병원에 가서 의사 선생님께 기형아 검사 때문이라고 소리치며 병원 뒤집은 일…….

세 살 때쯤 아들아이가 다르다는 걸 알았다. 언어 치료를 주 3회씩 다녔다. 떼를 쓰고 울기만 했다. 연세대 병원 진료 결과 경계성 자폐장애 2급을 받았다. 특수학교 보내는 문제로 고민할 때도 나을 거라는 집안 어른들의 말이 진실이길 바라기도 했다. 뜬금없는 생각이었지만, 당시 나는 아들아이 교육과 치료를 위해서 반드시 부자 엄마가 되어야겠다고 마음먹었다.

내 두 아이가 엄마를 필요로 할 때 언제나 달려갈 수 있는 따뜻한 엄마가 되어주고 싶었다. 내 아이가 배우고 싶은 것은 마음껏 얼마든지 배울 수 있는 풍족한 경제적 여건을 갖춘 엄마가 되고 싶었고, 아이가 고민할 때 항상 적절한 조언을 잘 해줄 수 있는 엄마가 되고 싶었다.

그 당시 마음이 불안했던 나는 엄마로서 너무 서툴렀다. "아! 이제 두 아이의 인생을 내가 평생 책임져야 하는구나! 이 두 아이를 잘 키울 수 있을까?" 하는 무거운 압박감만 가득했다. 나 혼자 잘할 수 있을까? 기분이 오르락내리락하며 눈물이 나고 초조했다. 남편의 협조 없는 양육 스트레스로 오롯이 그 화가 아이에게 향하고 산후우울증을 표출했다. 미안한 마음에 무슨 생각을 하는지, 아이 마음 읽을 생각은 안 하고 비싼 아이들 동화책을 왕창 사주는 것으로 대신하려 했고, 미안한 마음에 비싼 브랜드의 유아복을 사 입히고 장난감으로 입막음하려 했다. 미안했던 마음을 물질로 대신했던 것 같다.

사업 실패 후 다시 재기를 위해 정신없던 2006년 어느 겨울날, 우리의 1개 남은 매장에서였다. 아이 둘을 집에서 씻길 시간이 없어 수영장을 보냈다. 수영장을 가면 샤워를 하고 오니까. 아홉 살, 열 살 두 아이가 꽁꽁언 머리로 "엄마, 아빠." 하고 부르며 매장으로 들어왔다. 남편은 아이 둘의 머리카락을 드라이기로 말려주었다. 남편의 그 모습을 보던 날 미움 가득 했던 마음을 다 거두었다. 화가 많고 초조해하고 조급했던 나를 반성하게 되었다.

지난날 나의 불행과 우울은 옆집 엄마와 친구를 비교하며 생긴 것인지도 모르겠다. 전업주부인 친구가 멸치와 소고기를 직접 갈아 이유식을 정성껏 만들어 먹이는 걸 보고, 내 아이가 불쌍해져서 일을 관두고 싶다고 생각하고, 엄마표 공부를 한다는 학부모 모임에서 만난 엄마 이야기에 내가 들어앉아 가르쳐야 하나 흔들렸다. 부자 시부모가 집 평수 늘려 준다는 말에 내 시부모님의 능력 없음을 원망하고, 돌아가신 친정 부모가 남겨준 재산으로 아이 유학 자금 생겼다는 친구 말에 괜히 내 조상 원망하고 그랬다. 명절날 제사 안 지내고 여행 간다는 지인 소식 들으며 제사 음식 만들다가 짜증 내고, 누구 남편이 생일날 명품 백 선물해주거나 장인 장모에게 해외여행 경비 해주었다는 이야기를 들으면 남편이 밉살스러워 보이기도 했다.

옆집 엄마 말고 나만의 방법을 찾자고 마음먹었다. 그래서 선택한 게 책이었다. '책'을 읽으며 나는 내 삶의 여러 가지 문제를 풀어나가기 시작했고, 사업에 재미를 붙여 부동산 투자를 시작해 아이들 교육, 우리 부부 노후가 불안하지 않게 되었다.

책을 읽으니 남편이 친구가 되었다. 책을 보니 아이 교육도 신났다. 『엄마의 자존감 공부』를 보면 "이제 자녀 양육은 20년 프로젝트가 아니라 60년 프로젝트"라고 했다. 행복으로 덮일 수 있도록 노력해볼 수 있는 기회가 나에게 36년이나 더 주어졌다. 얼마나 다행인지 모르겠다. 일본에 거주하는 요즘 우리 4인 가족은 그동안 못했던 가족 추억 쌓기를 하며 지낸다. 두 아이들과 소소한 일상을 함께하는 시간이 많다. 자존감을 회복한 내가 대견하고 우리 가족에게 고맙다. 1998년 3월 엄마이기를 거부하던 미성숙했던 내가 이제 진짜 엄마가 되었다. 지금은 안다. 엄마인 내가 행복해야 아이도 안정감을 느낀다는 것을. 먼저 앞서서 빨리 무언가 이뤄내라고 재촉하지도 않을 것이다. 그저 아이 둘 옆에 든든하고 편안한, 언제든 안길 수 있는 나무가 되어주고 싶다. 아이는 부모 뒷모습을 보며 자란다는 흔한 말이 진리니까.

가족사진

3

독서를 하며 달라진 것은
나 자신이다

사람은 책을 만들고
책은 사람을 만든다.

– 신용호 –

　남편은 60년대 생, 난 70년대 생이다. 내 또래 중 반은 결혼하면 전업 주부였다. 나는 23살, 22살 아들과 딸을 둔 엄마이자 25년차 맞벌이 주부다. 요즘은 요리도 잘하는 남편이지만, 신혼 초 집안일과 육아는 아내 몫이라 했다. 은근히 가부장적이고 비협조적인 남편 때문에 독박 육아와 맞벌이로 사느라 힘겨웠다. 요즘 80~90년대 출생 부부와 달랐다. 풀리지 않는 피로감 때문에 늘 축 처졌다.

　"돈 걱정 없이 잘살 거라더니 이게 뭐고? 내 팔자 참……."
　"결혼 좀 말리시지, 엄마 아빠는……."

"내가 왜 소비자가 아닌 판매자가 되어 이렇게 굽실거려야 되지? 아, 싫다 정말……."

"나도 장사 안 하고 유모차 몰고 한가하게 공원 산책하고 살고 싶다."

"부자 남편이 주는 용돈 받아 펑펑 쓰고 살고 싶다."

"난 머리가 왜 이리 나쁜 거야. 공부 잘해 사짜 직업 가졌으면 고생 안 해도 될 텐데……."

솔직히 고백하면 내가 일하기가 너무 싫었던 거다. 누군가가 돈을 벌어 가져다주길 바란 나는 참 철없는 사람이었다. 부자로 잘살 거라는 점쟁이를 원망하고, 장사꾼에게 시집간다는 나를 말리지 않은 부모님을 원망했다. 나를 둘러싼 세상 모든 것을 탓했다. 도망치고 싶은 날들도 헤아릴 수 없었다. 평생 믿어주신 엄마 얼굴이 떠올라 간신히 참았던 날들이었다.

달랑 매장 한 개, 출근하면 매장 일, 창고 일, 사무실 잡무에, 퇴근해서도 끝없는 집안일에 시달렸다. 여전히 나는 돈, 돈, 돈 노래를 부르는 생활을 계속했다. 고객, 거래처 사람을 만나도 진심 없이 억지웃음인 내가 싫었다. 직원에게 갑자기 화를 버럭 냈다. 이러다 회사도, 가정도, 나 자신도 다 망가질 것 같았다. 밤 12시 퇴근 때는 아이 안아줄 힘이 없어 귀찮기만 했다. 내 몸이 천근만근에 아무 죄 없는 소중한 아이에게 짜증 냈다. 일하다 화장품 박스를 발로 툭툭 찼다. 진열된 화장품을 다 던졌다. 감정 조절이 안 됐다. 자다 일어나 엉엉 울었다. 아침엔 아무렇지 않게 출근해 일을 했지만 속은 멍들어갔다. 사랑스런 아이 둘은 우리가 싸울 때 얼마나 놀랐을까.

아! 행복하고 싶다. 더 이상 이런 마음으로 살아서는 안 된다. 두 번이나 봤던 〈타이타닉〉 영화를 또 혼자 보러 갔다. 의욕이 안 났다. 시부모가 물려준 건물에 유명 브랜드 매장을 운영하고, 어쩌다 한 번씩 매장을 둘러보는 정도, 임대료 안 내도 되는 내 나이 또래 여주인을 마음속으로 질투했다. 열등감, 불안감으로 우울했고 내 인생은 저 바닥 아래로 향해 있었다. 시댁에 일이 있어 참석하면 불려온 가사도우미처럼 주방에서 계속 일만 한다. '내가 여기 남의 집에서 뭐하나?' 하는 생각이 들었다. '이거 이상하다. 왜 해야 하지? 일만하다 죽을 수 있겠다. 할 수만 있다면 다 뒤집어 엎어버리고 싶다.'라고 생각했다.

"건물 주인 한번 만나서 임대료 좀 내려달라고 이야기 한번 해볼래요?"

중앙상가에만 5채 이상 그 외에도 여러 채 소유하고 있다는 부동산 부자 할아버지 이야기를 듣게 된 그 날, 서점에서 내 눈에 들어온 것은 온통 부동산 책뿐이었다. 퇴근 때까지 3시간 정도 남아서 딸아이를 매장 앞 서점에 가 있으라고 해뒀다. 당시 안팎으로 일에 지쳐 에너지가 바닥나 책을 읽다가 말다가 했었지만, 마인드, 성공, 장사, 부동산 관련된 책을 손에 잡아보기도 했다.

"100권을 읽으면 긍정적으로 변하고, 300권을 읽으면 긍정적 사고가 뿌리 내리며 1,000권 읽으면 삶이 완전 바뀐다."라고 이지성 작가는 말했다. 지금도 마음이 무거운 날에는 5번의 수술 때마다 전신마취를 위해 누웠던 수술대 위의 차가운 느낌이 다가오고, 망망대해 껌껌한 바다 위 둥둥 떠 있는 꿈을 꾸었다. 그때마다 더, 나는 종일 책을 잡았다. 당시 만나는 누구의 말도 미덥지가 않았다. 오로지 뭐든 내가 무어라도 해야 한다는 생각뿐이었고 책 읽기 말고는 없었다.

인생의 좋은 일, 나쁜 일 앞에 모두 내가 어떻게 마음을 먹느냐 마느냐에 달려 있다는 걸 깨달은 것도 독서였다. 독서하지 않았다면 불안한 마음에 난 모순된 욕망과 잘못된 감정에 얽매여서 잘못된 예측으로 지금의 행복은 내 차지가 안 되었을지도 모른다.

〈친절을 만드는 사람들〉이라는 대구에 있는 학원을 찾아가 서비스 마인드를 배우고 현장 직원에게 바로 교육하기도 했다. 유니폼에 명찰까지

착용한 채 판매에 임하게 했는데, 주목을 받아 엄청난 성과를 냈다. 『친절을 만드는 10가지 원칙』, 『장사의 신』, 『위대한 경영자의 성공마인드』, 『싸우지 않고 이기는 대화의 기술』, 『말을 듣지 않는 남자 지도를 읽지 못하는 여자』, 『직원을 움직이는 따뜻한 말 한마디』. 뾰족한 대안도 없이 겨우 하루하루 살아내던 날에 내가 읽었던 책들이었다.

서점 1층~2층까지 오르락내리락했다. 책이 내게 말을 걸었다. 책이 자꾸만 나를 불러 세워 "이렇게 해볼래?" 말을 걸고 조언을 했고, 나는 그대로 따랐다. 『면접관도 놀라는 면접의 정석』, 『면접 하루 전에 읽는 책』, 『인성과 취업』, 『서비스 매너』, 『나는 이런 사람을 뽑았다』, 『절박함이 기적을 만든다』. 직원 뽑을 때 아무 준비 없이 면접을 보던 내가 이 책들을 읽고 나서는 인재를 보는 눈이 생겼다. 첫 인사하는 모습만 봐도 우리 회사 사람일지 아닐지 바로 느껴진다. 내 생각을 바꾸고 나서는 항상 얼굴에 미소가 지어졌다. 활기찬 매장이 되어갔고 매출도 올랐다. 『나를 바꾸면 모든 것이 바뀐다』라는 책처럼 나 자신이 달라져갔다.

읽고 있는 책이 뭔지 보면 현재 그 사람의 고민이 보인다고 한다. 책을 읽기 시작한 지 1년 정도 되자 나 자신을 미워하던 마음이 거두어졌고, 3년 정도 읽은 뒤엔 주변인을 미워하고 누군가를 질투하던 감정이 사라져 마음이 안정되고 평온함도 느꼈다. 5년쯤 되었을 때에는 내가 서 있는 곳

아닌 다른 새로운 곳에 대한 궁금증으로 열정이 불타올랐다.

요즘에는 강아지 관련 책과 유튜브를 보고 있다. 가족과 강아지를 입양하기로 약속했기 때문이다. 아들은 시츄를 좋아한다. 딸과 남편은 말티즈, 나는 푸들, 행복한 고민이다.

과거에 나는 내 인생을 우울한 실패로 끌고 가기는 싫어서 책에 매달렸다. 헝클어진 마음을 추스르러 갔던 서점에서 발견한 몇 권의 책으로 장사 잘하는 방법을 배웠고, 화장품 사업에 적용해 성공도 맛봤다. 책을 읽기 전에는 내게 온 성공이 영원할 줄 알고 자만에 빠지기도 했다. 쫄딱 망한 후 읽기 시작한 사업 경영 성공 관련 책은 사업 실패와 인간관계의 갈등 원인이 의식의 문제였음도 깨닫게 했다.

책은 사람을 행복하게 만들고 삶을 변하게 할 수 있다. 재테크 책으로 적지 않은 부도 이루었고, 건강 관련 책으로 전보다 몸도 건강해졌다. 독서는 내 감정과 인생을 성장시켰다. 나는 책을 읽고 나서 비로소 그동안의 내 생각 습관까지 돌아볼 수 있었다. 그리고 내게 닥쳤던 크고 작았던 시련의 뜻을 알게 되었다. 이제는 경험과 지혜를 공유해 풍요로운 삶을 살라는 신호임도 알겠다. 나를 둘러싼 사람들이 모두 먼저 바뀌길 바랐었다. 제발 좀 변하라고 화를 내며 강요까지 하면서……. 읽는 책이 쌓여가면서 나 자신이 달라지고 있었다. 열등의식 가득했던 내가 마음의 평온함을 찾았다. 마음에 여유가 생기니 사람을 이해하는 생각의 폭이 넓어져가고 자존감이 살아나는 느낌을 받았다. 마음은 '무엇이든 해보자!'라는 용기와 자신감으로 가득 채워져갔다. 한때 '왕언니'가 내 별명이었는데 꽉 막히고 이기적이던 나를 책은 진짜 '인생 왕언니'답게 만들어 주었다.

"나를 이끌어주고 응원해주는 진정한 나는 바깥에 있지 않다. 바로 내 안에 있다. 보이지 않는 나는 빛이기 때문에 몸이 사라져도 영원히 존재한다. 이것이 진정한 나이다. 우주는 신비로움으로 가득하다."

『왓칭』에 나오는 글이다. 나는 내 맘을 다잡으려 심리 관련 책을 찾았고, 물질적 자유를 얻고파 경제, 경영, 장사 분야 책을 찾아 헤맸다. 이제부터 진짜 읽고 싶은 책은 의식 확장 책이다. 예를 들어 『잠재의식의 힘』 같은 책이다. 불쑥불쑥 찾아오는 의식의 쪼그라듦에서 벗어나 위대한 의식을 가진 내가 되고 싶다. 책은 내가 원하는 삶을 만들 수 있다는 자신감을 준다.

환경이 먼저 달라지지 않았다. 달라진 건 나였다. 독서를 하면서 서서히 달라졌다. 책에 다 있었다. 책 읽기는 삶을 바꾼다고 믿는 사람이 되었다. 독서는 당신 삶의 고민을 들어주고 원하는 자신으로 변화시켜줄 것이다.

4

그냥 고민만 해서는
아무것도 해결되지 않는다

한 시간 정도 독서를 하면
어떠한 고통도 진정된다.

— 몽테스키외 —

고민 없는 사람은 없다. 감당할 수 없을 만큼 큰 '고민 종합 선물 세트'로 다가오기도 한다. 사업하는 사람들은 사업장 고민, 직장인들은 출퇴근 고민, 유학생들도 걱정이 많다. 현재 내가 거주하고 있는 일본은 코로나19 의심 증상이 있어도 진단을 안 해주니 그것도 고민 덩어리다. 요즘 한국에서는 안부 전화가 불이 나도록 온다. 최근 우리 회사 전무님의 아내와 어린 아이 셋은 한국으로 출국했다.

"당신 ZOOM 어플 깔았어?"

얼마나 유용할지는 아직 잘 모르겠다. 회사 회의를 다음 주부터는 화상회의로 해보려 한다. 오늘 날짜 2020년 4월 20일, 난 현재 일본에 있다. 남편도 나도 재택근무다. 회사 회의가 고민이다. 꼭 직접 만나 진행해야 하는 일도 있다. 20여 년 넘게 사업하며 늘 항상 위기는 있어왔지만 이번에는 당황스럽다. 오프라인 대형 몰들이 일제히 문 닫는 곳이 많아졌다. 우리 회사도 오프라인 매장 문을 닫아야 하니 매출은 당연히 하락세다. 6개월 정도 버틸 준비는 해두었고, 지금도 계속 대책 회의 중이다. 다행히 회사 온라인 매출이 이전보다 상승 곡선이어 다행인 건지 모르겠다. 오프라인 쇼핑가가 문을 닫은 곳이 많아진 이유인 것 같다. 온라인 사업부를 더 강화시키는 작업 중이다. 이번 연말까지 버틸 준비는 해두었지만, 지금부터 회사 관련하여 여러 고민이 더 많아졌다. 12월 이후를 더 잘 준비해야 한다. 회사도 개인 삶도 말이다.

난 요즘 향기로운 커피향이 있는 카페에 못 간다. 인근 스타벅스, 타리스, 도토루 모든 카페들이 문을 닫았다. 맥도날드는 테이크아웃만 가능하다. 코로나19 펜데믹, 한국은 진정돼가는 분위기인데 이곳 일본은 길거리가 썰렁하다. 『언컨택트』, 이 책은 비접촉, 비대면, 즉 사람과 직접적으로 연결되거나 접촉하지 않는 사회현상에 대해 코로나 이후 일상, 비즈니스, 공동체 생활에서 새롭게 바뀔 우리의 삶에 대해 이야기하고 있다. 편리하고 안전한 접촉과 교류를 위해 새로운 방식으로 연결되어 사람들과 함께할 것이라는 내용이다. 아마존에 물건 주문하는 일이 더 잦아졌다. 아이 대학 수업도 온라인으로 5월 18일부터 진행한다고 한다.

바쁘고 열심히 살아도 잘 풀리지는 않던, 손대는 사업마다 말아먹던 한 사람이 교통사고를 계기로 책을 만난 후 7년 동안 1,000권이 넘는 책을 읽었다. 책을 읽고 삶이 바뀌었다는『책 읽고 매출의 신이 되다』의 저자이자 개그맨 고명환의 인터뷰 내용이다.

"책 읽기가 사실 쉽지는 않죠. 하지만 지금 제 책을 손에 들고 계신 분들이라면 뭔가 '힘든 일'이 있거나 아니면 지금 의욕이 충만한 분들일 거예요. 그런 분들이라면 더더욱 자신의 생각이나 목표를 가지고 서점에 가서 돌아다녀야 해요. 기왕이면 매일 가는 분야, 익숙한 분야 서가에만 가지 말고 평소에는 안 갔던 서가도 둘러보시고요. 그러다 보면 평소엔 눈에 안 들어오던 책이지만 나를 부르는 책들을 만나게 될 거예요. 그러면 내 안에서 나도 모르는 것들을 꺼내게 될 거예요."

주변 사람들이 '고민'으로 가득 찬 일상을 전해온다. 예상치 못한 세계적 위기에 자다가도 벌떡 깬다. 남편 친구 부부가 감염되었다는 소식을 들었다. 이곳에도 다양한 업종의 한국인 사업가가 많다. 일일이 열거하지 못할 정도로 타격이 이만저만이 아니다. 너나 할 것 없이 모두 일상이 달라졌고, 우리 4인 가족도 예외는 아니다. 2011년도에 나온 영화 〈컨테이전〉을 봤다. 지금 이 사태 예견인가? 성인 4명이 집에 있는 시간이 많고, 첫 한 주 정도가 지나니 서서히 좀 갑갑한 건 사실이다. 회사도 회사지만, 대학교도 오프라인 수업으로 대체되고, 인근 헬스장도 문을 닫아 집에서 할 수 있는 운동으로 하고 있으니 찌뿌둥하다. 마스크 끼고 집 근처 공원 산책 정도하며 지내고 있다.

어제는 대사관에 갔다. 근무 인력은 부족하고 민원인은 많아 인감증명서 위임장 떼는 데도 오전 내내 대기했다. 여하간 불편한 요즘이다. 딸은 12일 격리되더라도 어차피 대학 수업도 화상 온라인 수업으로 대체되니 한국으로 나가고 싶다고 한다. 나도 4월 건강검진 예약을 취소했다. 어쨌든 지켜보고 있다. 한국 나가도 12일 자가 격리에 볼일을 못 본다. 일본을 들어와도 또 12일 자가 격리라고 한다.

2018년도 나온 『4차 산업혁명 일과 경영을 바꾸다』를 이제야 보았다. "인간과 인공지능이 공존하고 협업하는 사회가 되고 미래 사회는 초연결지능사회가 되어 개인화 서비스가 증가하고 매스미디어에서 다중채널네트워크(MCN)를 거쳐 개인미디어로 다양해질 것이라 이야기한다. 재택근무, 모바일 근무, 가상팀 활용 등을 통해 공간을 분산화하거나 가상화한다. 공유 경제에서 업무처리 방식도 불특정 다수에게 아웃소싱을 하는 것으로 인터넷으로 업무를 요청하면 등록된 크라우드 근로자가 그것을 수행한다."라고 한다. 우리 회사의 미래에 대해 다소 심각하게 고민해볼 일이다.

『코로나19, 동향과 전망』이라는 책에서 기업, 일자리, 부동산에 대한 내용을 발췌했다.

"이번 위기의 특성은 2, 3차 여진이 본진보다 더 큰 충격을 몰고 단계적으로 온다는 점이다. 1차 바이러스 위기, 2차 소비 감소에서 오는 기업의 부도 위험 증가, 3차 해외에서 오는 충격 등이 차례차례 닥쳐올 것이다. 코로나19 사태 1차 영향이 금융시장을 넘어 기업으로 갔고, 이제 일자리에 본격적으로 영향을 미치고 있다고 보아야 할 것이다. 실업과 취업 양쪽에서 상황 악화의 징후가 뚜렷해졌다. 3월 중순 이후는 거래량이 감소하고 가격 상승폭이 줄어들고, 하락하는 지역도 나타나고 있다. 4월 이후 주택시장의 위축 현상이 본격적으로 나타날 것으로 예상된다. 상업용 부동산시장은 주거용에 비해 코로나 위기의 충격이 상대적으로 클 것이다. 이동 제한과 매출 감소 등으로 상가, 호텔, 오피스 등의 임대료의 연체나 공실률이 상승할 것이다. 직접 부동산 투자로 인한 손실이 크게 증가하고, 이와 연관된 금융 부실의 문제가 발생할 가능성이 있다."

코로나19가 올해 2020년, 지금의 일인데 이렇게 빨리 관련 책이 나오다니! 어쨌거나 읽어야 한다. 그래야 두려움이 조금 누그러든다.

인생은 고민 해결의 연속이라는 생각이 든다. 아무 걱정 없이 평안하고 행복한 삶을 누리고 싶다. 되돌아보면 많은 고민 속에 파묻혀 어깨를 움츠린 적도 있었다. 그런다고 저절로 해결되지 않는다는 사실만 깨달았다. 이번 코로나로 발생한 현재 고민 외에도, 살아오면서 크고 작은 삶의 고민이 참 많았다. 이 책을 읽고 있는 당신은 어떤 고민을 해왔는지 궁금하다. 부부관계나 인간관계 고민일 수도 있고, 자녀 교육이나 경제적인 문제, 노후를 고민하고 있을지도 모르겠다. 힘들고 고통스런 상황을 안고 내일을 준비하는 일이 간단하지는 않은 일이기도 하다.

2005년쯤이었나? 살면서 기쁜 일도 있었는데도 삶이 버겁다는 생각으로 참 힘들어 많이 울었다. 마음대로 되지 않는 가정 문제, 기복이 심한 우리 부부 사업, 아픈 아들을 키워야 하는 부담감, 양치하다 울고 밥먹다 눈물 나고 그랬던 시절이 있다. 난 장녀다. 지금은 좀 달라졌지만, 내 감정을 겉으로 타인에게 표현하는 게 자연스럽지 않다. 많이 참고 억누르는 편이다. 그래서인지 만성피로 우울감에 오래 시달렸다. 직원이나 거래처는 모를 수 있다. 난 늘 화사한 웃음으로 대했으니까……. 기억하고 싶은 것만 기억하는지 남편은 내 지나온 우울을 몰랐다. 아무리 부부지만 나도 물론 남편을 다 안다고 할 수는 없다.

"이곳 사람들과도 허물없이 당신 속에 있는 고민도 털어놓아가며 어울리면 좋을 텐데?"

처음 만나는 사람에게 마음을 잘 안 터놓는 내게 말했다. 처음 듣는 말은 아니다. 같이 20여년 넘게 살아도 남편이라도 모를 수 있겠다. 마음에 안 드는 사람에게는 왜 그리 차갑게 대하느냐고 말했다.

"그거 아닌데…… . 상처 받을까 봐 내가 먼저 뒷걸음치는 건데…… ."

우울증과 불면증으로 죽을 것 같아 시작한 독서로 자기를 둘러싼 삶, 가족, 일 모든 것이 바뀌기 시작했다는 작가의 글을 본 적이 있다. 나와는 성향이 완전 다른 초긍정주의 남편이라 웃을 일도 많았다. 집안일, 아이 육아를 함께하지 않음에 아무리 사랑하는 남편이지만 마음이 닫힌 적도 있다. 그래서 난 책이라도 읽을 수밖에 없었다. 나를 바라보며 미소 짓는 내 아이 눈을 보며 웃음보다 눈물이 먼저 났었다. 난 저 아이 인생을 책임져야 하는 엄마구나, 생각하니 그렇게 부담스러울 수가 없었다. 내 아이가 너무 사랑스러운데도 몸이 피곤해서 속은 우울할 때가 많았다. 하지만 일할 때 내 얼굴은 항상 웃고 있었고 아무도 내 우울을 눈치채지 못했다. 전문가 상담도 몇 번 받으러 갔었는데 가족에게 말을 안 해서 아무도 모른다.

　내가 능력이 안 되면 이 아이도 마음껏 능력 펼칠 수 있는 환경을 못 만들어줄 수도 있겠다는 생각에 늘 마음이 쫓기고 불안했다. 맞벌이에 독박육아에 정말 하루하루 너무 피곤했다.

『나는 나에게 목숨을 건다』, 『공짜 용돈은 없다』, 『대한민국 여자가 평생 부자로 사는 방법』, 『낭비와 중독에서 벗어나기』, 『가슴으로 꾼 꿈이 행복한 인생을 만든다』, 『내가 행복하게 사는 이유』, 『싱글맘 부동산 경매로 홀로서기』, 『미래 마인드』, 『성공하는 사람들의 원가 마인드』.

　마인드, 습관, 경매, 육아, 경제, 재테크, 심리서를 입원했을 당시 병원으로 잔뜩 주문해 읽었다. 입원이 길어졌을 때 책이 가장 잘 읽어졌던 것 같다. 책 말고 내가 선택할 수 있는 건 당시 없었다. 주저앉기는 싫었다. 잘 살아내고 싶었다. 사업에 실패하고 아이와 내가 아플 때마다 애쓰는 내 자신이 안쓰러워 '그냥 대충 살까?' 하는 마음속 유혹도 많았다. '내가 왜 다 해결해야 하나?' 몇 번이나 가정도 사업도 때려치우고 싶었는지 모를 거다. 자존심 상하고 괴로웠다. 깊은 잠을 못 자고 몇 번을 깼으니 늘 몸이 찌뿌둥했다. 불안함, 두려움, 막막함으로 가득했다. 나 빼고 모두 잘 살아가는 것 같아 보였고, 삐딱한 마음에 화가 가득했다.

"뭘 그리 평생 여러 일을 벌이며 사니? 옆에서 너 사는 거 보기만 해도 바쁘고 숨차 보여. 좀 쉬어." 친구 문자다. 고민 해결하며 살았던 예전에 비하면 하나도 안 바쁜데, 여전히 내가 바빠 보이나 보다. 크고 작은 문제를 해결하기 위한 힌트, 그것은 책 속에 있었다.

"오랫동안 고민하다가 너무 늦게 올바른 길이라며 선택하기보다는 용감하게 결심하고서, 잘못된 선택이 될지언정 일단, 실천을 해보는 것이 낫다"고 하는 글을 본 적이 있다. 보증금 천만 원짜리 월세방에 아이 둘을 데리고 이사 갔을 때, 고민하다가 집주인에게 월세를 깎아 달라고 부탁한 기억이 난다. 그랬던 내가 책을 읽으며 다양한 삶의 고민을 해결했고, 지금은 부와 행복까지 이루었다. 독서의 힘이 무엇인지 궁금하다면, 내가 그 증거다. 지금 고민이 무엇이고, 무엇을 해결하고 싶은가? 솔직하게 현재 삶의 고민을 드러내고, 책에게 고민을 털어놓아보자. 일, 돈, 건강, 인간관계 등 사람이 살면서 생기는 삶의 고민을 해결하고 원하는 삶의 모습으로 살기 위한 최고의 방법은 책이 될 수도 있다. 바로 나처럼!

5

늘 열심히
살 필요는 없다

완벽이 아닌 성공을 목표로 하라. 틀릴 권리를 결코 포기하지 마라.
그러면 살면서 새로운 것을 배워 앞으로 나아갈 능력을 잃기 때문이다.

– 데이비드 M. 번즈 –

"○○아, 오늘 일요일에도 열심히 출근하나 보네. 그냥 덜 쓰고 덜 벌
면 안 되니?"

"나도 전업주부 하고 싶다, 친구야."

같은 아파트에 살던 전업주부 친구와 나누었던 대화다. 눈이 빨갛게
충혈된 나를 늘 안쓰러워했다. 우리 세대 여성들은 삶이 고단하기는 워
킹맘이나 전업주부나 힘들긴 매한가지다. 남편이 가정일에 협조적이지
않으면 힘들다.

무작정 열심히 하는 것이 반드시 좋은 결과를 가져오지는 않는다. 열심히만 살면 작은 부자는 될 수 있을 줄 알았다. '계획 없는 열심'이었던 것이다. 장사가 뭔지, 사업이 뭔지, 회계는 뭔지 알고 싶어졌다. 답답했다. 책을 찾아 읽어보며 작은 것부터 하나씩 실천해보았다. 작은 규모의 매장에서는 잘 하지 않는 시도들을 하며 성공을 맛보기도 했다. 집, 매장 모두 대출과 월세로 시작했지만 맞벌이니까 돈도 더 잘 모일 줄 알았다. 하지만 현실은 아니었다. 둘 다 돈에 대해 계획적이지 못해 1년 365일 열심히 했지만 살면서 두 번의 실패를 겪었다.

마음을 못 잡을 때 책을 읽었다. "구체적으로 시간과 돈에 대해 계획을 세우라"고 했고 "성공을 이미 이룬 것처럼 상상하기 실천"을 권했다. "계획을 세우라"고 한다. "장기계획을 세우면 인내와 지혜, 노력과 희망이 생기며 일단 시작하면 완수할 때까지 놓지 말라"고 했다. 『초콜릿』에 나오는 글이다. 30대 중반쯤이었을 거다. 문득 싱가포르, 제주도, 동해 바다에 친구들과 여행 간 일이 생각난다.

"내 성공의 비밀은 다른 사람들이 필요한 것에 초점을 맞추는 데 있었다. 나는 끊임없이 '어떻게 하면 다른 사람들의 삶에 가치 있는 것을 보탤 수 있을까?'라는 질문을 던졌다. 이러한 질문을 거듭하며 사는 동안 나는 지도자가 되었다."

『네 안의 잠든 거인을 깨워라』를 보고 나는 정신이 번쩍 들었다. 나도 그렇게 살고 싶다는 생각이 스쳤다. 그런데 내가 잘하는 건 뭐지? 아, 나는 이야기를 잘 들어주는 사람이었지. 이참에 지인들에게 물어보자! 내가 타인에게 어떤 부분에서 나눔을 주며 살아갈 만큼 영향력을 줄 수 있는 사람일지가 궁금했다.

내가 바라보는 나와 타인이 바라보는 나는 다를 것 같았다. 내면에서 늘 성장을 갈구하며 살아온 나는 늘 자신감이 부족했다. 반면 나를 아는 사람들은 내가 강하고 당당하다고 했다. 노력해온 모습일 뿐이다. 내가 하고 싶은 일을 하며 즐겁게 살고 싶다는 생각을 자주 했다. 그러나 방법을 몰랐다.

가끔 내 인생에 질문이 생겼다. 왜 이렇게 끝도 없이 문제들이 던져지는지 말이다. 몇 번을 풀어내도 끝도 없었다. 매번 진지할 필요도, 심각할 필요도 없다. 답을 반드시 찾아내려고 하지 말자.

그동안 나는 내게 던져진 인생 숙제들에 일일이 심각하게 대답하며 살았다. 이제는 내 미래는 궁금하지만 과거에 내가 했던 것처럼 무거운 자세로 받지는 않을 것이다.

열심히 살았는데 어느 날 그 열심의 대상이 내가 아닌 순간을 만났다.

나에겐 용기가 필요했다. 그래서 실패를 인정했고 새로운 도전을 하며 살아왔다. 나는 인정과 위로가 필요했다. 열심히 살 필요가 없다는 건 일을 전혀 안 하거나 돈을 벌지 않을 거라는 말도 아니다. 일단은 짧은 시간이라도 만들어 나에게 집중해야 했다. '열심히', '쓸모 있는' 이런 단어에 붙잡혀 살았던 내게 시간과 열정을 내어주고 싶을 뿐이다. 인생 총질량의 법칙을 생각하며 내 열정을 조금 비축했어야 했는데, 안 아픈 척 열정을 보이며 직진하다가 또 두 번을 넘어졌다.

무작정 버티고 노력하며 열심히 살았다. 열정, 끈기, 도전. 나를 아는 사람들이 나를 표현하는 단어다. 이게 진짜 나인 줄 알고 그래야 하는 줄 알고 그냥 앞으로 열심히 달렸다. 부모님께 그렇게 배워왔다. 좋아하는 일을 하면 못 먹고사는 줄 알았다. 힘들지 않은 일이면서 먹고 사는 것 문제없고, 자아실현, 재미, 여가 시간이 보장되고, 존중까지 받는 일을 하고 싶었다. 나는 내가 죽을 때까지 해도 좋을 일을 내게서 찾아냈다. 글 쓰고 생각을 나누는 일이다.

일이라는 게 결국 돈을 벌기 위해서 하는 게 사실이다. 엄청난 자본가가 아닌 평범한 대부분의 사람들에게 그렇다. 그러려면 양보해야 할 것이 많다. 사랑하는 가족과 함께할 시간, 여가 시간 등. 내 시간과 돈을 맞바꾸고 있는 셈인 것이다. 좋아하는 일을 적당히 하고 적당히 노는 삶은 어떠할까? 다 가질 수는 없을까? 그저 꿈일 뿐일까?

『하마터면 열심히 살 뻔했다』의 저자는 '어떻게 사는 게 행복하고 좋은 것일까?' 의문을 가지며, 퇴사 후 안 만나고 싶은 사람은 만나지 않고 그냥 하고 싶은 일만 했단다. 글 쓰는 일이었단다. 마음의 이야기를 따라가다 보니 죽는 날까지 하고 싶어지는 일인 동기부여 작가, 멘토의 길을 가고 있다고 한다. 『연금술사』에서는 온 마음을 다해 원하면 반드시 그렇게 된다고 말한다. 필력이 좋은 편이 아닌 나도 지금 글을 쓰고 있다. 『오늘부터 딱 1년 이기적으로 살기로 했다』처럼 나는 작년 1년 온전히 나에게 집중했다. 내가 하고 싶은 것만 했다. 회사 일은 내가 아니면 안 되는 것만 남편을 통해 결정했고, 운동, 독서, 쉼을 제대로 해봤던 한 해다.

부모님처럼 참 열심히 살았다. 부끄러워 엄마 치마 뒤에 숨던 여섯 살 꼬맹이 모습으로도 돌아가고, 노랑모자 쓰고 초등학교 입학하던 나를 떠올렸다. 물 안 나오던 집에 물 받으려고 줄 서 있던 여섯 살 어린아이도 봤다.

결혼해 아이 키우고 회사를 키우고 집을 사고 차를 사고 정기적으로 여행을 가고 매뉴얼대로 살지 않는다면 실패한 인생인가? 정말 열심히 살았는데도? 어디다 원망해야 할까? 일을 하며 받았던 스트레스가 내 온몸과 마음으로 파고들어 아팠다. 그저 그런 하루하루에 무기력하던 나를 돌아본 작년 한 해가 나를 다시 살렸다.

나는 현재의 내 모습에 대해 불만이 항상 있었다. 인정에 대한 욕구가 참 컸던 사람인 것 같다. 좀 더 노력해보자! 더 나은 사람이 되고 싶어 늘 성장하고 노력해야 한다고 나를 채찍질해왔다. 일에서 능력 인정받기, 좋은 아내, 좋은 엄마 되기. 그러다 보니 능력은 안 되는데 에너지는 고갈이 되어갔다. 계속 무언가를 배우고 새로운 시도를 하며 아~, 지금 내가 잘하고 있는 것 맞나? 그러면서 만족하지 못했다. 나 자신을 몰아 세웠다.

『나는 나로 살기로 했다』를 미리 읽었더라면 상처를 덜 받고 오래 아프지 않았을 건데 싶다. 주눅들 만큼 겸손하지는 말 것, 나에게 친절하지 않은 사람에게 친절하지 말 것, 내 인생에 지나가는 사람들에게 상처받지 말 것, 누군가의 말에 자주 흔들리지 말 것, 누구를 모욕하는 삶을 살지 말 것, 누구의 삶도 완벽하지 않음을 인정할 것, 떳떳한 나 자신에게 자부심을 가지고 단단한 자존감을 가지고 나다운 삶을 살 것, 충분히 행복할 것을 해본다. 힘들 때는 힘들다고 말할 것, 불안하다고 무작정 열심히 하지는 말 것, 모두에게 이해받으려 애쓰지 말 것……

완벽하지 않는 나를 사랑한다. 조바심을 버리고 희망의 근거가 되는 내가 되련다. 모든 사람과 잘 지내려고 욕심내지 말 것, 부끄러워할 필요가 없는 일에 부끄러워하지 말 것, 미움 받지 않기 위해 좋은 사람이 되지는 말 것, 너그러운 개인주의가 될 것, 서로의 경계를 줄 것, 모든 이에게 이해 받으려 애쓰지 말 것, 과민해지지 않을 것…….

다음에 오는 행운을 받고 성공하는 삶의 비결 중 하나는 좋은 제안이 왔을 때 인식하고 받아들이는 것이다. 이전의 계획에만 매달리지 말고 말이다.

내 삶은 아직 끝나지 않았다. 내 이야기를 고치고 고쳐가며 만들어갈 것이다. 내 인생에 내가 빠져 있었지만 이제부터는 삶에 내가 들어갈 것이다. 더 건강하고 충만하게 행복하게 살 것이다. 더 빨리 하지 못했음을 후회한다.

『오늘부터 딱 1년 이기적으로 살기로 했다』의 저자는 언젠가는 오지 않을 수 있기에 물가에서 1년 살기 프로젝트를 바로 실행하기로 했다고 한다. 이 책은 내가 중심이 되어 이기적으로 살아야 한다고 강조한다. 우리는 어릴 때부터 이타적으로 살고 남을 도우라고, 남을 배려하라고 들어왔다. 내가 중심에 있는 삶, 내가 바라는 삶을 위해 나를 들여다보라고 한다. 내가 진정 좋아하는 일인지, 하고 있는 일을 좋아하는 건지, 내가 지금 하고 있는 일이 막연한 희생 때문에 이 일을 하고 있는 게 아닌지, 이 일을 하며 진정 행복한 건지에 대한 질문을 던지는 책이다. 생각해보니 두 번 나에게 휴식을 준 적이 있다.

아이 둘 낳고 한 달 만에 일을 시작했으니 사실 출산휴가 개념도 없이 일을 했다. 한 번은 2011년도에 1년 동안 제주 살이 하며 원 없이 쉬며 충전했다. 휴식은 또 다른 기회를 보여준다. 일에 지쳐 살던 내 몸은 망가질 대로 망가져 약으로 견뎌냈다. 아무리 암 수술 두 번 한 후유증이라지만 비만한 몸으로 하루도 더 살아가긴 싫었다.

『오늘부터 딱 1년 이기적으로 살기로 했다』는 나는 오늘 행복한 삶을 살고 있는지 돌아보게 하는 책이다. 이기적으로 사는 건 어떤 걸까? 누구에게나 좋은 사람이 되려고 하는 사고를 벗어던지라고 말한다. 보통 주부들이 그렇다. 남편 위해, 아이 위해 양보하다 보니 그리 된다. 나의 희생을 통해 가족이 행복하다면 그게 진정 행복일까? 나의 에너지를 소비하고, 나를 잃어버리는 일이다. 무조건적인 배려는 나를 힘들게 한다. 이 책에서는 또 의무감에서 벗어나라고 한다. 나는 이제 힘들면 안 한다. 부탁할 것은 부탁하는 내가 되었다.

너무 열심히 살다가 정말 내일이면 늦을지도 모른다. 네이버 메일함이 가득 차 정리하다가 예전 메일을 보게 됐다. 2012년쯤 캐나다에 가 있던 딸에게 보낸 메일에 글 쓰는 사람이 되고 싶다는 내용이 있어 새삼 놀랐다. 비만 전문병원 김길수 박사님의 코칭으로 건강하게 살을 빼고 날아 갈 듯 기뻤다. 미뤘던 골프를 시작하고 제주 골프 졸업 여행도 갔다. 딸아이 권유로 미시즈 대회 참가도 했다. 참가자 자기소개 준비를 하며 나는 내 삶을 돌아봤다. 고비 고비마다 힘들다고 생각했던 순간도 지나 보니 단단한 나를 만들어내는 거름이 되었다. 2019년 한 해는 완전 나에게 집중해서 나만을 위해 살아냈고 후회가 없으며 감사한 해였다.

2019 미시즈그린대회를 준비하며 프로필 사진을 찍었다

6

책을 읽으면
행동의 기준이 생긴다

발견은 준비된 사람이
맞닥뜨린 우연이다.

– 알버트 센트 디외르디 –

책을 보며 행동으로 연결되어 뜻을 이룬 경험을 떠올려본다. 여전히 화장품 사업이 가장 큰 비중을 차지해 또 화장품 이야기를 쓴다. 이 글을 읽고 국내든 해외든 화장품 매장 경영으로 어려움을 겪는 사람이 있다면 내게 언제든 물어도 좋다. 아니, 꼭 화장품이 아니어도 물어도 좋다. 장사의 기본은 사람이니까 해줄 말이 많다.

누구나 다 아는 이야기다. 책에 아무리 많은 아이디어가 있어도 실천하지 않으면 아무 소용이 없다는 것 말이다. 아바타가 필요했다. 마인드, 주인정신, 친절, 미소에 관한 '책'을 파헤치고 직원을 키워도 이직률이 높은 판매직원들은 여전히 들고났고, 최저가 판매를 내세워 해봐도 사업확장의 한계를 느꼈다. 다수 매장 모두 주인인 내가 하듯 운영할 수 있을까를 고민했다.

『행동 심리술』, 『CS는 행동이다』, 『회사를 춤추게 하는 달콤한 인재』, 『좋은 인재 나쁜 인재』, 『CEO형 인재』, 『뛰어난 직원은 분명 따로 있다』, 『나는 생각을 행동으로 옮겼을 뿐이다』, 『직원은 모르고 사장만 아는 4개의 인간』, 『직원 기 살리는 1001가지 경영』, 『직원의 마음을 움직이는 리더』, 『직원에게 책임감을 불어넣는 9가지 원칙』. 일단 책을 먼저 봐야지 생각하고 무조건 그렇게 했다. 책이 더 많은데 기억이 안 난다. 버린 책도 많아서. 목적은 무조건 사장을 만들어 해당 지역 최고 점장으로 안착시켜 매출을 올리는 게 목표였고, 거기에 매달린 나는 본사에서도 놀랄만한 성과를 이뤄갔다.

"친절과 정성으로 새롭게 시작하겠습니다." 잘나가는 매장 판매 마인드가 다르다. 반월당 ○○○○ '주인의식' 경영으로 매출 2배 성장, 화장품 유통의 대형화·다각화로 전문점은 물론 브랜드숍도 매출 고민은 한가지로 나타나고 있다. 참신하고 값진 판촉물을 써보고 목돈을 들여 매장 인테리어도 바꿔보지만 매장 경영환경은 좀처럼 개선되지 않는다. 대구 반월당 지하상가의 ○○○○ 매장은 이 같은 고민의 해결법을 새로운 인력관리 시스템 도입에서 찾았다. 매장 입구에는 인근의 다른 화장품 매장에는 없는 현수막이 눈에 띈다. '친절과 정성'을 강조하는 문구는 익숙하지만 큼지막한 여성의 증명사진이 함께 걸려 있고, 매장 내부에는 사진의 주인공이 판매에 한창이다. ○○○○ 점장은 화장품 세일즈업에 뛰어든 지 불과 한 달 남짓. 그러나 ○○○과 ○○○○○○, 쇼핑몰 운영 경력까지 8년 이상을 판매업에 종사해왔다. 생소한 화장품 판매업이지만 '판매'에는 자신이 있던 그는 이 매장의 고용 조건이 무엇보다 마음에 들었다고 한다. 매장 경영을 직접 맡아 운영하되, 일정 매출액을 초과하면 추가 실적에 해당하는 성과급을 받는다. 기본급 역시 여느 직장인 못지않다. "판매업 종사자로서 '일한 만큼 받는다'는 것이 얼마나 어려운지 알고 있습니다. 주인정신이 안 생길 수 없죠." 그가 강조하는 매출 향상의 포인트는 '내 매장'이라는 주인의식이다. '팔수록 번다'는 의식 아래 커피 마시는 5분도 아깝다는 ○○○○ 점장은 누가 시키지 않아도 매일 밤 12시까지 근무한다. 자신의 매장이자 매출이라는 신념에서 가능하다는 설명이다. 매장 내 최고 위치인 점장이 이렇다 보니 직원·아르바이트생의 분위기도 자연스럽게 동화돼 이곳 판매원들은 영업에 '안간힘'을 쏟고 있다. 당연히 매출 실적도 급상승 그래프를 그렸다. 리뉴얼 오픈한 2개월 전에 비해 평균 두 배 이상의 실적을 올리고 있다. 그 회사는 "어떤 매장이건 제품을 판매하는 곳이면 판매원의 마인드와 능력이 성패를 결정한다"는 경영이념을 갖고 있다. 과감한 성과급 지원으로 주인의식을 함양시키는 이 회사의 직원 관리 시스템은 '백화점 매니저' 방식에서 가져왔다. "유통환경이 아무리 어렵더라도 철저한 세일즈 정신만 있으면 매출은 움직인다"는 경영자의 신념은 경영난과 판매 인력난의 이중고에 시달리는 로드 숍 화장품 매장들에게 타산지석이 되고 있다.

위 내용은 2007년 화장품 신문 기사인데 우리 회사 내 첫 번째 인재이기도 한 김○○ 점장 이야기다. 2020년 지금도 유통업 상황은 힘들지만 그때도 경기가 좋지 않다고 하던 시절이다. 사장급 점장을 구하기 위해 전국을 다녔다. 인재를 찾기 위해 비행기, 기차, 버스를 타고 다니며 면접을 보러 다녔다. 행동력은 소문나게 되어 있다.

"저 중학생인데 아르바이트 할 수 있어요? 저 꼭 아르바이트 해야 되거든요."

"저 채용 안 된 건가요? 화장품 경력은 없지만 뽑아주시면 잘 해낼 수 있어요."

"별로 어렵지 않을 거 같은데요. 최고 매출 자신 있어요."

당시 우리 부부는 업계에서 맡기기만 하면 제대로 빠른 추진력과 행동력으로 예상 밖의 매출 결과를 내보이는 부부 사업가로 인정받아가고 있었다. 지방에서도 만족할 수도 있었지만, 더 넓은 곳으로 나아갈 수 있는 기회를 놓치지 않기로 했다. 과거 인터넷 쇼핑몰의 매각 기회를 놓치는 뼈아픈 경험을 했기 때문이다.

포항점 매출을 2배 이상 내자 본사에서 대구반월당점과 서울 성신여대점 운영권을 받았다. 그 후 승승장구했다. 포항, 대구에서 시작한 사업은 부산, 청주, 거제, 제주, 원주, 서울, 일본 여러 도시에 오픈했다. 가만히 생각해보면 스스로도 놀랄 일이다. 물론 7년 만에 10억 빚에서 연 매출 5천억 원 달성을 해낸 글로벌 회사에 비유할 상대는 안 되지만 말이다.

"어떤 일을 놓고 할 수 있느냐고 누군가 물어오면 '물론입니다.'라고 자신 있게 대답하라. 그리고 나서 그 일을 어떻게 해야 할지를 열심히 찾아보라."

– 전 미국 대통령 테어도어 루즈벨트

○○○○ 매장을 다수 운영하고 있을 때 후발주자인 ○○○ 화장품 회사의 제안을 받았다. 그 때 로드샵 매장 점주 중에서 제일 경영을 잘한다고 업계에 소문이 났다. 회장님과 만남을 갖게 되었다. 그 당시 화장품계에 여러 브랜드들이 출시되어 경쟁이 치열했다. ○○○도 전국 가맹점들이 폐업하겠다는 가맹점이 많아서 감당을 못하던 때였다

"살릴 수 있겠습니까?"

"예!"

그 당시도 화장품 사업만 10년차였기에 흐름을 잘 알고 있었다. 어떻게 하면 매출을 올릴지 노하우를 알고 있었기에 자신 있게 답했다. 『행동이 성과를 만든다』는 책 제목처럼 실행했고 매장을 살릴 우리만의 방법을 알고 있었다. 아주 좋은 조건으로 매장을 운영하게 되었고 인수하자마자 가파른 매출 상승으로 인정을 받고 다른 지역의 매장들도 인수를 받았다. 조건과 매출액을 여기 상세히 쓰기엔 무리가 있어 생략하지만 만나면 이야기해줄 수 있다.

우리 회사에 우수한 직원이 많은 나는 참 복이 많다. 일본 사업장을 오픈하면서 '직원 믿고 신뢰하기! 믿지 않으면 아예 채용조차 하지 말기!'로 스타트했다. 『비즈니스 발가벗기기』에서 말하듯, 직원들이 기업가처럼 생각하도록 하는 데 심혈을 기울이고 싶다. 그렇지 않았다면 한국에서 그것도 지방에서 멈추었을 거다. 한국 최고의 화장품 회사도 손들었다는 소문이 있는 프랑스 진출 계획은 우리처럼 작은 회사 입장에서는 다소 모험적인 비즈니스다. 하지만 파리에 반드시 매장 오픈을 해보일 것이다. 그 전에 온라인 작업을 먼저 준비 중이다. 『회사 직원만 아는 프랜차이즈 창업 성공 시크릿』 본사 직원이 우수가맹점을 만든다는 사실을 잊지 않는 우리 회사가 가맹점주로부터 무한 신뢰를 얻는 것을 목표로 시작했던 것처럼 말이다.

대단치 않은 행동으로 얻었던 소중한 경험을 독자들과 나누고 공유하기 위해 책을 썼다는 『미라클 액션』의 저자는 말했다.

"책을 인생의 치트키로 삼아라. 발품만 한 정보는 없다. 언젠가 독립하려는 마음이 있는 주인정신 직원이 있음에 감사하라. 이 직원은 맡겼을 때 주인처럼 경영한다. 스무 살, 체대에 입학해 격투기 선수로 뛰다가 부상으로 1학기 만에 자퇴하고 먹고살기 위해 부동산업에 뛰어들었다. 이후 공인중개업을 시작으로 신차 리스 및 장기 렌트 영업 법인, 보험 영업 법인, 광고 전문 법인, 피트니스 및 분양대행업과 요식업 등 여러 법인회사를 운영하고 있다. 저자 자신이 행동함으로써 얻은 작은 기적의 경험을 이야기했다. 저자는 200여 명의 직원과 함께 매일 행동하는 아침을 맞으며 살고 있다."

나도 그렇게 살고 싶어 적어본다.

정말 신기하다. 책을 읽으면 행동 기준이 생긴다. 읽었을 뿐인데. 나는 해외에서 사업을 하고 있고, 건강을 얻었고, 늘 우울하고 외롭던 내가 마음이 충만해지고, 회사가 성장하고 있다. 최근 『당신이 누구인지 책으로 증명하라』를 읽고 글 쓰는 내가 됐다. 나는 학교 다닐 때 글쓰기에서 상을 받은 적도 없고 꿈이 있었던 것도 아니었다. 책을 읽기 전, 나는 겁이 많고 생각만 하다 포기도 잘하던 소극적이던 사람이었다.

행동이 전부다. 행동이 없으면 오늘과 내일은 같은 날이다! 행동이 전부다. 움직이지 않으면 얻는 것도 없다. 이 간단한 사실을 우리는 자주 잊고 산다. 사업은 누구나 시작할 수 있지만, 발 빠른 행동은 누구나 할 수 없다고 한다. 사람들은 누구나 행복하게 잘 살고 싶어 하고, 시간, 경제, 하는 일 모두에서 자유롭고 싶어 하면서 왜 아무런 행동을 하지 않을까?

7

삶이 힘들수록
책을 읽어야 한다

언제고 괴로운 환상을 위로하고자 한다면, 너의 책으로 달려가라.
책은 언제나 변함없는 친절로 너를 대한다.

- T. 풀러 -

"왕언니, 정말 힘들어요. 죽을 것 같아요."

이 말 한마디로, 정식 인사조차 없이 직원이 퇴사한 그때는 정말 속상했다. 퇴사 이야기도 친언니 전화로 전해 들었다. 일한 만큼 받는 급여는 만족했지만 전국 출장으로 너무 힘들었다고 했다. 우리 부부가 회사의 비전을 이야기하며, 앞으로 함께하자고 말도 했었는데 내게 직접 인사말을 못 했던 것이다. 오로지 매출만 목표로 하며 너무 앞으로 직진하던 시기 S점장을 살뜰히 못 챙긴 일이 생각나 지금도 마음이 아린다. 믿음직하고 참 많이 아꼈었다. 한 1년이 넘어갈 때쯤 대구 ○○○ 매장을 맡아

2배 이상 매출을 올린 S점장에게 『시크릿』, 『연금술사』 책을 주었는데 마인드 변화가 이끌어낸 힘이라고 지금도 나는 생각한다. 출퇴근 자율권을 부여했는데 정말 주인처럼 해낸 직원 중의 한 명으로 기억한다.

서울 경기로 매장 개수를 확장해나가던 시절이었다. 전국 10여 개 매장의 총 점장으로 전국 출장을 다니느라 조그만 체구였지만 카리스마 있게 일을 해내고 있었기에 맡겼다. 그때 나는 『명리심리학』을 읽으며 섭섭한 마음을 달랬다. 화장품 사업을 한다고 들었는데 잘하리라 생각한다. 더 늦기 전에 연락이 되면 차 한잔 하고 싶다. 사업 실패 후 다시 일어설 때 일등공신 중 한 명이었기 때문이다. 정말 사업은 제품, 자본, 사람 중에 무엇보다 사람이 제일 중요하다.

나는 이 글에서 솔직히 쓰고 싶다. 돈 이야기를 말이다. 돈 이야기를 잘 못 하던 때 나는 가난했지만, 이젠 돈을 좋아한다고 말해야 돈이 내게 옴을 믿는다. 우리네 삶이 힘든 건 돈이 중간에 있을 때가 많다. 돈이 삶의 전부는 아니라고들 말하지만 행복에 한몫하는 건 사실이다. 돈 이야기를 피하지 않기로 했다. 가난은 사람을 한없이 작게 만든다. 적어도 나에게 돈은 그렇다. 부자 친구들과 나를 차별하는 선생님을 만난 후, 돈은 부유하지 못한 나를 학교생활 내내 존재감 없는 조용한 아이로 지내게 했다. 결혼 후 겪은 경제적 어려움은 내 아이 학교 학부모 모임에서도 당당하지 못하게 했다. 안 그러고 싶어도 한없이 작아져갔던 순간들이 내게 있었다. 어느 정도 먹고살 만해졌던 시기에도 이 여유로움이 언제든 내게서 멀어져 갈 수 있다는 생각이 들었다. 자랑은커녕 늘 '돈 없어.'라는 말이 입에 붙어 당당하지 못했다.

『당신이 놓치고 있는 대출의 비밀』은 명동점 오픈으로 사채이자 때문에 고민할 때 매장 하나를 정리하며 바로 갚는 결심을 하게 한 책이다. 그 후 아무리 사업 욕심이 나도 사채는 다시는 안 쓰기로 마음먹었다.

"엄마, 어디예요?"
"밭이지."

우리 친정 엄마는 마음이 괴로울 때 집 뒤 조그만 텃밭에 가서 상추, 대파, 고추, 고구마, 호박을 키우신다. 호미 하나 들고 몸을 쓰시면 기분이 좋다고 하신다. 고단하지 않으시냐 물으면 잡생각이 없어지고 마음이 편안해진다고 하신다. 문화센터 같은 데서 장구나 수영을 배우시는 게 어떠냐고 권해도 싫다고 하신다. 일흔 평생 안 해보셨던 일이라 처음에는 엄두가 안 나셨겠지만, 틈틈이 밭에 나가 작물들을 돌보며 마음의 위안을 얻으시는 엄마를 보면 마음이 짠하다. 엄마는 그렇게 거둔 채소들을 인근에 사는 큰아들네와 이웃과 나눠먹는 재미로 사신다. 당신은 살면서 죽을 것 같이 힘든 마음이 들 때 무엇을 했는가? 사람들마다 취하는 행동은 다양할 것 같다.

　나는 힘들면 최악의 상황 끝에 나를 데려다 놓고 생각해본다. 이혼하면 이 가정도 없고 싫지만 남의 회사 가서 일해야 한다. 그것보단 내 회사고 내 매장이지 않나? 때론 마주하기 싫고 미울 때도 있는 가족이지만, 내 살아가는 힘이기도 하고 행복을 느끼게도 해준다. 사무실을 청소하고 매장 내 화장품 하나하나 먼지를 닦으며 내 마음의 응어리를 풀어내본다. 그래도 안 되면 집안 대청소를 한다. 목적 없이 길을 걷는 것도 좋아한다. 하지만 최고는 책이다. 눈물이 실컷 나도록 읽다가 잔다. 일어나면 다시 힘내고 살아진다. 지금은 재결합해 잘 살고 있지만, 친정 큰동생은 이혼 후 5년 동안 그 힘든 시간을 어떻게 보냈을까? 그땐 나도 부모님을 도울 수가 없는 상황이었다. 친정 큰동생이 생활비 등을 모두 책임지고 있었다. 힘든 일은 홀로 안 오고 짝 지어 온다더니 나의 사업도 실패했다. 그 당시 아버지 하시던 사업이 다시 힘들어졌다. 우리 부부를 믿고 있던 직원들도 뿔뿔이 흩어지고, 우리 사업에 함께했던 작은동생도 일을 찾아 나서야 했다. 온통 미안한 일이 겹쳤다. 거래처와 은행과 친척들은 돈을 갚으라고 했다. 아! 물러설 곳이 없었다. 뭐가 잘못된 걸까? 야반도주하는 사람들이 이런 마음이었을 거다. 미쳐버릴 지경이었지만 두 아이를 생각하니 빚쟁이 부모가 되고 싶지 않았다. 동생일로 마음이 아프고 아버지가 돌아가셨을 때『내 남은 생의 모든 것』을 읽으며 내 가슴을 다독여가며, 힘든 현실에서 도망치지 않을 수 있었다. 난 괜찮은 척했다. "'암' 요즘 흔한 건데, 뭐 나만 걸리나 뭐." 웃으며 이야기해도 무서웠다.『삶으로 다시 떠오르기』는 수술동의서를 작성하며 휘청거리면서도 오히려 가족을 위로하고 담담해질 수 있는 용기를 주었다. 내 손 잡아주며 괜찮다고 하는 책이 있어 다행이라고 생각했다. 솔직히 파고 들어보니 돈 때문에 제일 힘들었다. 20대, 30대 때 돈 이야기를 하면 속물이란 소리 들을까 봐 "그냥 남편과 좀 다퉜어. 그냥 좀 기분이 그래."라고 알맹이는 빼고 얼버무렸다. 지금 삶이 힘든가? 무엇 때문에 그런가? 지금 왜 힘든지 삶의 이유를 생각해보라. 경제적인 고민인가? 하는 사업이나 직장일이나 진로가 풀리지 않아 고민인가? 몸이 아픈가? 살을 빼서 건강해지고 싶은가? 수입을 늘리고 싶은가? 지독하게 파고들어 해당 분야의 책을 읽어야 한다. 책을 통해 인생을 바꾸고 싶다면 좀 더 적극적으로 책을 읽어야 한다.

신혼 초, 무조건 남편 생각이 틀렸다고 싸움을 걸어대고 집안이 떠나가라 소리 질러 딸아이가 겁에 질려 자지러지게 울게 하고 싸워댔던 때를 생각하면 지금도 미안하다. 지금은 아니지만, 어찌 되겠지 하며 무한 낙천적인 남편 말에 의지만 하고 있기엔 하루하루 불안한 날들이 계속됐다. 할 수 있는 게 별로 없었다. 책 읽는 것 말고는……

자주 보는 유튜브 중 하나가 〈김미경TV〉다. 오늘 본 주제는 나 자신의 'SWOT분석'하여 팬데믹 후의 내 미래 시나리오 짜기를 해보라고 숙제를 내준다. 지난 여름, 지인들에게 물어봤던 내용을 참고로 지금 적어본다. S(Strength; 강점)는 화장품 사업, 부동산 투자 경험, 다이어트와 미인대회 경험, 경청력이 있다. W(Weakness; 약점)는 SNS 등의 온라인 활동인데 그러나 지금 준비하고 있다. O(Opportunity; 기회)는 팬데믹인 지금 나의 책을 준비하고, 개인 브랜딩을 하여 다가오는 언컨택트 시대에 준비를 할 예정이다. 블로그, 카페, 유튜브, 인스타그램으로 나의 경험을 나눌 것이다. T(Threat; 위협)는 회사의 온라인 홍보 강화에 주력하기와 개인 브랜딩을 이제야 알았지만 지금 작가로서의 시작이 길을 열어줄 것으로 본다.

수술 후 몇 달 쉬고 있을 때였다. 당시 부모님의 이혼으로 할머니랑 살며 우리 매장에서 학생 아르바이트를 하던 B의 연락이 왔다. 화장품회사 CEO가 꿈이라던 친구였다. 기초화장품 제조를 하겠다는 이야기를 들은 적도 있다. 오늘 따라 유달리 지나간 직원들 중에 미안했던 얼굴이 왜 이리 생각나는지 모르겠다. 그 친구는 참 똑똑했다. 하루에 잠을 서너 시간 자가며 학교를 다니고, 판매할 때 화장품 성분을 달달 외워 고객에게 설명도 곧잘 해 신뢰를 받던 학생이었다. 내 아이 챙기며 살기에도 바빠 잘 챙겨주지 못했던 게 마음에 걸린다. 고3 때 학과 선택 때문에 내게 상의 전화도 했었다. 대학을 합격한 후 어찌 지내는지 궁금하다. 무얼 해도 잘 해낼 것 같던 그 학생이 생각난다. 이 학생에게도 그 당시『꿈꾸는 다락 방』을 추천해주었는데 읽었는지는 모르겠다. "가난한 사람은 책으로 부자가 되고 부자는 더 귀하게 된다."라는 말이 있다. 무엇을 하든 잘 풀리는 사람과 안 풀리는 사람의 차이는 독서다. 가끔 아무 문제없을 때는 독서를 멀리하는 패턴이 있다. 하지만 삶이 힘들지 않아도 평소에 늘 하는 종이책으로 하는 독서는 종합적 사고를 하게 하여 세상 문제를 해결하고 무슨 일이든 착착 진행되게 만드는 실천 저력을 가지게 해 성공적인 삶으로 이끌어준다.

"쓰는 사람은 삶의 물음표가 있다. 인정과 자기 성장 욕구 말이다. 작가는 자신을 괴롭히는 문제를 해결하기 위해 쓴다. 해결하고 싶은 아니, 해결하지 않으면 안 되는 질문이 머릿속을 가득 채우고 있는 사람이 글을 쓴다. 만약 한 번도 마음속에 글을 쓰고 싶다는 충동이 일지 않았다면 필사적으로 해결하고 싶은 문제가 없었기 때문인지도 모른다."

『뼛속까지 써 내려가라』에 나오는 내용이다. 위 글에서 쓰는 사람을 읽는 사람으로, 물음표를 힘들수록으로 바꾸어본다. 내 삶이 힘들수록 책을 읽어야 한다. 내가 책! 읽는 이유다.

8

100권의 책을 읽으면
머리가 트인다

독서는
하나의 창조 과정이다.

− 에렌부르그 −

"나의 창조성과 상상력은 책이 없었다면 불가능했을 것이다." 스티븐 스필버그의 말이다.

『세인트존스의 고전 100권 독서법』의 저자 조한별 씨는 세인트존스학교에서 배운 스스로 공부하는 즐거움을 나누고 싶어서 전공, 시험, 강의, 교수 없는 특별한 인문학 교육을 받은 경험을 출간했다고 한다. 4년 간 고전 100여 권을 읽고 토론하는 것이 주요 커리큘럼이라고 한다. 이들은 4년간 이어지는 세미나 수업에서 호메로스의 『일리아스』, 『오디세이아』 부터 루소, 로크, 헤겔, 마르크스의 저작까지 100여 권을 읽어내야 한다.

"수업은 100% 토론식이에요. 수업 시간에 말을 안 하는 학생은 배움의 의지가 없다는 평가를 받고 학교를 떠나야 합니다. 책을 읽고 생각을 정리하는 세인트존스에서의 훈련은 결국 내가 누구인가를 이해하는 과정이었던 것 같아요. 저에게 맞는 속도에 맞춰 뚜벅뚜벅 걸어 나갈 생각입니다. 4년 간 고전 100권을 읽으며 나를 이해하게 됐어요."

2016년 3월 5일 중앙일보 기사 내용이다. 저자는 천재들의 수많은 고전을 읽으며, 그들의 사고방식을 들여다보게 되었으며, 그들의 생각의 발전 과정을 따라가보며 새로운 정보와 지식보다 자기 자신에 대해 4년 간 세인트존스에서 배웠다고 했다. 자신이 무엇을 좋아하고 싫어하는지, 무엇을 잘하고 못하는지, 무엇을 가치 있게 여기고 원하는지를 말이다. 세상에 대한 저자 자신의 가치관을 하나씩 확립해가며 지금부터는 세상과 자신을 연결시키는 공부를 할 것이라고 말했다. 100권 책 읽기의 독서의 힘을 잘 설명해주는 내용이었다.

왜 100권일까? 머리가 트인다는 게 뭘까? 고전은 읽는 게 아니라 생각하는 것이라 한다. 물론 1권의 독서로 감동을 받아 인생이 달라졌다는 사람이 있을 수 있겠지만 100권, 1,000권을 읽어도 삶에 변화가 없다면 소용없다. 경험으로 보아 결국 내 책 읽기도 나 자신을 알아가는 일이었던 게 맞는 것 같다.

"한 달에 몇 권 정도 읽을 수 있을까?" 책 한 권에서 핵심은 전체의 7~10%라는 걸 본 적이 있다. 실용 독서일 경우는 아마 100권 이상 읽으면 일정 한계량 때문에 새롭게 다가오는 내용의 책들은 찾기 어려울지도 모른다.

피터 드러커는 "커뮤니케이션의 제 1법칙이다. 사람은 자신이 듣고 싶은 것만 들으려는 특성이 있다. 듣고 싶지 않은 것은 자동으로 걸러낸다. 그래서 분명히 한 말도 상대는 듣지 못했다고 하는 경우가 종종 발생하는 것이다. 그렇기에 주기적으로 내가 한 말을 상대가 제대로 알아들었는지 확인해야 한다. 그리고 오해하고 있다면 이유가 무엇인지 파악해 다시 커뮤니케이션을 해야 한다. 커뮤니케이션에서 내가 한 말은 별로 중요하지 않다. 그보다는 상대가 무슨 말을 어떻게 들었는지가 훨씬 중요하다"고 했다. 『구글 대학에 없는 명언』336페이지 글이다.

커뮤니케이션 분야에 관한 책도 100권 정도 넘으면 결국은 사람과 사람 사이에 일어나는 것이라는 걸 알게 된다. 그 후 머리가 트이면 사람에 대한 근원적인 지식을 파고들고 싶어진다. 자연스럽게 심리학으로 넘어가게 되고 고전, 철학 등 사람 내면에 관한 책으로 옮겨간다.

머리 트이는 100권 인문 철학 독서는커녕, 짝사랑하던 그 친구 때문에 허전한 마음 달래려 보았던 『지란지교를 꿈꾸며』 에세이밖에 기억이 안 난다. 대학 4년 동안 독서를 했다면 하는 아쉬움이 지금도 있다. 그때 자기계발서나 인문학에 빠졌었다면…….

7살 때 한글 떼고 교과서와 엄마가 책 사는 '계'를 들어서 전집을 사주셨는데 여러 권 중에 『소공녀』가 기억난다. 고등학교 때까지도 교과서 외에는 특별히 책을 읽은 기억도 없다. 부모님이 책을 읽는 분위기도 아니었고, 책을 읽어야 한다는 생각도 없었다. 사실 결혼 후 골치 아픈 내 삶의 고민이 생겨서 책을 읽을 수 없었다는 것도 핑계다.

같은 분야의 책을 100권을 읽으면 그 분야에서 학위를 딴 것과 같은 효과가 있다는 말을 들은 적이 있다. 내 삶을 흔들 정도로 머리가 트이게 한 100권의 책은 무슨 종류였을까?

사업, 사람 관계, 부, 건강 책 관심이 많다. 그중 한동안 큰 관심은 화장품과 부동산이었다. 사업은 평생 본업이니 그렇다. 부동산을 보러 다니는 일은 재미있고 내 성향과 잘 맞는다. 국내든 해외든 여행을 가면 어디를 가도 그곳 부동산 중개소를 현지 가이드의 안내를 받아 방문해본다. 현지 주거용 부동산의 매매나 임대 시세를 알아보는 건 재밌는 취미가 됐다. 태어나 맨 처음 책을 읽기 시작한 것은 언제부터일까?

사업? 부동산? 주식? 무엇으로? 어떻게? 물어볼 사람? 재테크 강의도 책을 보고 저자를 찾아가 알게 되었다. 그 전에는 도통 정보를 얻을 수도 없었다. 주로 서울 지역에 관한 책을 찾았다. 『바빌론 부자들의 돈 버는 지혜』, 『부의 본능』, 『나는 해외투자로 글로벌 부동산 부자가 되었다』, 『실전 임대사업투자기법』, 『상가투자비밀노트』, 『부동산에 대해 다시 생각한다』, 『돈이 일하게 하라』, 『거래의 기술』 등을 읽었고 항상 종이 지도를 가지고 다녔다.

가방에 언제나 부동산 책을 넣어 다녔고 신간은 늘 구입해 읽었다. 선택하는 안목이 좋으며 판단력이 빠르다는 이야기도 듣게 되었다. 여러 전문가들의 책을 읽어야 통합적으로 정리가 된다. 투자도 여러 권의 책을 읽어야 후회 없는 투자를 할 수 있다. 한 저자만의 책을 읽으면 잘못된 판단을 하기가 쉽기 때문이다. 한국은 인구가 수도권에 집중돼 있다. 무조건 가능하면 서울 내로 들어와야 한다고 생각했고 투자를 했다.

한 사람의 인생은 그 사람이 읽은 책 만큼이라 한다. 한 분야 100권 이상을 읽고 나면 그가 어떤 사람이든 대화를 하다 보면 그 사람의 생각, 가치관, 인생관을 알게 되고 삶의 자세도 보인다. 자존감을 세워주고 다양한 역경과 시련이 와도 무너지지 않게 한다. 책은 생각을 만들고, 생각은 그 사람 삶을 만든다.

『왜 나는 사업을 하는가』, 『억대투자 자영업 억대수입 1인사업』, 『MONEY』, 『대화의 신』, 『90년생과 어떻게 일할 것인가』, 『순간의 힘』, 『마윈 내가 본 미래』, 『한국의 젊은 부자들』, 『나는 돈 없이도 사업을 한다』, 『아메바 경영』, 『이끌지 말고 따르게 하라』, 『구글의 아침은 자유가 시작된다』, 『사람을 남겨라』, 『성공의 문을 여는 마스터키』.

이 책들은 사업을 생각하며 읽은 책들이지만, 책을 읽는다는 것은 인생을 바르게 사는 길을 배우는 것이기도 하다. 누군가 심혈을 기울여 쓴 책이 머리를 트이게 해주고, 미래에 나는 또 누군가의 책이 될 수도 있기를 바라기도 한다.

'인생의 목적과 방향을 알려주고 자기 눈으로 세상을 보게 하고 자기 삶의 주인으로 살게 하는 100권 독서!'로 먼저 살다간 사람들의 삶의 지혜를 배워 나만이 아닌 남도 보며 바른 삶에 대한 고민도 해보는 건 어떨까?

매사에 감사하는 마음을 갖게 해주는 것도 독서다. 삶의 문제를 알기 위해서는 평생 독서를 해야 한다. 사람은 지구라는 별에 태어나 한 100년쯤 살다가 죽는다. 세상에 태어나 어떤 일을 하며 살더라도 독서를 잊고 사는 것은 의미가 없는 삶이다. 독서하지 않는 삶은 사회적으로 아무리 성공을 해도 헛헛한 인생일 것이다.

머리가 트이는 책 읽기에 좋은 때는 항상 지금이다. 왜냐면 일본은 지금 4월 29일부터 5월 26일까지 골든 위크 기간이다. 도쿄를 벗어나 교외로 여행을 가려 해도 도쿄 차량 번호가 들어오는 것도 꺼려한다고 한다. 식사도 못 할 것 같아 마음 접었다. 전 세계가 비상시국인 지금, 다 잊고 머리가 트이는 책 읽기를 해볼 참이다. 『부자의 그릇』도 끌린다. 『결국은 당신은 이길 것이다』, 『신은 디테일에 있다』. 그 사람의 느낌, 분위기, 기운이 바이브인데 자신이 원하는 이미지의 바이브를 가지면 자신이 원하는 인생을 살 수 있다는 『바이브』라는 책도 좋겠다.

독서는 인생의 판을 바꾸기도 하고 머리도 트이게 한다는 독서를 해보자. 1년 100권을 읽는 계획을 세워보자. 관심 가는 혹은 해결해야 하는 내 인생 고민의 주제를 5가지 정도로 적어보자.

그 한 가지 주제에 내가 끌리는 책을 10권씩 먼저 준비해서 읽어보면 된다. 책에는 삶의 생각과 인생의 방향이 있고, 지혜, 위대한 가치, 세상, 여행, 우주를 여행하게 해준다고 했다. 지금까지 현실적으로 돈, 출세, 집, 차 등 종속의 삶에서 발버둥치는 독서를 해왔다면 이제 철학적으로 지혜, 의식, 가치의 세계에 대한 독서는 어떨까 하는 생각도 해본다.

"나는 모든 사람들이 좋아하는 일을 하며 행복한 인생을 살았으면 한다. 가난에서 벗어나 경제적 자유인이 되기를 바란다. 가장 중요한 것은 경험과 지식, 깨달음, 해결책이다. 이를 바탕으로 사업을 해야 한다. 사업을 해야 성취감을 느낄 수 있고 부를 축적할 수 있다."

『100억 부자 생각의 비밀 필사노트』를 매일 한 페이지씩 꾹꾹 눌러 써 봐야겠다. 머리가 트인다는 느낌이 올 때까지⋯⋯.

책이
시키는 대로
살아보기로
하다

책을 읽는 사람은
절대 망하지 않는다

책은 꿈꾸는 것을
가르쳐주는 진짜 선생이다.

— G. 바슐라르 —

　　찰스 존스는 지금 읽고 있는 책과 요즘 시간을 보내는 사람들이 누구인가에 따라 지금부터 5년 후의 내 모습이 결정된다고 했고, 아놀드 베네트는 책은 인생이라는 험한 바다를 항해하는 데 필요하도록 남들이 마련해준 나침반이고 망원경이고 지도라고 했다.

　　"마냥 벌릴 줄 아나? 아끼고 벌릴 때 열심히 해서 모아라."
　　"밥만 먹고 살면 안 되나?"

　　굶지 않고 살아내는 일이 가장 큰 문제였던 우리 친정어머니와 시어머니 세대의 단골 멘트다. 재래식 화장실과 우물이 있던 집을 사서 돈이 생길 때마다 해마다 집 구석구석 조금씩 직접 수리하시던 아버지가 생각난다. 내가 행복했던 순간을 더듬어본다. 인근 계곡에 친척, 우리 가족, 동생 가족 등 20여 명 넘게 모여 고기 구워 먹으며 물놀이를 몇 번 했던 때이다. 생각해보니 그때 우리 사업이 힘들 때라 고민이 많을 때다. 호텔이나 콘도를 예약해 2박 3일씩 가고 싶었지만 그땐 바쁘고 돈도 별로 없었다. 그래도 행복했다. 지금 그때 사진을 본다. 지금은 돌아가신 아버지와 이모부가 웃고 있는 사진이다. 안 가려다 갔던 물놀이였는데 가길 잘했다. 민박집 바닥이 불편했지만 바닥에 누워 책도 읽고 이런저런 이야기를 하는 순간엔 재미있고 행복했다. 애틋한 추억으로 남았다. 20여 년이 훌쩍 지난 지금에야 안정이 되어 행복하다고 말할 용기가 난다.

인생 선배들의 조언은 둘 다 맞지도 틀리지도 않지만 일이 잘 풀리고 돈이 벌릴 땐 내가 잘해 그런 것이고, 꼬이고 돈줄이 막히면 남 탓, 환경 탓으로 돌렸다. 우리는 살면서 끊임없이 삶의 여러 가지에서 실패와 성공을 거듭한다. 처음 장사를 시작하고 6개월 만에 부채를 갚을 정도로 벌 때 돈 좀 번다고 독서를 멈춘 내 탓도 있다고 생각한다. 경기를 탓하고, 타인을 탓하고, 핑계를 댔다. 돌아보니 모두 내 무지한 판단 탓이었다.

세상 사람은 책 읽는 사람과 읽지 않는 사람으로 나뉜다는데, 책 안 읽는 사람도 많지만 사람들이 독서하는 이유는 뭘까? 소설은 행복감, 수필은 삶의 작은 기쁨과 자유, 인문서는 지적 호기심을 채워주고, 실용서는 자신을 계발하고 더 나은 삶을 위해 성공하고자 하는 욕구를 충족시켜준다는 글을 봤다. 즉시 활용 가능한 실용적인 면을 강조하는 실용서를 읽던 사람도 어느 정도 읽다 보면 근본적이고 근원적인 인간 자체를 파고드는 인문학책에 관심을 가지게 된다고도 한다. 결혼 후 나는 실용서 위주로 읽어왔는데 다양한 분야로의 독서 필요성을 이 글을 쓰면서 더욱 느끼며 반성 중이다.

불황은 어디까지나 핑계다. 2006년 그해 실패 후 '초심', '처음처럼'이라는 단어를 가슴에 새기고 살았다. 오만한 마음을 버렸다. 2008년 금융 위기 때 우리 회사는 전국 시 단위마다 한 개씩 오픈을 해본 적이 있다. "직원을 보면 사장이 보인다"는 글을 붙여두고 직원보다 더 뛰었다. 책을 읽고 경영자 과정을 찾아다니며 우리 부부가 함께 공부한 경험은 빛을 발했다. 이 위기에도 오늘 우리 회사는 마스크와 소독 세정제의 주문 증가로 온라인 매출이 상승세라고 한다.

『직원을 최고로 만드는 리더의 69가지 진실』,『직원을 고객처럼 고객을 직원처럼』,『회사가 붙잡는 직원의 23가지 비밀』,『잘 나가는 회사의 직원 관리 포인트』,『왜 직원이 3개월 만에 그만둘까?』,『조직의 능력을 끌어올리는 인적자원관리』, 『이런 직원 한 명이 고객을 끌어 모은다』 등의 책을 참고했고 관리자급 채용 시 면접 질문으로 응용했다. 몇 권의 책 제목이 기억나지 않지만, 당시 매장을 늘려갈 때 대한민국 전국을 돌며 멋진 인재를 안착시켰던 기억이 난다. 이 글을 쓰다 보니 거의 일과 관련된 이야기가 대부분인 건 지금도 여전히 현업에 있기 때문이기도 하지만, 일본에서 지금 하고 있는 형태도 적용하고 있는 기본은 같기 때문이기도 하다. 어느 정도 궤도에 오르기 전엔 업무 전부를 사장이 다 할 줄 알아야 하고, 현장을 세세히 알아야 하며, 시스템을 만들어 돌려야 한다고 생각한다.

"지금까지의 직책과 경력과 성과는? 이직의 이유는? 입사 후 우리 회사에 기여할 본인의 장점은? 전 직장에서 존경하는 상사는 있었는지? 본인이 생각하는 유능한 인물, 무능한 사람의 조건은? 전직 사장님께 가졌던 불만이 있었다면 어떤 것이었나? 부하직원 리더의 조건은? 직접 채용해봤던 직원이 있었는지, 해고했다면 그 이유와 해고 방법은? 직원 관리 스타일, 최악의 실수 경험, 최근 매장 업무 일 중 위기 극복 방법은? 매장 직원 업무 성과 평가 기준은? 최고의 판매 사원 기준은? 본인의 판매 방식은? 매장에 손님이 없을 경우 해결책을 모색해본 경험이나 또는 앞으로 어떻게 할지 특별한 계획이 있는지? 개인적으로 5년 뒤 무슨 일을 하고 싶은지? 판매할 때 제일 중요한 건 뭔지? 만약 점장 직책을 부여한다면 앞으로 60일간 무엇을 할 것인지? 수습 후 어느 정도 매출을 올릴 자신이 있는지? 왜 당신을 뽑아야 한다고 생각하는지? 더 하고 싶은 말이나 질문은?"

친절 마인드 과정과 중소기업 경영자 과정을 수료했다. 직원들과 자료를 들고 공유했다. 뭔가 배우고 즉시 적용해 원하는 결과를 내는 일에 나는 기쁨을 느끼는 사람인 걸 알았다.

돈이 있어야만 행복하다고 생각하는가? 아니 행복은 돈이 있기 때문이라고 생각하는가? 행복은 돈과 전혀 무관하다고 생각하는가? 당신이 원하는 만큼의 돈을 가졌는가? 돈? 얼마가 있으면 부자일까? 부자의 기준이 사람마다 다를 것이다.

26년 전, 나는 1억 현금을 손에 쥐면 부자라고 생각했었다. 월세 40만 원으로 신혼을 시작했지만 시간을 내어 '심리 공부, 돈 공부, 부동산 공부, 사업 공부, 건강 공부'를 했다. 현재 회사 자산은 물론 개인 자산도 꽤 소유하고 있다. 나는 한국에서 부자가 되는 세 가지 조건 '부모 부자', '부자 남편', '로또 당첨' 없이 부자가 되고 싶어 노력했다. 나는 평범한 사람이 수십 억 원의 자산을 만드는 건 드라마라고 생각했다. 어떻게 해서든 저축하여 종잣돈을 만들려고 노력했다. 신문 등 여러 가지 관련 책을 읽었다. 진짜 부자가 되기 위해 독하게 물질적 부자 공부와 정신적 부자 공부를 시작했다. 화장품 사업을 주축으로 나에게 잘 맞는 투자 방법인 부동산을 골라 꾸준히 공부한 것이 지금의 부와 행복을 갖게 된 비결이다. 책을 사서 읽는 것도 투자다. 독서를 통해 나의 지식과 함께 자산도 쌓여 갔다. 계속 성장을 하고 있다. 동종업계 대표님의 몇 천, 몇 조 단위 성공과 자산 이야기를 주변에서 자주 듣다 보면 정신이 번쩍 들지만 각자의 속도가 있으므로 천천히 가도 괜찮다. 각자의 속도가 있다.

『버진다움을 찾아서』, 『나는 늘 새로운 것에 도전한다』, 『닥터 예쓰』, 『발칙한 일 창조전략』, 『비즈니스 발가벗기기』의 저자이자 버진 그룹의 창조적인 괴짜 CEO 리차드 브랜슨 회장이 롤 모델이라는 재일본 사업가 ㈜L&K 권용수 대표는 2019년 회사 송년회에서 '사장이 없어도 성장하는 회사'가 목표라고 발표했다. 이유를 물어봤다. 사장이 없어도 돌아가는 시스템을 구축할 것이며, 프랑스 파리에 먼저 진출해 그 후 세계 곳곳에 청년 사장 100명을 5년 내 육성할 것이라고 했다.

과거 한국에서 사업에 실패한 중요한 이유 중 하나는 믿고 맡길 만한 인재 육성의 부재라고 했다. 그동안의 실패는 성공을 위한 밑거름이며 화장품 사업은 숙명이라고 말했다. 그는 리차드 브랜슨의 『내가 상상하면 현실이 된다』를 읽고 독서에 빠지게 됐다고 한다. 뉴욕 한복판에서 탱크를 타고 버진콜라를 알린 점, 본인의 누드를 모바일 광고판에다 올리는 등 기업 회장으로 격식을 벗어던지며 자신을 마케팅 수단으로 삼는 점, 상식과 통념을 깨고 즐거운 경험을 보여준 점 등 괴짜 CEO의 이미지에 반했다고 한다. "재미있게 사업하고 싶다"를 좌우명으로 삼는 권용수 대표 본인도 캐릭터 인형을 쓰고 거리 홍보를 해본 경험도 있기에 리차드 브랜슨의 팬이 되었다고 한다. 8년 만에 한화로 연 매출 200억 원을 달성했으며 올해는 500억 원을 예상하고 있다는 그는 사업 실패 후 시작한 늦은 늦깎이 독서가로 성공했다. 직원에게도 독서를 추천한다고 한다. 권용수 대표는 나의 남편이다.

우리 자사 제품인 다이어리식 마스크팩, 스파이더 크림 등 몇 가지를 처음 제조했을 때, 흥행 판매에 실패했던 적이 있다. 책과 자료를 충분히 찾지 않고 고객 입장보다 내가 만들고 싶었던 걸 만든 탓이다. 살면서 수업료를 다양하게 내며 살아온 것 같다. 제공하는 제품이나 서비스가 고객의 니즈에 부합하는지에 초점을 맞추지 않았던 실수를 한 것이다. 스토리를 더 보강해 생산하는 데 더 집중하기로 했다. 『무기가 되는 스토리』라는 책이 있다. 스토리! 스토리 있는 제품을 만들어보자. 현재 운영 중인 스킨케어 샵 멤버들과 함께 우리 회사만의 스토리가 있는 제품 브랜드 생산에 주력하기 위해 열심히 회의 중이다. 이미 몇 가지는 일본 내수 시장에서 벌써 히트 상품이 되었다. 이 글을 보고 다른 한국 중소기업의 화장품도 경쟁력 있는 스토리의 상품이 있다면, 일본에 있는 우리 회사에 수출하는 것을 언제든 환영한다.

전 미국 상원의원 빌 브래들리는 당신이 할 수 있다고 말하면 할 수 있고, 할 수 없다고 생각하는 순간엔 진짜 할 수 없다며, 실패는 그 자체로 훌륭한 경험이 된다고 했다.

"나는 10,000번의 실패를 한 적이 없다. 아니 나는 단 한 번도 실패한 적이 없다. 10,000번의 안 되는 방법을 찾아냈기 때문이다. 안 되는 방법을 모두 골라냈을 때 나는 되는 방법을 찾을 것이다."

전구 발명에 어려움을 겪고 있던 에디슨에게 한 기자가 전구 발명에 회의적이고 비판적인 발언을 하자 에디슨이 발끈하며 쏟아낸 말이다.

내 인생만 봐도 사실이다. 맞다. 실패해본 적은 있지만 실패도 모두 자산이 되었다. 책을 읽는 사람은 절대 망하지 않는다. 읽는 책이 늘어날수록 회사와 개인 자산이 늘어갈 뿐이다. 사업하는 사람이 왜 책 읽기를 게을리하고, 또 왜 그런 사람들끼리 모여 고민을 털어놓는지 난 정말 이해할 수가 없다.

2

읽는 권수에 따라
인생의 크기가 달라진다

책을 한 권 읽은 사람은
두 권 읽은 사람의 지도를 받게 되어 있다.

— 에이브러햄 링컨 —

유튜브 영상으로 『나의 눈부신 친구』를 짧게 봤다. 주인공 릴라는 학교에서 가장 똑똑한 소녀다. 중학교 진학을 못한 채 아버지의 구둣가게에서 일하게 된다. 도서관에서 책을 빌리면서 1인당 빌릴 수 있는 책 권수의 한도를 다 채워 가족의 이름을 다 동원해 읽을 정도로 호기심도 많았다. 진학은 포기했지만 책을 읽으며 새로운 꿈을 꾼다. 직접 구두 디자인 스케치를 하며, 기계를 들여서 신발 공장을 세울 거라는 꿈을 이야기한다. 더 많이 알수록 세상에 도전하는 것이 무섭지 않다고 말한다. 릴라는 자본가로 성장하겠다는 꿈을 꾸며 엄청난 양의 독서로 세상에 승부수를 던진다.

2장 | 책이 시키는 대로 살아보기로 하다 91

사업, 연애에 실패했을 때, 다른 사람은 잘 나가는데 나만 초라해 보여 우울하고 힘들었을 때, 출근하기 싫을 때가 있었다. 스스로 비참해보여 술을 마셔도 보지만 그때뿐이었다. 인생 문제를 해결해주는 정답이 무조건 책은 아니지만, 일단 책을 먼저 읽어보라. 읽는 동안 상황을 비추어보는 과정에서 한 번 더 '생각'이라는 걸 하게 된다. 머리로 마음으로 정리할 시간을 가질 수도 있다. 살면서 우리 모두는 인생의 슬럼프를 겪을 때가 있다. 『심리학을 만나 행복해졌다』는 나와 세상을 알아가는 재미있고 실용적인 심리 법칙에 대한 책이라고 한다. 이 책을 인터넷 서점에서 발견했는데 주문해야겠다.

독서하는 사람이 모두 성공한 것은 아니지만 성공한 사람들 중 독서하지 않은 사람은 없다고 한다. 독서는 문제 해결 능력을 향상시키며, 이는 고액 연봉자의 자격을 만들어줄 수도 있다. 내 독서는 소득과 삶의 질도 향상시켰다. 통계적으로 고액 연봉자와 독서 인구는 비례한다는 이야기도 들린다. 책이 없었다면 어땠을까? 난 많은 시련과 시행착오에 좌절했을지도 모른다. 책 속에서 내게 힘이 되어 줄 메시지를 찾아내고 실천해왔다. 읽는 책이 한 권씩 늘어갈수록 내 꿈, 목표에 가까워졌다.

대학 시절 4천 권의 책과 4천 편의 영화를 섭렵한 작가 나카타니 아키히로, 병상에서 2년 6개월 동안 3천 권을 읽은 이랜드 그룹 박성수 회장,

감옥을 도서관으로 삼았던 김대중 대통령, 삶의 바닥에서 희망의 스토리를 만들었다는 민들레영토 지승룡 사장, 1,000일 독서로 거인이 되어 우뚝 선 교보문고 신용호 회장, 학교 중퇴 후 도서관을 통째로 읽어치운 위대한 발명가 에디슨, 수만 권의 독서의 달인 김용옥 교수, 독서로 왕따에서 시대의 영웅이 된 나폴레옹, 학교를 그만두고 책에 파묻힌 중국의 마우쩌둥, 세계 최고의 독서가 알베르토 망구엘까지 이 위대한 사람들은 모두 책을 통해 만들어졌다.

"CEO들은 자연을 사랑하고, 운동과 명상을 즐기며, 책을 손에서 놓지 않고, 무엇보다도 겸손해야 한다. 개인의 성장 없이 기업의 성장이 없고, 기업의 성장 없이 개인의 성장은 없다. 그런 까닭에 독서는 CEO를 비롯한 모든 구성원에게 꼭 필요한 성장의 꽃이다. 정상의 고지를 향해 가는 길에 독서는 휘발유요, 전기다. 인생은 긴 여행이고 사랑은 꼭 챙겨야 할 필수품이라면, 목표를 향한 정상의 고지를 가는 길에 독서는 필수품이다."

『CEO의 독서경영』에 나오는 글이다.

"책이 좋은 이유는? 숟가락을 잡으면 뜨게 되고 포크를 잡으면 찌르게 되듯이 책이라는 도구를 잡으면 생각하게 되는 행위가 이어진다. 책은 바쁜 일상의 잡무에 저당 잡혀 있거나 밀쳐두고 있던 묵직한 질문에 대해 끊임없이 생각거리를 던져주고 독자는 던져진 생각거리를 받아들고 생각이란 것을 하게 된다. 때로는 동의하고, 때로는 반문하며 떠오른 생각이 또 다른 생각을 낳고 생각과 생각이 연결되며 깊이 있고 진지한 사색과 사유 과정을 통해 그 생각을 하기 전과는 전혀 다른 사람이 된다. 즉, 손에 쥐는 도구가 행위를 규정한다."

독서광 시골의사 박경철 작가의 말이다.

『내가 읽은 책이 곧 나의 우주다』, 『성공은 생각의 크기대로 자란다』, 『포지셔닝』, 『미래를 경영하라』를 읽으며 나 스스로 안주하지 않는 삶을 살게 되었고, 인생의 판을 키우는 마인드를 가지게 됐다.

3일에 1권, 1달이면 10권, 100일이면 33권을 읽을 수 있다. 일상에서 독서 시간을 제일 우선순위에 올려보라. 먼저 아침 독서 15분부터 '몰입 집중 독서'를 시작해보라. 내가 사용할 언어와 생각의 크기를 바꿔주는 결정적인 도구가 책이다. 그런데 읽지 않으면 생각도 멈추고 미래를 바꿀 성장도 멈춘다. 디지털 혁명시대의 빠른 변화 속에 살고 있다. 보다 나은 미래를 위해서 나를 표현할 특별한 브랜드도 필요하다. 그 유일한 도구는 독서다.

책 읽기는 인생의 야망을 키우는 도구다. 2020년 7월 25일, 프랑스 회사 설립과 유럽 1호점 오픈 예정이다. 남편과 나는 2019년 6월, 25주년 결혼기념으로 갔던 프랑스 파리에 반해 일본에서 살아봤듯 이곳 프랑스에도 한국의 화장품 브랜드를 알리고 거주도 하며 경험해보고 싶었다. 『K뷰티 세계시장이 답이다』에서는 유럽 고객의 마음을 잡으러 가야 한다고 주장한다. 전반적으로 화장품 사용이 많으며, 품질과 기능에 관심이 많고, K-뷰티의 점유율은 낮아도 꾸준히 증가하고 있다. 미-EU 통상 갈등에 의한 K-뷰티 경쟁력이 상승 중이라고 했다.

『앞으로 3년 세계 벤처 붐이 온다』, 『마케팅의 꽃 세계의 10대 화장품 회사』에는 유럽 고객의 마음을 잡으라는 내용이 있다. 나는 프랑스를 비롯해 유럽 전역에 화장품 사업을 론칭하는 것을 목표로 달리고 있다. 『CEO가 갖추어야 할 조건』, 『세계 각국 문화와 한류 열풍』, 『아프리카에서 화장품 파는 여자』와 같은 책을 쓴 저자들을 만나보고 싶다는 생각도 한다. 이렇게 인생의 계단을 오르는 것이다. 책은 나의 인생 크기를 달라지게 한 게 맞다.

『CEO 박도봉의 현장 인문학』, 『꿈에 진실하라 간절하라』, 『한류 브랜드 세계화』, 『한류 드라마와 아시아 여성의 욕망』, 『그녀들은 어떻게 CEO가 되었나?』, 『성공하는 기업에는 스토리가 있다』, 『나는 태도로 운명을 움직인다』.

한국에서 사업을 해보았던 경험도 도움이 되었지만, 이런 종류의 책들을 보며 머리를 맞대고 이곳 일본에서 화장품 사업을 성공적으로 이끌고자 노력하고 있다. 그저 주어지는 대로 사는 삶을 사양한다.

같은 양의 책을 읽더라도 1,000권을 30년 동안 읽는 것과 3년 동안 읽는 것에는 어마어마한 차이가 있으며 양이 질을 이긴다고 한다. 『48분 기적의 독서법』에서는 3년 동안 하루 중 오전 48분, 오후 48분을 투자해서 3년 동안 1,000권의 책을 읽으면 인생이 변한다고 말한다. 실천해서 임계점을 돌파해 성공적인 삶을 살라고.

저자는 '책 한 권으로 인생이 변했다.'라고 말하는 사람을 경계하라고 말하며, '독'서를 하기 위해 '독'한 마음으로 한 번쯤 마음을 먹고 책 읽는 것을 습관으로 만들어보라고 한다. 이 책을 읽는 당신도 틀림없이 인생에서 목표한 여러 가지를 이룰 수 있다.

돈이란 사고와 행동의 결과가 그대로 드러난 산물이고 우리의 사고방식에 크게 영향을 미친다. 제 자신의 그릇이 커야 그에 맞는 큰돈을 얻을 수 있다. 돈은 그 사람을 비추는 거울이다. 돈은 신용이 모습을 바꾼 것이다. 사람에게는 각자 자신이 다룰 수 있는 돈의 크기가 있다. 돈을 다룰 수 있는 상한과 하한이 다르다. 돈을 다루는 능력은 많이 다뤄봐야 향상된다. 돈을 어떻게 쓰는지 보면 그 사람의 습관, 라이프 스타일, 취미 등을 알 수 있다. 『부자의 그릇』에서 읽었던 글이다. 책을 읽는 권수가 늘어갈수록 내가 담을 수 있는 의식도 확장됨을 느꼈다. 돈도 마찬가지다.

왜 같은 환경에서 어떤 기업은 망하고, 어떤 기업은 승승장구할까? 어떤 사람이 위기라고 말할 때 왜 어떤 사람은 기회라고 말할까? 그 결정적 차이는 장애물을 돌파하는 힘, 즉 돌파력은 엄청난 양의 독서이고, 독서는 좋지 않은 시기를, 인생의 위기를 기회로 바꿀 수 있다고 생각한다. 인생과 비즈니스에서 성공하는 방법은 책이다.

『부자의 방』을 보면 성공한 부자들, 즉 행복하게 인생을 경영하는 사람들일수록 집(방)이나 사무실과 같은 주변 환경을 정돈하고 가꾸는 일에 철저히 신경을 쓰고 있다. 가정 도서관은 아이들의 정신적 성장에도 크게 기여한다. 아이가 있는 집에서 가정 도서관을 제대로 활용하기 위해서는 책장에 '아이들이 읽었으면 하는 책'들을 꽂아두면 좋다. 설령 지금 나이에는 읽기 어려운 책이라 할지라도 책이 계속 눈에 띄면 아이는 흥미를 보이고 언젠가는 반드시 읽게 된다. 또 '우리 부모님은 어떤 책을 읽을까', '이 책에는 어떤 내용이 쓰여 있을까'라는 생각을 하며 상상력과 사고력도 기를 수 있다.

성공한 사람들인 에디슨, 헬렌 켈러, 아인슈타인, 처칠, 빌 게이츠는 보통은 엄두도 못 내는 "엄청난 양의 책을 짧은 시간에 읽어내는 집중 독서"를 했다. 집중 독서는 독서의 임계점을 돌파하게 한다. 독서를 통해 자기 발전을 이루어 행복하고 성공적인 삶을 사는 사람도 있고, 독서를 해도 어제와 다를 바 없는 삶을 사는 사람도 있다. 인생이 변하려면 읽는 목적을 생각하고 몇 권을 언제까지 읽겠다는 목표로 집중적으로 핵심을 파악하며 읽으면 된다. 위대한 리더와 평사원 중에 어느 쪽이 더 독서를 많이 할까? 리더다. 워런 버핏, 빌 게이츠, 오프라 윈프리, 손정의 등의 인물들이 MBA나 대학 교육 학벌이나 해외 유학을 통해 성공의 결정적인 능력과 지혜와 용기를 얻게 된 것이 아니다. 많은 양의 책을 통해 성공하는 데 필요한 지혜와 지식과 용기와 통찰력과 사고와 의식의 도약을 모두 얻어낸 것이다.

나도 좌절하고 절망한 시간이 많았지만 좀 더 나은 다른 인생을 살고 싶었다. 그러다 우연히 만난 독서를 통해 상처가 회복되고 자신감으로 힘든 시절을 지나왔다. 긍정적인 사고로 나만의 꿈도 찾게 되었다. 가치 있는 삶에 대해 생각하게 되고 선한 영향력을 끼치는 사람으로 살고 싶어졌다. 어쩔 수 없어서, 먹고 살기 바빠서 등의 핑계를 대며 자신의 인생에 만족하지 못하는 사람들의 상당수는 인생을 바꾸기 위해 뭔가 시도조차 하지 않는다. 열심히 산다고는 하는데 인생 자체가 변하진 않는다. 지금과는 다른 인생을 살고 싶다면 집중적인 독서만이 방법이다. 그것이 사람과 인생을 완전히 바꾼다.

책을 읽는 권수에 따라 내 인생이 달라졌다. 책은 영감의 바다였다. 아이디어를 낚을 수 있는 보고였다. 우리가 알고 있는 최고의 예술가들뿐만 아니라 최고의 사업가와 정치가들도 책에서 영감을 받아 좋은 예술 작품들을 만들고, 좋은 사업을 하고, 훌륭한 정치를 하고 있었다. 책 속에는 보통 사업가나 일반인들이 생각조차 할 수 없는 성공 비결이 무궁무진하게 있다. 숱한 고난과 포기하라고 외치는 유혹을 뚫고 엄청난 성공을 거둔 그들만의 성공 철학과 비법들이 책에 담겨 있다. 책은 읽어도 되고 안 읽어도 되는 게 아니다. 책은 내가 누군지, 내가 무엇을 원하는지, 내가 갈망할 수 있는 것이 무엇인지, 이 세상과 나 자신에 관해 감히 무엇을 꿈꿀 수 있는지 알게 한다. 당장 죽을 것같이 힘들고 지친다면, 속는 셈 치고 인생의 판이 달라지는 책 읽기를 시작하기 바란다.

3

책을 읽는 게
돈 버는 지름길이다

책 속에
길이 있다.

– 미상 –

『아들 셋 엄마의 돈 되는 독서』를 쓴 저자는 책을 읽고 돈도 벌고 자신의 삶까지 벌었다고 말했다. 가족에게 사랑받고 인정받으려고 책을 읽기 시작했다고 한다. 나도 처음에는 좋은 아내와 엄마가 되려고, 그 다음에는 부자 엄마가 되려고 책을 읽었다. 사업에서도 재테크에서도 좋은 것을 한눈에 알아보는 안목도 생겼다. 과거에는 나 자신을 못 미더워했지만 이젠 있는 존재 자체로 나를 사랑하게 되었다. 스스로 풍요를 누릴 만한 자격이 있다고 믿게 되었다.

책 안 읽어도 돈 벌 수 있다. 책과 무관한 부자도 많다. 여기서 궁금한

게 있다. 책 읽는다고 말하지 않으면 책을 읽는지 어떤지 모른다. 성공한 부자가 책을 읽어서 성공한 건지 어떤지 어떻게 알 수 있나? 문득 궁금하다. 화장품업계 성공하신 몇 분에게 기회가 되면 한번 물어보고 싶다.

책을 읽고 내가 돈을 번 건 뭐가 있었나 생각해본다. 나는 책을 통해 본 업인 화장품에서도 돈을 벌었고, 부동산에서도 돈을 벌었다.

사업을 하겠다고 마음먹고 책을 100권 준비해서 읽었다고 하는 글로벌 기업가 이야기를 들은 적이 있다. 하지만 난 그 방법은 아니었다. 난 그저 한 권 한 권 시간 날 때마다 읽었다. 처음부터 전략적으로 권수를 목표로 한 독서는 아니었다. 독서는 어떤 방법으로 읽어도 언젠가 누구든 성과를 내는 것 같다. 즉 너무 학교 숙제하듯 부담 갖지 말고 편한 방식으로 읽으면 된다고 생각한다.

상장으로 조 단위 부자가 되신 R사 대표님과 Y여자 대표님의 독서 여부가 참 궁금하다. 사실 화장품협회 모임은 있지만 속내를 다 드러내지는 않는 듯하다. 남편과 나는 우리 업계 노하우나 현황을 궁금해하는 사람에게 가격까지 솔직히 오픈하고 가르쳐준 적이 많다. 대가를 바라지 않았다. 같이 일을 하니 속속들이 다 아는 나는 이걸로도 많이도 싸웠다. 한 지역에 왜 경쟁자를 키우느냐고 대들었다. 화장품 매장이 한 줄로 죽,

많이 생길수록 사람들은 더 모인다면서 더 생겨야 한다고 의류하시는 분을 화장품으로 전환하도록 도우기까지 했다. 그것도 내 매장과 100미터도 떨어지지 않은 곳에 오픈하도록 도왔다. 심지어 오픈 전날 잘 팔리는 진열과 판매법까지 내게 알려주길 바랐고 나는 최선을 다해 알려주었다.

음악, 책, 영화, TV 등은 영혼과 마음을 풍요롭게 하는 대표적인 놀이기구라고 하는 걸 어디선가 본 적이 있다.

책을 읽으면 돈 번다는 게 믿어지는가? 아니면 책을 읽고 돈을 벌었다는 성공자를 만나본 적이 있는가? 나는 책에서 만난 사람들 정도다. 크게 성공한 사람으로 최근 언론에 많이 나오는 김승호 회장, 켈리 최 등이고, 자산이 정확히 얼마인지는 모르지만 내게 많은 걸 알려주신 여러 명의 재테크 교수님 몇 분 정도다.

그때 좀 지루해서 문화센터에 베이킹을 배우러 다니다가 옆 강의실에서 1회 부동산 특강을 들은 적이 있다. 지금도 강의 중이신 문현웅 선생님 덕분에 재테크에 제대로 관심을 갖게 되었다. "삶이 지루하고 답답하고 무엇을 해야 할지 모르겠거든 죽었다 하고 책 100권을 읽어보라"고 하신 말씀을 기억한다. 본인도 대학 졸업 후 답답해 서점에서 책을 읽다가 부동산에 관심을 가지게 되었고, 경매로 어느 정도 많은 자산을 이루게 되어 사랑하는 가족을 챙길 수 있는 삶이 되었다고 했다.

　그 당시 1회 특강이 끝나고 서점으로 가서 그분이 쓴 책뿐 아니라 다른 책들도 20여 권 넘게 사온 기억이 난다. 신기했다. 그 전에 읽던 책은 마음을 다스리는 책, 장사 잘하는 책, 고객 대하는 법, 대화 화법, 인간관계류를 읽었는데 부동산을 비롯한 재테크 도서를 읽으니 신세계였다. 덕분에 잘못 산 제주도 땅을 처분하는 법도 배웠다.

　이것을 계기로 나는 화장품 한 우물로 번 돈으로 부동산에 투자하자고 마음먹게 되었다. 책은 내게 돈 버는 지름길을 알려준 것이 맞다.

　나는 책으로 얻은 게 참 많다. 부를 이루고 관리하는 것도, 행복하게 사는 법도 책에서 힌트를 얻었다. 은행, 사채, 대출, 빚, 자본이라는 관련 책을 읽고 가슴을 무겁게 짓누르던 지인과 친척들의 빚을 하나하나 갚아나가며 얼마나 뿌듯했는지 모른다.

　독서로 작고 보잘 것 없던 가난의식이던 내가 부자의식을 가진 작가가 되어 내 경험을 나누고 희망과 용기를 갖게 될 일을 생각하면, 내 인생 아마 가장 보람될 일일 것 같아 설렌다.

　책을 통해 돈 문제를 해결할 때 가장 중요한 건 내 의식을 바꾸는 것이다. 부자가 되어야 하는 이유, 성공자의 의식을 가져야 하는 이유 또한 책을 읽고 내 의식부터 바꿔야 중도에 포기하지 않게 된다. 그렇지 않으면 부자는 내 삶이 아니라며 "대충 살자."라는 가난의식이 자라게 되고, 후회하는 삶을 살게 된다.

아메리카 인디언 속담에는 이런 말이 있다. "당신이 생각한 말을 1만 번 이상 반복하면 그런 사람이 된다." 그들은 이미 진리를 깨닫고 있었던 것이다. 또 일본인들은 '이뤄진다'는 뜻으로 협(叶) 자를 쓰는데 이는 '입'가에 '열'손가락을 맞대고 합장하는 데서 생겨난 것이라고 하며, 이것을 말 그대로 소리 내어 10번을 계속 되뇌면 소망이 이루어진다고 믿는다. 『허공의 비밀』에서 본 글인데 입버릇이 얼마나 중요한지 적힌 부분이다. 나도 행복한 부자로 살 거라고 입으로 말하는 것이 무엇보다 먼저다.

부자가 되는 길에 대해 안 쓰고 모으거나, 많이 벌면 된다고도 한다. 친정도 시댁도 고만고만하게 살 뿐 큰 부자는 없다. 내 주위 가까운 사람에게서 보고 배울 부자 멘토는 없었다. 그러니 스스로 부자가 되는 방법도 건강도 행복하게 사는 법도 스스로 배울 수밖에 없었다. 책은 내가 하고 있거나 할 고민들을 미리 학습하고 경험을 기록해둔 인생 선배들의 삶의 요약이다.

나는 왕언니라고 불렸다. 때론 먹고사는 일이 되면 그 열정은 한 분야의 전문가를 탄생시키게 되어 있다. 메일함이 꽉 찼다. 메일 비우기를 해야겠다 싶어서 연도별 체크를 하다 온갖 업무 설명서를 발견했다. '전문가', 그중에서도 '화장품 매장 전문가'가 되었다. 열정적으로 일했다. 늘 벗어나고 싶었던 일인데 나도 모르게 이 분야 전문가가 되어 있었다. 내가 할 수 있는 일 중에서 제일 잘하는 일이 된 거다. 제법 업계에선 유명해져 있었다. 덕분에 나는 한때 매장 현장에서 왕언니라고 불렸다. 하기 싫은 일도 10여 년을 넘게 하다 보면 누구나 베테랑이 된다더니 그랬다. 나는 화장품 한 우물로 적지 않은 부를 일구었고 회사도 나도 계속 성장 길일 것이다.

"이사님의 조언으로 회사도 사장님도 안정된 거 아닙니까?"라는 임원의 이야기가 듣기 싫지 않다.

"잘하는 걸 모른다고? 내가 보기엔 화장품 일인 것 같은데? 화장품 잘 팔고 직원 교육 잘하잖아."
내가 40대 중반쯤이었다. 시어머니 생신 때 시댁 식구들과 경주보문단지에 있는 카페에서 커피를 마시면서 큰시누이가 내게 한 말이다.

화장품 잘 파는 방법, 잘 팔리는 진열, 잘 파는 직원으로 교육시키기, 잘 팔리는 매장 위치 공부를 위해 『상권분석과 점포개발』 책으로 매장 위치 고르는 안목도 확장되었다. 『손에 잡히는 창업 영업』, 『이렇게 하면 매출 걱정 없다』라는 책도.

막연하게 다수의 매장을 운영하면 매월 수익이 늘어나겠지 싶었다. 한때 동시다발적으로 매장 오픈을 해봤다. 매장 오픈 욕심에 빚을 내어 오픈하다 보니 이자 감당이 힘들어지기도 했고, 창고 비용도 많이 발생했고 좋은 위치에 입점하려 하니 권리금과 임대료도 늘어갔다.

좋은 직원 놓치고 싶지 않아 직원에게 동기 부여를 해주기 위해 『이랜드 2평의 성공신화』을 읽기도 했다. 실력 있는 점장을 채용해 타 지역에서 뽑은 직원을 전국적으로 파견하다 보니 직원 숙소 비용이 늘어났다. 원룸이나 오피스텔 매입에 관심이 생겼고, 지방에는 실제 매입한 오피스텔을 숙소로 주기도 했다.

『왜 증빙이 중요한가』는 명동 화장품 매장들의 세무조사가 있은 후 집중해서 보았던 책 중 하나다. 회사 소유든 개인 소유든 '증빙 자료'라는 키워드를 생각하게 된 계기가 되었다.

어쨌건 나는 『비용 절감 테크닉』을 읽다가 창고를 아예 사자! 싶었다. 화장품 사업에 여러 가지 적용을 하며 키워봤고 얼마 전 구입한 일본 물류창고 매입도 마찬가지다. 책을 읽으면 연결고리가 형성된다. 여러 곳에 흩어진 적지 않은 고정비용 지출이 절약된다. 곧 리모델링에 들어가고 지게차도 매입할 예정이다. 이것은 회사에 경비 절감 효과를 가져와 결국 이익을 남길 것이다. 아무리 경제가 어려운 시대라도 돈 버는 방법을 알고 있는 사람은 돈을 번다. 알면 버는 것이고, 모르면 언제까지나 빈털터리 신세를 면치 못한다.

책에는 돈 버는 방법이 무궁무진하다. 서점에 가서 '돈 벌기' 키워드를 넣고 책을 찾아봤으면 좋겠다. 굉장히 많다. 사진으로 돈 벌기, 이모티콘으로 돈 벌기, 구글 애드센스로 돈 벌기, SNS로 돈 벌기, 저작권으로 돈 벌기, 유튜브로 돈 벌기, 블로그로 돈 벌기, 텔레마케팅으로 돈 벌기, 인터넷으로 돈 벌기, 부동산으로 돈 벌기, 주식으로 돈 벌기, 장사로 돈 버는 법, 경험으로 돈 버는 법 등 끝도 없다. 읽고 내 상황에 맞게 적용하면 된다.

4

책을 읽은 후
비로소 나는 자유로워졌다

자유롭게 살고 싶거든
없어도 살 수 있는 것들을 멀리하라.

– 톨스토이 –

'자유'의 뜻을 찾아봤다.

1. 외부적인 구속이나 무엇에 얽매이지 아니하고 자기 마음대로 할 수 있는 상태.

2. 법률의 범위 안에서 남에게 구속되지 아니하고 자기 마음대로 하는 행위.

3. 자연 및 사회의 객관적 필연성을 인식하고 이것을 활용하는 일이라 쓰여 있다.

오랫동안 나는 자유롭지 못했다. 내가 자유롭지 못한 이유를 생각하자면 괜히 또 화가 난다. "하고 싶은 대로 해. 자기 자유대로 하는 거지." 시댁 식구들이 자주 하는 말씀이고 "의논 없이 마음대로 하면 안 되지." 친정 부모님이 자주 하시던 듣던 말씀이다. 해야 할 일과 하고 싶은 일 중 선택 상황이 오면 난 해야 할 일을 먼저 해둬야 마음이 편한 편인데, 남편은 나와 반대다. 구속되는 걸 싫어하고 의무적인 규칙 속에 움직이는 걸 싫어한다. 유연하고 자유로운 사고방식과 타고난 초 긍정적 마인드가 부러울 때도 있다. 이게 말다툼의 원인이 되고 갈등이 되기도 했다. 쉼이 필요한 순간에도 해야 할 일들에 나를 가둔 채 답답해했다.

미국에는 '클레멘트 코스'라는 것이 있단다. 감옥에 수감 중인 재소자와의 만남에서 영감을 받아 '빈자를 위한 인문학 코스'를 만들었다고 한다. 전과 경력이 있는 사람도 클레멘트 코스를 성공적으로 수료하면 자신이 분노에 찼을 때 주먹이 날아가지 않고 자신의 감정을 말로 전달하는 방법을 알게 되었다고 한다. 책 읽기는 분노로부터 자유도 가능하게 하는구나.

나 또한 화, 우울, 분노, 증오로 하루하루를 보내던 날이 많았다. 누구든 내게 한마디라도 건들기만 해봐 하며 쏘아붙이던 시간도 있었다. 직장 일, 가사에 지친 내게 잠시 멈추고 책을 들고 자신을 바라보라고 말하는『지금 이대로가 좋다』는 내 뜻대로 된다고 다 좋은 일도 아니라는 걸 알면 뜻대로 되지 않아도 마음이 괴롭지 않을 거라는 위로의 글로 위로와 자유를 생각하게 했다.

나는 오랫동안 무엇 때문에 자유롭지 못했던 걸까? 여러 생각들이 떠오른다. 일반 학교에 적응 못했던 아들의 자유를 뺏은 적이 있다. 나를 오랜만에 만난 아들은 대안학교로 돌아가길 거부했다. 일하기 바빠 전국적으로 다닐 때였고 가정교사로 있던 선생님도 아들을 케어하기 힘들어했다. 도저히 내 머리로는 좋은 방법이 더 이상 떠오르지 않았고, 다른 선택지도 없었다고 말하면 사람들은 내게 그건 엄마로서 희생하지 않겠다는 핑계라고도 말했다. 다시 지리산 대안학교로 돌려보낼 때 마음이 아팠다. 억지로 들어가며 눈물 훔치던 아들의 뒷모습을 잊을 수가 없다. 요즘도 가족들과 그때 아들 진로로 그 대안학교 선택이 옳았을까? 내가 일을 포기하고 아들에게 매달렸으면 지금보다 나았을까? 이야기를 해보지만 되돌릴 수도 없는 현실에 마음만 아프다. 여전히 엄마의 책임에서 자유롭지 못하다.

책을 읽어야만 책 속에 담긴 지식, 경험, 철학을 바탕으로 내 삶에 적용할 정보를 수집하여 정리하고, 새롭게 창조해 내 삶 자체가 온전히 자유롭다는 것을 이제야 안다.『삶을 묻고 자유를 답하다』『두려움 너머의 삶』. 나를 살게 한 책 읽기는 앉아서 할 수 있는 자유 여행이 맞다.

제주도에서 1년 살기를 한 적이 있다. 얻은 것, 잃은 것이 각각 생각난다. 내 인생에서 내가 제일 중요하다는 건 알고 있어도, 내 뜻대로 사는 일은 참 쉽지 않았다. 가족에게 인정받기 위해 그랬고, 미래에 대해 자신감 부족 때문에 불안했다. 내가 진정 원하는 삶을 자꾸만 뒤로 미뤘다.

『오늘부터 딱 1년, 이기적으로 살기로 했다』를 읽으며 내 삶의 우선순위인 내 자신을 돌보지 못하고 일과 가족에게 얽매여 자유롭지 못하다고 끙끙 앓는 내 모습을 봤다. 하루하루 허덕이며 살던 내게 삶의 주도권을 찾으라 하는 책이다. 언젠가 나중에 때가 되면 행복할 것이라고 지금의 자유는 잠시 미루는 일을 버려야겠다는 생각이 더 확고해졌다. 지금 여기서 자유롭지 않으면 나중에 저기서도 자유로울 수 없으니까.

큰 실수를 한 직원에게 사표 이야기를 할 땐 씩씩한 척했지만 돌아서서 마음 아팠다. 직원의 돈 빌려달라는 부탁도 거절하고 나면 한 주 내내 마음이 불편했다. 이기적으로 보이기 싫었고, 상대방 기분이 상할까 봐 거절을 잘 못해 끙끙 앓았던 시절 이야기다. 『착한 사람을 그만두면 인생이 편해집니다』는 착함 콤플렉스에서 자유롭게 했다. 내 감정과 상황을 중요하게 여기고, 내 감정에 집중해 나답게 사는 것이 건강한 나로 사는 것임을 안다. 과거를 후회하고, 어쩌면 멋질지도 모를 내 미래에 대한 불안에 얽매여 내가 원하지 않으면 하지 않는 게 현명함을 안다.

난 왜 그렇게 갈등이 많고 힘들어 자유롭지 못했을까? 그중에 일로 인해 만나는 얽히고 얽힌 사람으로 인한 갈등이었다. 책을 읽지 않았으면 지독한 스트레스로 견딜 수 없었을 거다. 숨이 막히고 답답했다. 인터넷 사업을 정리하면서 미수금 때문에 사무실에 다 모인 적이 있다. 가진 자산을 거래처별 미수금 비율대로 갚기로 결론을 내고 돌려보냈다. 추후 벌어 갚기로 했다. "말한다고 뭐 달라지나…."라고 말끝을 흐렸다. 최근 일본에 살게 되면서 가끔 한국에 나가 친구들을 만나면 이제야 지난 희로애락 이야기를 풀면 깜짝 놀란다. 몰랐었다고. 다들 삶 고민 종류만 다를 뿐 나 못지않게 전업주부로 직장인으로 사업가로 힘든 시기를 나름 버텨가며 살아낸 베테랑 친구들과의 수다도 나를 가끔은 자유롭게 해줘 참 좋다. 나를 자유롭게 해준 것 중에 친구들과 여행. 다음날 나는 친구 두 명과 가장 빠른 예약으로 싱가포르 여행을 3박 5일을 갔다. 그때 친구들은 사업이 힘든 상황이 되어버린 걸 몰랐다. 내가 아무 말 안 했으니까……. 지금도 친구들은 내가 잘 나갈 때나 힘들 때나 표를 안 낸다고 고개를 절레절레 흔든다.

『화를 다스리면 인생이 변한다』를 읽어도 난 아직 멀었다. 화를 다스리면 인생이 변하고 멋과 맛을 느낄 수 있다고도 하니 좀 더 노력하기로 마음먹는다. 먹고 싶지도 않아도 요리를 하던 내가 나를 중심에 놓고 살아보기로 한다. 내 일상 우선순위를 정하기로 했다. 내가 하지 않으면 큰일이 날 줄 알았는데 그것도 아니었다.

여행과 책, 두 가지에 나는 가슴 두근거림을 느낀다. "당신의 미친 마음과 싸우는 대신 그 마음을 평화롭게 대하라." 『술 취한 코끼리 길들이기』에 나오는 글이다. 남들이 말하는 작은 부자가 되었는데도 아직 더 벌어야 한다는 강박에 있던 내 안의 화를 이 책 한 권은 끌어내리고 이제 그만 자유로워지라고 했다.

상해 자유여행에서 읽었던 책, 대만 자유여행에서 읽었던 책, 프랑스 자유여행에서 읽었던 책, 캄보디아 자유여행에서 읽었던 책, 푸껫 자유여행을 하며 나는 자유를 찾을 수 있을 줄 알았다. 『반 고흐, 영혼의 편지』. 내 체력만이 아니라 마음도 고갈이 되어 아무것도 하고 싶지 않고 지쳤을 때 이 책은 가난, 궁핍, 사랑, 돈에 늘 갈증을 느끼는 나를 보게 했다. 사람을 미워하는 마음을 내려놓고 기대어 사랑하자. 삶의 공부를 계속하자. 내 갈 길을 묵묵히 가자고 다짐하게 한 책이었다. 자유여행 좋지만 내겐 책! 자유롭게 읽기가 먼저다. 읽지 않았다면 난 부정적인 마음의 쓰레기로 가득 찼을 거다. 최근 긍정적이라는 말도 자주 듣는다. 난 이제 답답하지 않다. 자유롭다. 불평과 화가 가득한 내가 없다.

왜 이렇게밖에 못 사나? 주말과 공휴일에는 더 바빴었다. 주말에 영화를 보는 게 소원일 정도로 일에 파묻혀 우울감이 극에 다다랐을 때가 있었다. 그때 내 하루는 매번 고단하고 무의미하게 반복되었다. 그런 상황이 계속되던 어느 날이었다. 구질구질한 현실에서 벗어나고 싶다는 생각으로 가득 차 있는 내가 미웠다. 머리에 화, 분노, 원망만 남은 것 같았다. 탈출할 방법이 없었다. 지친다는 말도 지겹던 내 인생이 책 읽기로 자유로워졌다.

인생을 가장 짧은 시간에 가장 위대하게 바꿔줄 방법 중 현재까지 인류가 발견한 방법 가운데서는 독서보다 더 좋은 방법을 찾을 수 없을 것이라는 글을 본 적이 있다. 책이 없다면 공허와 싸웠을 것이다.

내가 원하는 대로 자유롭게 사는 내 인생? 이리저리 끌려 다니지 않고, 소원하는 바에 맞춰 내 인생을 살고 있는지, 괜찮은지 되물어본다. 살면서 무언가 선택하고, 중요한 결정을 내릴 때 내 주장하지 말라는 엄마의 말이 나를 주춤하게 했고, 답답증도 한동안 오래 계속됐다. 다른 사람에겐 간단한 '싫다'라는 말을 하는 데 나는 오랜 시간이 걸렸다. 그렇게 자유롭지 못했지만 책을 읽은 후 나는 비로소 자유로워졌다.

5

하루 1%만 독서에 투자해도
삶이 바뀐다

한 문장이라도 매일 조금씩 읽기를 결심하라.
하루 15분씩 시간을 내면 연말에는 변화가 느껴질 것이다.

— 호러스 맨 —

하루에 단 1%, 15분 정도만 읽어도 1년, 3년이 지나고 10년이 되면 습관이 된다. 『딥 워크』라는 책이 있다. '딥 워크'란 자신이 진정 원하는 중요한 일에 집중할 수 있는 환경을 만들고, 그것에 몰두하는 능력인데 하루 24시간 중에 1%면 겨우 하루 15분이다. 15분 독서 정도는 몰입해서 책! 읽을 수 있다. 나는 늘 책을 들고 다니며 틈이 날 때마다 읽었다. 무심코 펼쳐지는 부분을 읽었다. 아침 일어나자마자 스트레칭 후 읽는 1% 15분 독서, 약속시간 일찍 나가 잠시 읽는 15분 1% 독서 뭐라도 좋다. 심지어 명상이나 확언도 15분 정도면 충분하다. 일상에 1% 15분 책 읽기에 투자함으로써 만나는 사람들과의 대화가 다양해진다.

하루 1% 독서 습관이 몸에 배기까지가 힘이 들 수 있다. 습관에 대해 워런 버핏은 이렇게 말했다.

"날마다 읽고 배우라! 말과 글 모두 의사소통에 활용하라! 처음에는 습관의 쇠사슬이 너무나 가볍기 때문에 느끼지 못하고 나중에는 너무 무거워 끊지 못한다. 꾸준히 읽고 만약 그랬다면 어떻게 됐을까 생각하는 게임과 확률 그리고 기술을 요하는 브리지 같은 수학적인 게임을 즐김으로써 정신 상태를 예리하게 유지하라. 서로 존중하라. 자신이 믿고 존경하는 사람들과 어울려라. 예리하고 지능적인 질문을 던져라. 귀담아 들으라. 우선순위를 정하라. 자신의 원칙을 최우선적으로 지키면 돈은 저절로 들어온다."

독서가 습관이 되면 자신의 운명을 바꾸는 힘을 가지게 된다는 나폴레옹의 명언에 동감하게 될 것이다. 습관이 되면 어디를 가더라도 책 몇 권 들고 다니는 건 어렵지 않다. 자동으로 책을 집어 들게 된다. 아마 자신도 모르게 책을 읽고 있는 모습을 발견하게 될 것이다. 그러면 그건 습관이 되고 책과 하나가 된 것이다. 단, 자기 의지로 시작한 독서여야 한다. 휩쓸려 시작한 독서는 금방 무너진다. 반드시 조용한 곳이 아닌 곳에서도 15분 정도 읽을 수 있는 정도가 되었다면 당신도 독서광이 된 것이다. 독서가 습관이 되어버리면 끊기도 쉽지 않게 되어 독서가 생활의 일부가 되어버린다. 독서가 습관이 되면 성격도 달라진다.

나폴레옹은 행동의 씨앗을 뿌리면 습관의 열매가 맺히고, 습관의 씨앗을 뿌리면 성격의 열매가 맺히고, 성격의 씨앗을 뿌리면 운명의 열매가 맺힌다고 했다. 오늘 하루 1% 15분 도서하는 시간이 운명을 바꿀지도 모른다. 이 글을 보는 당신도 하루 1% 시간 15분 정도는 투자할 수 있지 않을까? 아마추어는 자신이 하고 싶을 때만 하지만, 프로는 그것과 상관없이 그냥 그것을 하는데 이것이 프로와 아마추어를 가르는 열쇠라고 한다. 하루에 15분만 잘 활용해도 인생에서 큰 성공을 거둘 수 있다. 이렇게 하루 1% 독서를 매일 꾸준히 실천을 하게 되면 안 되는 일이 없다. 책을 읽으면 삶이 바뀌나? 100프로 꼭 그렇다고는 할 수 없다. 하지만 변할 기회가 생긴다. 생각의 변화로 행동이 변하게 되고, 이 변화로 삶을 바꾸는 기회를 잡을 확률이 높아지기 때문이다. 책 읽기로 변화될 수 있다는 건 확실하다. 꼭 책 읽기를 해보라. 싫은 사람도 15분 아니면 한 페이지만이라도 읽어라.

『그대 스스로를 고용하라』, 『아주 작은 반복의 힘』, 『초격차』는 독서 작심에 도움이 되는 책이다. 『인생은 너무 늦은 때란 없습니다』는 76세에 그림을 그리기 시작해 80세에 개인전을 열고, 100세에 세계적인 화가가 된 일명 '모지스 할머니'라 불리는 저자가 92세에 출간한 자서전과 사랑

넘치는 그림 67점을 모아 엮은 책이다.

『절망을 희망으로 바꾸는 1%의 힘』을 읽어본 적 있는가? 저자 가마타 미노루는 1%에 인생을 바꾸는 신비한 힘이 있다고 하며 인생 전부가 아니라 오직 1%를 건다고 생각하니 선택이 한결 쉬웠다며, 언젠가부터 '1%는 누군가를 위해'라는 마음으로 살아가고 있다고 한다. 누군가에게 준 1%, 누군가에게 받은 1%, 겨우 1%가 오갔을 뿐인데, 피가 통하고 새로운 이야기가 시작된다고 말한다. 이 책은 1%의 기적이 만들어낸 다양한 감동을 직접 경험하고, 자신의 인생관을 돌아보는 계기를 만들어준다. 비록 하찮아 보이지만 1%로 바꿀 수 있는 것들이 무척 많다는 사실을 말하는 책이다. 자기 자신을 위해 하루 1% 15분 독서로 삶이 바뀔 수 있다는데 한번 해보지 않겠는가?

하루 1% 15분만 독서에 투자해도 삶이 바뀔까? 그렇다. 25년 전 아니 10년 전엔 없던 것들이 내 앞에 놓여 있다. 내 삶이 너무나 많이 바뀌었다. 책이 나에게 준 선물은 돈, 건강, 사랑, 행복이다. 방법은 하루 1% 15분 독서다. 이 4가지 중 하나만 빠져도 삶이 불행한 것을 뼈저리게 느꼈다.

첫째, 돈. 돈을 소중하게 다루는 습관 책을 읽고 부가 자연스럽게 따라

왔다. 돈이 없으면 행복할 기회도 뺏긴다. 둘째, 건강. 내 몸을 제대로 쉬어주지도 못했고, 좋은 음식을 주지도 않았던 대가로 많이 아팠지만 건강 관련 책을 통해 지식을 쌓고 전문의 조언을 받아 아주 건강해졌다. 내 몸이 건강하지 않으면 삶을 행복으로 이끌 수가 없을 텐데 나는 아주 건강해졌다. 셋째, 사랑. 부모님, 부부, 자녀, 친구 간의 사랑이다. 사랑은 서로를 그대로 인정해주고 존중하는 것이다. 넷째, 행복은 위 3가지가 경험과 기억이 되어 내 마음가짐에 풍요로운 행복감도 따라오는 것이다. 참고도서는 맨 뒤에 적어 두겠다. 앞으로 나의 하루 15분 독서가 나에게 줄 변화를 생각해본다. 읽는 권수가 늘어났다. 인생의 중요한 결정을 할 때 현명한 선택을 하게 되었다. 2막 인생을 어떻게 살아갈지 결심 후 지금은 책 원고 마무리 중이기도 하다. 나와 뜻을 같이하는 좋은 사람을 만나 이야기를 하게 될 것이다. 이 용기로 유튜브도 하게 될 기회를 얻게 될 것이다. 두 번째 책도 쓰게 될 것이고 강연 의뢰도 들어올 것이다.

독서는 생각을 깊어지게 하고 주변을 둘러보게 만들고 세상 돌아가는 것에 관심도 갖게 하며 읽을수록 부족한 사람이고 더 겸손해야겠구나 하는 생각도 하게 된다. 다른 이를 인정하게 하고 자존감도 높여준다. 그 사람 자체로 존재 가치가 있다는 것을 알게 한다. 관계도 달라지게 만들고 내 감정을 다루는 방법도 깨닫게 하고 내면도 단단하고 안정되게 했다.

독서 15분만 해보라고 하면 사람들은 머릿속으로만 생각하고 몸으로 부딪혀 실천하려고는 안 한다. 실제 몸으로 부딪혀보면 간단히 해결할 수 있는 일들이 의외로 많다. 꿈을 이루기 위해서는 나의 꿈을 이루는 데 도움을 줄 수 있는 사람들을 적극적으로 찾아야 한다. 그리고 그들에게 도움을 요청하라. 처음에는 거절할 수 있어도 꾸준히 시도한다면 누구든 당신의 열정에 감동을 받아서 당신의 꿈을 이루는 데 기꺼이 도움을 줄 것이다. 꾸준함에는 누군가를 감동시키는 힘이 있기 때문이다.

비틀즈가 세계적인 밴드가 될 수 있었던 비결은 무엇일까? 빌 게이츠는 어떻게 전 세계인들이 사용하는 윈도우즈를 개발할 수 있었을까? 많은 이들은 그들의 타고난 재능 때문이라고 생각할 건데 아니다. 비틀즈는 함부르크의 허름한 클럽에서 매일 8시간씩 밴드 연습을 했기 때문에 역사상 가장 위대한 밴드로 불리게 되었고, 빌 게이츠가 새벽까지 컴퓨터 프로그래밍에 열중한 시간이 없었다면 지금의 마이크로소프트사는 없었을 것이다. 이들은 '꾸준히' 무언가에 열중했기 때문에 모든 사람이 열광하는 성공의 단계에 도달했다. 결국 성공의 키포인트는 목표가 이루어질 때까지 중간에 포기하지 않고 끝까지 해내는 '꾸준함'이다.

독서만이 아니라 운동, 스트레칭, 명상도 하루 1%의 시간, 15분이면 충분하다. "하루 1% 15분의 꾸준함"이면 충분하다. 하루 1% 독서를 하는데 삶의 변화나 성장이 보이지 않는다고 실망하지 말고 꾸준히 해나갈 용기와 결단력이 필요하다. 걱정하지 마라. 꾸준함은 생각보다 어렵지 않다. 읽어야 할 것들을 눈에 자주 띄는 곳에 두고, 눈에 띄면 읽어라. 꽤 괜찮은 방법이다. 『하루 1% 15분 꾸준함의 힘』에서는 아무리 바쁜 사람도 하루 15분 정도는 자신의 의지대로 활용할 수 있는 시간이며, 평범한 나를 특별하게 만들어주는 '꾸준함'의 힘을 경험하라고 한다.

다들 그런다. '주말마다 책을 많이 읽어야지!', '올해는 꼭 다이어트에 성공해야지!', '퇴근하고 집에 가면 꼭 영어 공부해야지!', '이번엔 기필코 금연한다!' 항상 하던 다짐들을 이번에도 결심하지만 첫 시작이 너무 힘들다. 겨우 시작해도 작심삼일로 끝나는 경우가 많다. 결국 오늘도 포기하고, '내일부터 시작해야지.'라며 하루를 흘려보내는 하루가 반복된다. 생각은 그만 멈추고 실행해보자. 딱 15분만! 돈, 건강, 인간관계 때문에 스트레스 받는 삶에서 벗어날 수 없을 것 같았다. 그랬던 나도 몸에 배인 하루 1% 독서의 꾸준함으로 새로운 인생을 만들어나가고 있다. 누구나 실천할 수 있다. 하루에 단 1%, 15분만 꾸준히 해보라. 성공, 좋은 관계, 건강, 행복 등 다 가질 수 있다. 독서로 인생이 두 번 바뀌었다는『재테크 독서로 월 100만원 모으는 비법』의 안명숙 저자는 책을 읽고 빚을 갚고 행복한 인생으로 바뀌는 경험을 했다고 한다. 책을 써내고 독자에게 힘과 용기를 주는 강연가의 삶을 살고 있다. 수많은 성공자의 책을 읽으며 성공자의 생각과 의식으로 변해 삶의 문제가 해결되었다고 한다.

독서로 이전과 완전 다른 삶을 살고 있다며 독서 전도를 하고 있는 사람 중에 전안나 작가, 김유라 작가, 이지영 작가, 장인옥 작가도 있다. 『책 읽고 매출의 신이 되다』에서 저자는 죽을 뻔한 고비를 넘기고 문득 주도적인 삶을 살고 싶어졌다고 한다. 그래서 책 읽기를 시작하고 삶이 완전 바뀌었다고 한다. 연 매출 6억 원의 식당을 경영하며 뮤지컬을 만들고, 재산이 늘어났으며 시간과 경제적 자유를 얻었다고 한다. 『몸값 높이는 독서의 기술』의 저자 정소장도 아침 독서로 삶이 바뀌었다고 한다. 내게도 하루 1% 15분 독서는 현재 진행형이다.

바쁘다는 핑계로 독서를 미루지 마라! 치열하게 사느라 바쁘지만 하루 1% 15분의 시간만 책을 만나보자! 꿈을 내 편으로 만드는 방법은 나를 사랑하는 연습, 그건 독서다. 삶의 문제를 해결하는 능력도 독서에서 나온다. 독서는 '생각의 차이'를 만들어낸다. 현재의 나를 넘어서 되고 싶은 미래를 위한 준비다. 내 소원 노트 중 몇 가지를 읽어보고 있다. 아들이 28세에 결혼하는 것 보기, 두 어머니 모시고 2021년엔 국내 레일크루즈 여행 가기, 2022년엔 캄보디아 경유하는 크루즈 여행 가기, 회사 사옥 짓기, 책 복합 문화 공간 건물 만들기……

6

책에서 얻은 아이디어를
실천하라

책은 한 권 한 권이
하나의 세계다.

− W. 워즈워스 −

"이것도 주세요."

집 근처 데니스 레스토랑에 계산하려고 줄 서 있으면 보이는 게 있다. 캔디, 초콜릿, 아이들 장난감, 여러 알록달록한 굿즈들이 가득 진열되어 있다. 실컷 먹고 입가심으로 사게 되는데 몇백 엔, 몇천 엔밖에 안 한다고 무시할 일이 아니다. 식사 후 계산대에 선 고객이 카운터 앞에 진열된 물건을 추가로 구매하게 하는 엔딩 매대다.

한국에서 본사 인테리어에 항상 아일랜드 매대 추가 제작과 카운터 엔

딩 매대 제작을 따로 요청했다. 별것 아닌 것 같지만 마지막 계산대에서 객단가 상승이 굉장했다. 당시는 소비자들에게 인지도 낮은 브랜드였기에 아이디어를 냈다. 매장에 전국의 매장 실제 현황을 카메라로 볼 수 있도록 하여 고객들이 볼 수 있게 했다. 이게 아이디어다. 꼭 세상에 없는 대단한 것만 아이디어가 되는 건 아니다.

'브랜드를 팔아라, 시스템을 만들어 틈새시장을 노려라.'고 강조한 『세계를 움직인 CEO의 발상과 역발상』을 보고 우리 회사의 자체 브랜드 개발을 시작했다. 드럭스토어 유통을 통해 히트 상품을 유통시킬 아이디어를 얻었다. 『대한민국 화장품의 비밀』에 보면 화장품을 많이 바르면 안되는 이유 부분을 출력한 내용을 코팅해 준비하고, 고객 응대를 한 후 고객 신뢰와 객단가를 높이기도 했다. 각 직원들에게 역할을 주고 대사까지 외우게 해 고객과 응대하게 하며 매일이 오픈 날인 것처럼 매장 분위기를 활기 있게 연출했다. 매장 매출 급상승을 기록했다. 매장을 연극무대로 상상하게 하고 우리 회사가, 내가, 직원이 팔고 싶은 제품 구성을 직접 만들어 고객에게 자신 있게 어필하도록 교육했다.

스타 직원을 만들어 칭찬하라, 매출은 진열 방법에 따라 차이난다, 광고한 상품은 꼭 진열하라, 재고는 줄일수록 잘 팔린다, 고객의 눈에 잘 띄게 하라, 직원에게 열심히 일할 명분을 줘라, 덤으로 줄수록 잘 팔린다, 모든 일을 매뉴얼화하라, 고객 입장에서 진열하라. 『이마트에서 배우는 장사 노하우』, 『왜 팔리는가』에서 아이디어를 내거나 이 부분을 모두 우리 매장에 응용해 다 실천했다. 이마트 매장도 직접 방문했다. 망고 폼 클렌징의 베스트 1위를 만든 배경은 매장 내 아일랜드 매대를 매장 군데 군데에 만들었다. 이마트에 껌을 부어놓은 걸 보고 화장품을 쌓아 부어 놓는 진열은 인기 상품으로 어필되었고 손 글씨로 베스트상품이라고 표시했다. 1+1도 본사 지원 없이 매장 단독으로 진행하기도 했다. 고객들의 시선을 잡았고, 매출이 늘었다. 아르바이트생 포함 전 직원 인센티브 제를 적용해 판매 의욕을 높였다. 우리 회사에 지원자도 많아졌고, 우리 매장은 유명세를 타기도 했다. 첫 사업 실패 후 그땐 죽을 것 같이 자존심도 상하고 힘들었지만, 지금은 인생을 살아가는 지혜를 준 시련이 고맙다.

『디테일의 힘』은 주인이지만 고객이 직원으로 착각할 정도로 매장을 뛰어다니며 일하게 했다. 『성공을 부르는 마인드 파워』를 통해 경영자로서 마인드 컨트롤법을 깨쳤고, 『카네기 경전』에서는 까다로운 고객을 대하는 비결을, 직원에게 권위를 부여해주는 계기와 회사 직원들의 자존감 상승으로 이직률도 줄고 점차 안정되어 갔다.

사람들은 매장 규모와 개수, 고객을 보고 장사가 잘되어 돈을 많이 모앗겠다고 말하곤 했다. 매장이 잘 돌아간다고 꼭 그런 건 아님에도 말이다. 돈을 모으기보다 회사 성장을 하는 데 돈을 다 투자하기 때문이다. 『나는 투자금 없이 아이디어로 돈을 번다』에서 말하는 대로, 그 달 회사가 이익이 나지 않아 가져갈 돈이 없는 경우에 사장인 우리 부부의 돈을 빌려주는 형식으로 돈을 넣어서라도 가져오는 방식으로 운영했다. 『부자들이 죽어도 지키는 사소한 습관』에서는 읽지 않으면 삶의 아이디어를 낼 수도 없다고 한다. 책이 많은 가정은 다른 가정보다 연봉도 높다고 한다. 『두부 한모 경영』, 『당신 안의 기적을 깨워라』도 나로 하여금 열정을 잃지 않고 한동안 앞만 보고 달리게 했다.

"스스로 독서, 마인드컨트롤 해야 합니다. 긍정적 생각은 늘 좋은 일을 부르고, 안 되는 이유만 생각하고 부정적인 생각만 하는 사람은 진짜 반드시 그런 안 좋은 일을 몰고 다니는 사람입니다. 안 풀리는 이유는 각자의 마인드 문제입니다. 제발 어머니, 할머니, 언니, 이모라고 부르지 말고 고객님이라 하세요. '뭐 찾으시는 거 있으세요?'라고 말하지 마세요. 날씨 추워서 혹은 날씨 더워서 고객이 없다든가 매출 안 오른다는 부정적인 말 하지 마세요. 전쟁 중에도 장사 잘되는 집이 있음을 믿으세요. 이상한 고객이라는 말도 마세요. 여하튼 고객님에게든 직원끼리든 부정적인 말은 하지 마세요. 경기 탓이나 날씨 탓, 고객 탓도 절대 하지 마세요. 특정 제품 품절이어서 목표 매출 못 했단 말도 하지 마세요. 그건 본인 능력 부족을 의미합니다. 여하튼 있는 제품으로 매출 만들어내세요. 완벽한 구색이란 언제나 늘 없습니다. 매출 못 한 건 다 내 능력 탓입니다. 아니 그것보다 자신감 결여이고 부정적 마인드가 문제입니다. 고객에게 무조건 웃으세요. 유창한 제품 설명보다 고객은 웃음을 원합니다. 그러면 고객 스스로 지갑을 엽니다. 안 사셔도 더 크게 '안녕히 가세요, 또 오세요.'라고 말하세요. 진짜 다시 옵니다. 우리에겐 항상 웃는 얼굴이 첫 번째 무기입니다. 웃음만이 고객 지갑을 열게 한다는 걸 잊지 마세요. 빈손으로 나간 고객은 절대 우리 매장을 찾지 않습니다. 안 사신 고객이라도 반드시 스킨 샘플 하나라도 꼭 손에 쥐어 보내세요. 다시 꼭 올 거야, 주문을 외우면 진짜 그 고객 다시 옵니다. 긍정의 힘을 믿습니다."

매장 마인드 자료 중 일부 내용이다. 『나는 나의 의지대로 된다』와 몇 권을 참고해보고 내 사업장에 맞게 고쳐 직원 교육 자료로 썼던 내용이다. 10여 년 전이라 좀 강압적인 느낌도 있지만 당시엔 큰 무리가 없었다. 타 매장에서 많이 배웠고, 점주 대상 강연 자료로도 썼던 내용이다.

"웃음 띤 얼굴로 고객을 맞이하는가? 적당한 타임에 고객에게 다가가는가? 우리 ○○○○ 화장품의 우수함을 설명할 수 있는가? ○○○○ 브랜드의 우수한 가치를 알기 쉽게 설명할 수 있는가? 점장님 업무 지시에 잘 따르는가? 제품을 완벽히 이해하는가? 출근을(최소 10분 전 미리 출근, 메이크업한 얼굴로 출근) 정확히 하는가? 판매 전, 마인드 컨트롤 하는가? 하루 시작 전 한 달 목표 매출, 하루 목표 매출, 시간당 목표 매출을 알고 일하고 있는가? 판촉 열심히 하는가? 청소 깨끗이 하는가? 고객에게 적극적으로 제품 설명을 하며 판매에 임하는가? 유니폼과 화장은 적절한가? 직원 간 밝은 미소로 인사하는가? 매장 출입하는 누구에게든 먼저 인사하는가? 판매 미소, 고객 눈 맞춤, 손의 위치 정확히 하는가? 일에 대한 기복은 심하지 않은가? 판매 시에 자신감 있는 목소리로 이야기하는가? 베스트상품, 신제품, 행사제품, 이해하고 판매에 임하는가? 고객을 오래 머물게 하는 어떤 노력을 하는가? 구매하지 않아도 베스트상품 소개를 최소한 3개는 하는가? 고객을 가려서 판매 응대하지 않는가? 고객 카드 발급을 많이 하는가? 계산 시 고객 눈을 맞추고 인사하는가? 받은 돈, 내어 주는 돈 금액을 정확히 큰소리로 이야기하는가? 마지막 인사를 밝고 크게 하고 있는가? 개인 출퇴근 기록표 하고 있는가? 매출을 위한 공부나 노력을 하는가? 개인 판매 실적 노트에 적고 있는가? 매장 음악 소리는 어떤가? 진열 제품 먼지, 빠진 건 없는가? 직원들의 매장 청소 등 업무 분담은 정확히 하는가? 매장 제품 설명의 POP는 정확하고 변화를 자주 주는가? 전 직원의 매출에 대한 협력성(자진연장근무성의)이 있는가? 판매에 적절한 언어 선택을 하는가? 고객이 오래 머물게 하는가?" 이것은 직원 업무 체크표이다. 이것 그대로 일본 매장에도 한동안 적용했다. 한국에서 20여 개 매장 오픈을 할 때까지 쓰였다.

"고객과 만나는 15초 동안에 그 회사와 기업의 운명이 결정된다."

– 얀칼슨 (스칸디나비아 항공의 CEO)

15초라, 이걸 보고 나는 매장 들어오는 고객에게 부담 안 주되 시선을 놓치지 않도록 가르쳤다. 고객과 처음으로 하는 아이컨택의 중요성을 이야기하고, 살짝 미소를 잊지 않고 고객을 맞도록 했다. '둘리의 쿠폰'은 견물생심이란 말에서 생각해낸 거다. 고객이 매장에 유입만 되면 보게 된다. 그 후 고객과 즐거운 놀이, 즉 제품을 놓고 재미있게 제품 스토리를 풀어나가면 된다. 열심히 했다? 아니다, 그 열심의 방법이 달라야 한다. 그래야 돌아가지 않고, 성공을 만나고 매출 상승이라는 결과를 만들어낸다.

"성공으로 가는 가장 쉬운 길이 무엇인가요? 사실 정말 하기 싫고 지겹고 똑같은 행동의 반복이 결국은 가장 쉬운 성공의 길입니다. 하기 싫겠지만 결국 꾸준히 해내는 사람은 결국은 성공의 정상에 서 있습니다."

안철수 대표가 어떤 인터뷰에서 한 말이다.

7

책을 좇는 사람은
돈과 행복까지 잡는다

책만큼 우리를 기쁘게 하는 것이
이 세상에 또 없다.

– 초오서 –

"여보, 내 배 봐요. 발로 찼어."

"오! 이 녀석, 엄마 배 안에서 수영하나 본데?"

"아가씨라고 얼굴 화장하고 나왔나 보네."

난 왜 책을 쫓아다녔을까? 이유는 단 하나였다. 행복하게 살고 싶어서
였다. 두 아이가 태어나던 날 남편은 그 당시 비디오카메라 그 무거운 걸
들고 진통하고 있는 방에 들어와 비디오를 찍었다. 지금도 아들 태어나
던 날, 기뻐서 온데 다 전화하던 모습을 잊을 수 없다. 우리 부부는 딸 하
나, 아들 하나 둘 낳아 잘 키우자 약속했었다. 어릴 때 아이와 함께 많이

보내지 못했던 지난 시간을 되돌리고 싶을 때가 있다. 행복? 연년생 두 아이가 태어나 행복하고 기쁜 마음도 잠시 아이 눈 들여다 볼 사이 없이 바빴다. 우리 부부는 늘 시간에 쫓겼다. 행복할 줄 알았는데 뭐가 잘못됐는지 서로 원망을 해댔다. 누구나 그렇듯 사랑하는 가족을 지키고 싶을 거다. 경제적으로 안정되지 않으면 불가능함도 알았다. 시간에 쫓겨 불행한 삶이 아닌 아이와 시간을 보내며 가족 행복을 위해 책을 읽기 시작했다.

아리스토텔레스는 "행복은 삶의 의미이며 목적이고 인간 존재의 목표이며 이유이다. 부는 행복의 조건이다."라고 말했다. 보다 많은 정보와 부를 가지고 있는 사람은 정보와 여행을 통해 여러 지역이나 다른 나라를 이해함으로써 자기의 현재 위치를 객관적으로 판단할 수 있게 되고, 거기서 자기의 현재 상황에 대한 폭 넓은 비교가 가능할 것이다.

세상 뭐든 혼자서 되는 일은 없다. 같은 업계에서 책 때문에 부자가 되었다는 사람은 아직은 찾지 못했다. 재테크 스터디에서 만났던 두 분 외에는. 두 분은 늘 내게 책을 소개해주셨고, 독서 모임도 했었다. 한 분은 알게 된 지 6년쯤 된다. 엄청난 독서가로 유치원 사업과 부동산 투자로 큰 자산을 이루신 분이다. 남매를 특수학교 교사와 동화작가로 잘 키우셨다. 책을 추천해주시고 인생 조언을 잊지 않고 해주시는 고마운 분이다. 또 다른 한 분은 대기업에 근무하시다 퇴직하신 후 아들과 함께 게스트하우스를 운영, 임대사업을 하고 계시는데 독서광이시다. 두 분은 "인생에서 반드시 부동산을 끼워 넣어 생각하기"를 알려주신 분들이다. 절판된 책은 직접 책을 빌려주시기까지 하고, 책 내용에 대해 재해석을 해주기도 하신다. 읽는 책만이 아니라 인생은 누구를 만나느냐에 따라서 부의 방향이 달라짐도 알게 됐다.

주위에서 물어오는 질문들이 대부분 그랬다. 행복하냐고 내게 묻는다. 자녀, 돈, 부부를 포함한 인간관계, 사업, 꿈 관련이었다. 처음에 한두 명이 물어 올 때는 뭘 이런 걸 묻지? 싶었다. 내가 해왔던 고민과 크게 다르지 않았고, 이 요인들이 인생에서 행복을 결정짓는 거다. '책을 읽어보면 깨닫게 되고 행동하게 되고 목표를 이룰 수 있는데 왜 안 할까?' 하는 생각을 했다. 내게 연락이 오고 질문들이 많아지면서 내 강점에 대해 진지하게 생각하게 되었다. 나의 강점 파악에 답변도 받아봤다. 이 책이 완성되면 블로그 카페 유튜브를 통해 내 크고 작은 경험을 나누며 살고 싶다. 이게 내 행복의 큰 부분이 될 것임을 확신한다.

자신의 성향에 맞는 재테크를 하라기에 주식보다는 부동산을 선택했고, 여러 채의 부동산을 소유했다. 당장 장사로 시작하더라도 기업 경영 마인드로 하라는 책을 읽고 '직원이 10명일 때부터 100명이다.'라는 마음으로 직급을 붙여주고, 회사를 지금만큼 키웠다. 아무리 벌어도 돈이 모이지 않고, 모여도 빠져 나갈 일이 생겨 속상했다. 돈 관리에 관한 책을 읽고 규모 있는 지출 관리를 하게 되어 통장에 돈이 모이는 경험을 했고, 재테크를 할 수 있었다. 아이가 아팠을 때 견딜 수 있는 시련만 준다는 책을 읽고 담대해졌다. 물론 돈이 전부는 아니다. 그러나 솔직히 말해서 돈이 있으면 세 번 싸울 일도 한 번만 싸워도 되는 걸 실감했다. 살면서 독서에 투자했던 시간만큼 내게 부와 행복을 가져다주었다. 『앞으로 10년, 돈의 배반이 시작된다』, 『부의 인문학』을 읽어본다. 또 다시 돈 때문에 힘들어지고 싶지 않기에….

"여러분들은 이제껏 속아왔어요. 부자들은 인문학을 배웁니다. 그런데 여러분은 인문학을 배우지 못했잖아요? 인문학은 세상과 잘 지내기 위해서, 제대로 생각할 수 있기 위해서, 외부의 어떤 무력적인 힘이 여러분에게 영향을 끼쳐올 때 무조건 반응하기보다는 심사숙고해서 잘 대처해나가는 방법을 배우기 위해서 반드시 해야 할 공부입니다. 인문학이 여러분을 부자로 만들어줄까요? 분명히 그럴 것입니다. 단, 돈을 많이 벌게 해준다는 의미에서가 아니라, 삶이 훨씬 풍요로워진다는 의미에서 진정한 부자로 말입니다. 부자들은 사립학교나 비싼 학비를 내는 대안학교에서 인문학을 배웁니다." 『희망의 인문학』에 나온 글이다.

행복? 당신은 지금 얼마나 행복한가? 결혼 전 이야기는 뺀다면 결혼해 살면서 2번의 위기를 겪고 2번의 성공을 해봤다. 인생에서 누구나 버릴 경험은 없는 것 같다. 내 안에 지혜가 되어 위기 앞에 극복할 에너지를 주니까. 책에 돈도 행복도 모든 것이 다 있었다. 책이 "읽고 말하고 쓰면 이루어진다"고 하길래 믿고 해봤다. 책을 읽고 그대로 따라서 하면 된다는데 왜 안 하는가? 안 하면 다른 방법은 있는가? 원망하는 감정을 넣지 않고 말했다. 간단하게 말하되 일관적으로 말하기 시작했다. 반복하지 않았다. 『똑똑한 아내 센스 있는 말』에서는 말버릇을 바꾸고 남편과의 사이가 좋아져 이혼 위기를 극복하고 행복한 생활을 하게 되었다.

228명의 부자들과 128명의 가난한 사람들을 대상으로 습관을 조사했는데, 부자와 가난한 사람들의 가장 큰 차이는 독서 습관이었다고 한다. 이 부자들 중에 무려 88% 이상이 하루에 30분 이상 독서를 한다고 응답한 반면, 가난한 사람들은 2%만이 책을 읽는다고 대답했다. 책을 많이 읽는다고 해서 무조건 부자가 되는 것은 아니지만, '뚜렷한 독서 습관 차이'가 존재한다는 것은 시사하는 바가 크다. 『인생을 바꾸는 부자습관』의 저자 토마스 콜리 이야기다. 나는 비교적 빨리 자리를 잡을 수 있었던 데에는 무엇보다 독서의 힘이 컸다. 『나는 오늘도 경제적 자유를 꿈꾼다』의 저자는, 삼성에서 근무하다 주체적인 삶을 살고 싶었다고 한다. 그는 퇴사 후 3년 반 만에 월세 순수입 1,000만 원을 달성했고 1년 만에 300권 책 읽기에 도전했다고 한다. 저자는 한 달에 두 권 정도씩 골라 읽으며 지식의 지평을 넓히고 단단한 성공 마인드를 장착하게 되었다고 말했다.

잘 웃지 않고 심지어 도도하고 냉정하다는 소리를 잘 듣던 내가 "웃음은 능력이고 힘이다. 처음부터 끝까지 웃음을 잃지 마라."라는 글을 보고 거울을 보고 웃는 연습을 한 후 고객이 늘어나고 사람이 모이자 회사 금고에 돈이 쌓여갔고 신뢰도 얻게 되었다.

조금이라도 나은 사람이 되고 행복한 삶을 살기 위해 책을 징검다리 삼아 걷는 것도 나쁘지 않다. 미소, 장사, 설득, 협상 이런 책을 골라 읽으며 성공하고 싶었다. 신기하게도 독서를 할수록 원하는 것을 하나씩 얻을 수 있었다. 삶은 불확실하고, 책도 모두 옳은 건 아니지만 다양한 이 세상을 이해하기 위한 하나의 도구로 책은 나쁘지 않다. 책을 읽으며 내 사업장을 성장시켜 부를 이루고 아이를 유학도 보낼 수 있었고, 원하던 것들을 다 가졌다. 물론 지금은 더 많은 부와 행복을 꿈꾼다.

"책을 많이 읽은 사람만이 얻게 되는 것들이 있다. 독서는 삶의 질과 격을 바꾼다. 책을 읽으면 삶의 격과 질이 달라진다. 독서는 부와 성공을 결정한다. 1만 권을 읽은 사람과 100권을 읽은 사람은 다르다. 진짜 독서는 뇌를 변화시킨다."

『백수의 1만권 독서법』 저자가 한 말이다.

책과 친하게 지낸 지 10년은 넘었다. 먹고살기 위해 읽었다. 이제 나 자신이 무얼 나눌 수 있을까? 부부 사랑에 대해, 가정 행복의 중요성에 대해, 아이 양육에 대해, 화장품에 대해, 돈에 대해, 마음의 힘에 대해, 소원 이루는 확실한 방법에 대해……. 나눌 수 있을지도 모르겠다.

월세 40만 원으로 신혼을 시작했던 내가 이젠 회사 자산과 개인 자산도 꽤 소유하고 있다. 없는 시간을 쪼개 신문, 심리 책, 돈 책, 부동산 책, 사업 책을 읽었고 진짜 부자가 되기 위해 독하게 물질적 부자 공부와 정신적 부자 공부를 시작했다. 과거 나는 평범한 사람이 수십 억 원의 자산을 만드는 건 드라마라고 생각했지만, 한국에서 부자가 되는 세 가지 조건이라는 부자 부모, 부자 남편, 로또 당첨 없이 이루었다. 화장품 사업과 부동산을 책과 함께 꾸준히 공부한 것이 지금의 부와 행복을 갖게 된 비결 중 하나라고 말할 수 있겠다.

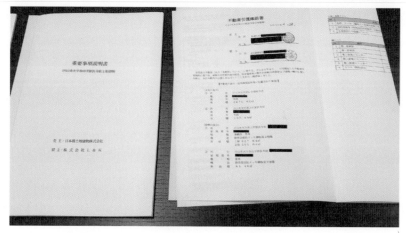

8

독서는 실패했던 화장품 사업을
성공으로 이끌었다

책은 가끔 문명을
승리로 전진시키는 수단이 된다.

– 윈스턴 처칠 –

화장품은 25년 동안 해온 애증의 사업이다. 그동안 두 번의 힘든 고비를 넘어봤다.

"후나바시 라라포트몰에 오늘 가맹점 오픈 날이야. 당신도 갈 거지?"

2012년도에 일본에 회사를 설립하고 이제 8년차이다. 요즘 우리 회사는 이온몰, 라라포트 등의 일본 대형 유통회사들이 러브콜을 보내오고 있다. 덕분에 직원들의 사기도 덩달아 올라가고 있다. 운이 좋다면 올해 30개 가맹점 목표 달성이 가능할 것 같다.

138 내 삶을 바꾼 독서의 기적

"명동 매장에 일본 여행객들 보면 한국 화장품 너무 좋아하고 많이 사 가잖아. 여보, 나 이제 일본에 직접 가서 사업해보고 싶다."

다른 회사들이 중국이나 동남아를 겨냥할 때 아예 쳐다보지 않는 일본 내수 시장을 목표로 잡았다.

"다음 주 나고야 가맹점 오픈에 가려면 신칸센 타고 가는데 1박 해야 할 거 같아."
"4월에는 하라주쿠점 오픈 예정이야 잊지 마."

가맹점 오픈을 앞둔 2개점이 인테리어 공사 중이다.

나는 화장품 제조, 수출입, 통관, 종합 유통, 프랜차이즈 사업을 하고 있다. 최근 오픈한 코스무라 후나바시 라라포트몰점 매출 실적이 좋아 업계에서 주목받는 회사가 되었다. 올해 30호점 가맹을 맺을 예정이다.

"책을 읽고 강연을 들어도 삶에서 직접 실천하고 결과를 내는 사람 잘 없어요. 그냥 읽고 말죠. 그걸 실제로 시도해보는 사람은 정말 드물어요. 그게 대단해요."

코스무라 매장

사람들에게서 내가 자주 듣는 말이다. 그중 가족이 내게 말해줄 때가 제일 좋다. 책에서 내 상황에 필요한 아이디어를 찾아내서 사업만이 아니라 내 삶의 고민마다 적용하고 실천해 놀라운 성과를 본 경험이 많지만 책 읽는 노력 없이 얻어진 것은 없다.

나는 화장품 이야기만 나오면 수다쟁이가 된다. 다른 분야는 관심도 없었다. 꼭 화장품으로 성공하고 싶었다. 실패 후 맨 먼저 한 일이 있다. 『성공을 부르는 청소의 법』대로 했다. 그 책을 읽고 남편은 매장 유리를 닦고, 나는 매장 화장실 청소를 매일 했다. 밤에 자다가 매장에 뛰어나간 적도 참 많다. 제품 공부와 매장 진열을 하다가 서서 잠들어 매장에서 아침을 맞고 일을 계속한 기억도 많다. 전국의 매장 출장을 다녀야 하니까 불편한 찜질방 잠도 엄청 잤다. 이제 힘들었던 기억도 추억이다.

"여보! 나는 대한민국 인구 50만 이상 도시 중앙 상권에 우리 회사가 운영하는 화장품 매장을 30개 이상 만들고 싶어. 전국을 다니며 매장을 둘러보며 다니면 신날 것 같아."

2003년쯤 5개 매장과 쇼핑몰이 공부하지 않은 경영으로 쫄딱 망해 매장 1개만 겨우 남기고 다 처분했던 시절이 있었다. 관리해야 할 매장 수도 늘어나기 시작했고, 직원을 뽑아서 교육하고 매장에 투입시켜야 했다. 지금 생각해보면 무슨 에너지로 20~30여 개 매장을 오픈과 폐점을 할 수 있었는지 신기한 일이다. 실패를 딛고 성공하고 싶었다. 변해야 했다. 매출을 올리고 싶은데 방법을 알 수 없고 문을 열어놓아도 손님은 없었다.

『벼랑 끝에 나를 세워라』에서 "지금까지의 내 사고와 행동, 습관, 세포 하나하나까지 새롭게 태어나지 않으면 성공할 수가 없다."라는 부분을 읽고 창피함을 버렸다. 둘리 캐릭터 탈을 쓰고 홍보하는 남편을 따라 용기를 내어 나도 매장 앞에 섰다. 무료 샘플과 전단지를 점심시간, 저녁시간을 제외하고 종일 서서 판촉을 했다. 내가 하니 직원들도 따라 했다. 입점한 고객을 놓치지 않고 판매하는 법에 대해 교육을 받은 직원들은 바구니 한가득 판매를 해냈고, 친절하다고 소문까지 났었다.

"점장 업무, 부점장 업무, 정 직원 업무, 아르바이트 업무, 징키스칸 명언까지 상세하게 전부 당신이 만든 거야?"
"고객과 직원 Q&A 고객 응대법, 객단가 올리는 화법, 이사님이 직접 다 만드신 거예요?"

독서를 하다 보면 통찰력과 빠른 판단력이 생긴다는 말이 거짓이 아니다. 한국에서 일본으로 다시 프랑스로 사업을 할지 말지를 빠르게 결정할 수 있었던 것도 다독의 힘이다.

사업도 종합예술이라는 말이 맞다. 알아야 할 분야가 많고 모든 게 연결되어 있다. 영업, 고객 심리, 대화, 설득, 협상, 마케팅, 인테리어, 진열, 포장, 회계, 경영, 직원 관리, 상권 분석, 수출, 프랜차이즈, 제조, 화장품 관련, 매장 계약에 관한 부동산 공부를 해야 했다. 알고 싶은 게 너무 많았다. 사람들이 자주 묻는다. 사업과 개인 일상에서 어떻게 그렇게 열정적일 수 있느냐고…….

2003년부터 지금까지도 책을 손에서 놓아본 적이 없었기에 날마다 서서히 성장해온 것 같다. 책을 내 몸에 갖고 있으면 종교는 없지만 마치 나를 지켜주는 기도문처럼 마음이 편하다. 『좋아 보이는 것들의 비밀』, 『왜 유독 그 가게만 잘될까?』, 『친절을 파는 10가지 원칙』, 『부자가 되려면 판매를 배워라』, 『팔지 마라 사게 하라』, 『시크릿』, 『된다고 생각하면 된다』, 『벼랑 끝에 나를 세워라』, 『10미터만 더 뛰어봐』. 사업 실패를 성공으로 일으킬 힌트를 받은 고마운 책이 일일이 기억을 못할 정도로 많다.

직원 뽑는 법에 관한 책과 서비스 마인드에 관한 교육을 하며 키운 점장을 타사에서도 탐을 내었다. 그 당시 우리 회사는 타사 브랜드 가맹점 매장을 운영하고 있었는데, 내 직원이 그 회사 본사로 스카우트되어 가기도 했다. 내 마인드를 이해하고 그대로 잘 따라와주어 최고의 매출을 보여주었던 몇 명은 지금도 잊지 못할 인재이고 보고 싶다.

　대한민국 화장품 업계에서 우리 부부의 호흡이 환상적이라는 소리를 많이 들었다. 연 매출 계획, 월 매출 목표, 일 매출 목표, 시간당 목표 매출, 직원 유니폼, 직원 친절 서비스 교육, 사은품 준비, 잘 팔리는 상품 진열법과 고객 응대법 교육, 직원 채용, 오픈과 마감법에 있어서 타 회사나 매장에서 우리 회사와 매장에 배우러 올 정도였다. 미친 듯이 일했다. 내 매장에서 노하우를 배우려고 위장 취업을 겪었던 적도 있고, 매장 성공 강연 초청을 받아 강연한 적도 있다. 장사는 동네에서 자신의 노동력으로 무엇을 팔며 매장을 운영하는 일이고, 사업은 전국이나 세계를 상대로 성장 계획을 세워가며 경영하는 것이라던데 그렇게 1개의 매장 장사에서 30여 개의 매장의 사업이 되어가고 있었다. 나의 아바타, 사장 마인드 가진 점장을 여러 명 만들어내기 위해 오픈 드림팀을 구성해 다녔다. 책에서 찾은 내 매장에 접목 가능한 직급별 업무를 아주 상세하게 만들어 준비했다. 덕분에 한 달에 3개 매장도 완벽하게 오픈했다. 우리 회사가 맡으면 매출이 가파르게 오르는 매장이 된다는 소문이 났었다. 한국에서 했던 매장 운영 방법을 일본 회사에서도 그대로 적용했고, 대형 일본 유통회사에도 거래하고 싶은 회사로 성장했다. 우리 회사가 25년간 화장품 분야만 해온 것에 대해 굉장한 신뢰를 받은 듯하다.

지금 하고 있는 일에 고민이 있다면 해당 분야의 책을 찾아 물어보라고 하고 싶다. 내가 책을 통해 동기부여를 받아 실천해 성과를 증명해온 것처럼 말이다. 책 속에 길이 있다던데 사업도 마찬가지였다. 필요한 부분의 책을 찢어서 부적처럼 갖고 다니기도 했고, 좋은 내용은 따라 써보고 가슴에 새겼다. 좋은 문구는 직원에게도 공유하고 사업장에 붙여두고 보았다.

자동으로 돌아가는 사업 시스템을 만들어 우리 부부 둘 다 시간과 돈 고민에서 자유로운 삶을 살고 싶었다. 일본에서 사업을 하지만 한국에서 사업할 때보다 자유로운 하루를 보낸다. 한국에서 가맹 사업, 제조업, 직영점 30호점 오픈까지 해보았다. 1995년도부터 해왔던 한국 사업 중 직영점 매장은 정리를 했다. 한국의 화장품 제조 oem/odm사업, 화장품 수출입과 통관업을 하고 있다. 이제 온라인으로 회사 일을 전달받고 결정할 수 있기에 예전에 비해 정말 시간 활용이 자유롭고 좋다. 현재 직원이 125명 정도로 많이 성장했다. 수익이 안 나오던 3년 동안 회사 성장을 믿고 열심히 노력해준 초창기 6명 직원들에게는 특히 감사할 따름이다. 일본 사업 1년차까지는 은행 거래도 안 되었다. 통장도 만들 수 없었고, 그 당시 6명 정도였던 직원의 급여도 현금으로 지급했다. 3년차 정도가 되니 은행 거래를 할 수 있었고, 5년 차부터 거래처로부터 안정적인 회사라는 인정을 받기 시작했다. 올해로 8년차이다. 우리 회사는 이제 더 큰 꿈을 꾼다. 엔화로 2020년 50억 엔, 2025년 500억 엔, 2030년 1조 회사를 꿈꾼다. 이렇게 글을 쓰고 있어도 회사와 매장은 잘 운영되고, 매출이 늘어나고 있다.

"이제 세계가 한국의 화장품을 좋아해. 프랑스 파리에도 회사를 설립하고 유럽 전역에 매장을 낼 거야."

2020년 현재 전 세계 한인무역협회의 협조를 받아 프랑스 화장품 회사법인을 추진 중에 있으며, 7월 25일에 직영 1호점을 오픈 후 2호점부터는 가맹점 형태로만 운영할 계획이다.

어떻게 실패한 화장품 사업을 성공시킬 수 있을까? 물어볼 데가 없어서 책에게 물었고, 실천했다. 제일 쉽다. 무언가 절실하다면 책을 읽어라. 나는 사업뿐 아니라 내 삶을 대하는 지혜와 식견까지도 내 것으로 만들었다. 자유롭고 여유 있는 삶은 내가 상상해오던 삶인데 가까워오고 있다. 여러분의 직원은 지금 무엇을 생각하고 무엇을 읽고 있는가? 오너인 당신은 당신 사업을 키우기 위해 무슨 생각을 하고 무슨 책을 읽고 있는가?

2019년 L&K 송년회에서

3 장

노트 위의
기적,
쓰고 상상하면
이루어진다

딸 명문 와세다 대학
합격 비결

책은 청년에게는 음식이 되고 노인에게는 오락이 된다.
부자일 때는 지식이 되고 고통스러울 때면 위안이 된다

— 키케로 —

"혜연아, 사람들이 대학 합격 비결이 뭐냐고 자꾸 묻는데 뭐라고 할
까?"

"우리 가족 합작이죠. 내 유튜브에 다 올려놨는데요."

딸아이는 2017년 2월까지만 해도 서울 ○○고등학교 2학년에 재학 중
이었다. 고3 때 일본으로 갑자기 전학 와 1년 준비하여 2018년 와세다대
학교 문화구상학부 합격에 성공한 딸아이는 현재 유튜브에 〈권혜연TV〉
를 운영하며 학교를 다니고 있다. 나름 힘들었던 일본 대학 준비에 대한
입시 경험담을 올리고 있다. 일본 대학의 영어 전형 지원에 필요한 것들,

영어 전형이 있는 일본 대학 30곳 소개, 일본 대학에서 영어 전형 입학생에게 영어 전형의 의미, 일본 대학 생활과 일상 브이로그, 토플 시험 직전에 보아야 하는 영상, SAT 시험에 대한 본인 이야기 등을 소개하며 입시를 준비하는 사람들에게 질문을 받고 답변을 해주는 도움을 주고 있다. 얼마 전 유튜브 구독자의 입시상담 소모임을 주최하여 직접 만나 상담을 해주기도 했다. 시간을 아껴 사는 딸아이를 보면 내 딸인데도 자랑스럽다.

"혜연아! 고3 때 읽었던 것 중에 젤 기억나는 책 제목 뭐 있어?"
"『몰입』이요."
"초등학교 6학년 때 밴쿠버 유학 갔을 때 들고 갔던 책이 뭐였지?"
"『멈추지 마 꿈부터 써 봐』예요."

한글 못 읽는 어렸을 때부터 딸아이에게 책을 장난감 삼아 가지고 놀도록 했던 기억이 있다. 그것이 책과 친해진 계기가 됐는지 모르겠다.

딸이 한국에서 일본으로 온 건 고등학교 3학년 때다. 벌써 3년 전 일이다. 지금 나는 딸아이가 올려둔 〈권혜연TV〉 유튜브 영상을 보며 쓰고 있다. 우리 가족 모두가 일본으로 이사하게 된 이유는 딸의 일본 대학 입시 합격, 일본 사업의 이유도 있지만 한동안 떨어져 살던 네 식구가 모여 살기 위해서였다.

딸은 한국에서 고등학교 2학년 때까지 늘 학급회장, 동아리 대표를 했고, 생활기록부, 독서록 관리 등에도 최선을 다해 공부해왔다. 딸은 리더십도 있고 친구들에게 상담까지 해줄 정도로 모범적이며 학교 선생님들로부터 칭찬 받는 아이였다. 내 속을 썩인 일도 없고, 마음이 따뜻한 딸이다. 요즘 나는 딸 자랑 바보가 됐다.

남편이 2017년 1월에 뜻밖의 제안을 했다. 그때 남편은 일본에서 사업을 하며 일본과 한국을 오고갈 때였다. 남편은 이제 우리 가족이 다 모여 일본에서 살고 싶다고 했다. 그러기 위해 딸아이의 대학 준비도 일본에서 하는 게 좋겠다고 했다. 한 3일 고민하던 나와 딸아이는 용감하게 일본 고등학교 편입시험을 준비했다.

2017년 1월과 2월에는 일본어 기초문법을 공부하며 3월에 동경 한국학교에 국어, 영어, 수학, 면접 총 4개의 편입시험을 치르러 갔는데 운 좋게 편입시험에 합격했다. 고3때 그것도 한국도 아닌 일본으로의 이사 소식을 들은 지인들은 고3 딸아이가 힘들 거라고 한국에서 준비하는 것이 어떠냐고 말해주는 사람도 있었다. 그 말을 뒤로하고 우리 가족 인생은 우리가 결정하는 거라며 용감하게 일본에서의 생활을 시작했다.

딸 혜연이와 함께 입학식, 와세다대학교 오오쿠마강당앞에서

다행히도 편입 시험에 합격한 딸은 2017년 4월에 동경 한국 학교 3학년이 되어 학교를 다녔다. 이 학교는 K반인 한국어반과 J반인 일본어반이 있었다. 일본에서 상위권 대학을 준비하려면 외국인 전형이라고 해도 내신 성적이 중요하기 때문에 K반인 한국어반을 신청해 들어갔다. 딸아이는 앞으로 계속 일본에 거주할 것이기 때문에 일본어 회화는 자연히 잘하게 될 거라고 생각했고, 우선 대학 합격을 목표로 하고 집중하기로 했다.

2017년 4월부터는 EJU, JLPT, 토플 공부도 병행했다. EJU시험을 너무 가볍게 생각한 딸은 4월에 굉장히 낮은 점수를 받았다. 벤쿠버 유학 경험도 있고 영어에 자신 있었던 딸이었지만, 생애 첫 토플 점수를 80점대를 받아서 목표점수인 100점대 획득에 실패했다. 일본 대학교 준비에 토플점수가 80~90점 사이이면 영어 때문에 발목 잡힐 리는 없다고 했지만 문제는 일본어였다. 고민 끝에 딸은 입시 방법을 일본어 대학 입시 전형이 아닌 영어 대학 입시 전형으로 바꾸기로 했다. 딸아이가 가고 싶었던 와세다대학교는 첫 지원 시에는 SAT점수 제출을 한 번은 면제해주는 제도가 있었기에 토플점수 100점 이상을 목표로 공부했다. 하지만 2017년 7월 시험 결과는 90점도 안 되었다. 이 점수로는 SAT 면제 특혜에 토플 점수 하나만 지원하는 와세다대학교에 합격 안정 점수로는 아쉬운 점수였다.

8월부터는 본격적으로 입시 시즌이 되었다. 부족한 점수에도 불구하고 와세다대학교 국제교양학부 한 곳만 지원하기로 했고 합격 여부를 기다리는 동안 일어와 영어 공부를 병행해가며 준비했는데 10월 합격 발표 때 불합격 통보를 받았다. 어차피 한국에서 일본으로 이사 올 때 재수까지 보고 시작한 일이었다. 용기, 패기, 욕심쟁이 딸아이는 다시 와세다대학교에 지원하기 위해 토플과 JLPT 다 치우고 11월 한 달 내내 SAT 시험을 치기 위해 공부에 몰입했다.

이때 엄마인 내가 딸을 도운 일은 딱 하나이다. 인터넷으로 딸아이의 상황에 맞는 SAT 준비 학원과 일본 대학 입시 컨설팅 선생님을 찾기 위해 며칠을 밤새워 찾은 일이다. 드디어 12월 SAT시험을 치고 1주 후 토플 시험을 봤다. 점수 기다리는 동안 지원하고 싶은 학교를 추려봤다.

결과는 2~3주 후 점수가 나왔는데 첫 SAT의 점수치고는 잘 나왔다. SAT 1400점 정도 토플 100점 점수를 들고 대학입시 "지망이유서"인 "에세이"를 쓰기 시작했다. 원서 지원 기간인 2018년 1월부터 3월까지 3개월 간 7군데에 원서를 썼다. 1월~3월까지 사진 등을 꼼꼼히 준비해서 원서를 우체국에 가서 봉투에 담아 우편으로 보냈는데 한국에서는 온라인 접수가 가능하지만 일본은 안 된다. 이때 회사 일은 제쳐두고 딸아이와 함께 원서 날짜 체크에만 전념했다.

2018년 4월부터 차례차례 발표가 나기 시작했다. 조치대학교 국제교양학부, 와세다대 문화구상학부, 호세이대학교 국제경영학부, ICU대학교 국제교양학부, 메이지대학교 일본국제학부 5군데에서 모두 합격 통지를 받았다. 유튜브 〈권혜연TV〉에 그 후기가 합격 통지서 사진과 함께 올려져 있다. 고심 끝에 캠퍼스 교정이 아름다워 가고 싶어 했던 와세다대학교에 학비를 송금 완료 후 가족들이 힘을 모아 준비한 1년 동안의 대학 입시 과정이 끝났다. 2018년 9월 22일 와세다대학교 오오쿠마 강당에서 우리 온가족은 기쁜 마음으로 딸아이의 입학식에 하이파이브를 했던 기억이 난다.

나는 딸아이가 행복한 삶을 살기를 바라왔다. 딸아이가 무엇에 소질이 있을지 모르니 이것저것 돈도 에너지도 소비했던 것도 사실이다. 태권도, 미술, 무용, 발레, 댄스, 영어, 피아노, 바이올린 등. 내 딴엔 최선을 다한다고 했지만 초등학교 저학년 때 알림장 사인을 못해 준 일이 많았던 건 미안하다. 엄마로서 아이 교육에 대한 나만의 소신이 없었을 때는 다른 엄마의 말에 흔들리기도 했다. 딸아이 관심 분야를 알기 위해 노력했다. 딸은 사람들과 따뜻한 이야기를 나누는 것을 좋아한다. 일본 유학 입시 경험 유튜브를 운영하며 자기처럼 정보가 없어 고민하는 사람들의 이야기를 들어주는 걸 즐긴다. 좋은 결과가 있으면 보람을 느낀다며 기뻐하는 모습을 보니 나도 기분이 좋다.

딸 혜연이의 대학교 합격 통지서들

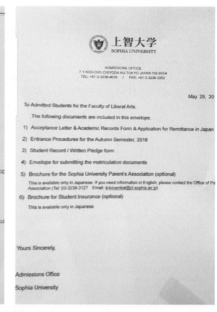

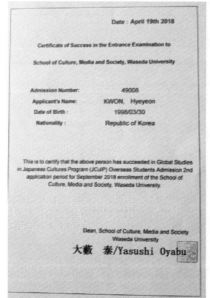

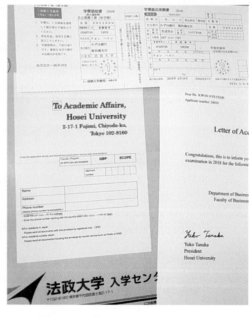

"혜연아, 너 뭐하니? 책은 왜 들고 가니 책 다 젖겠구먼."

"엄마, 엄마가……."

딸이 완전 꼬맹이 때 세 살 때쯤이지 싶다. 딸아이 봐주시던 할머니로부터 들은 이야기이다. 내가 보던 책을, 거꾸로 들고, 화장실 변기에 앉아 있던 딸아이가 아주 귀여웠다고 하셨다. 이 이야기를 듣고 그림책을 왕창 주문해서 딸에게 사주었던 기억이 난다. 엄마가 하는 사소한 행동 습관들을 따라 하는구나.

작년에 이런 일이 있었다. "같은 반 아이를 밟고 일어서야 네가 성공한다."라며 자기 아이한테 못되게 굴었던 아이가 대학 떨어져서 아주 잘됐다고 아무렇지 않게 내게 말하는 그분을 보고 나는 너무 놀랐다. "세상에는 아이의 인격을 키워주는 전문적인 교육기관이 없다."라고 한다. 그 엄마는 "부모가 자신의 삶 자체로 아이에게 멘토가 되어야 한다."라는 말을 모르나 보다. 성적보다 인성이 중요함을 모를 그 아이의 미래가 안쓰러워 씁쓸한 마음이 들었다.

외국인 전형 대학 입시는 쉽다고 말하는 사람도 있다. 딸아이의 타국에서 대학 입시 합격의 근본적인 힘은 어릴 때부터 읽어왔던 많은 책이 내공을 만들었다고 나는 믿는다. 자랑 같지만, 딸은 선한 인성을 가졌다.

게다가 타인에 대한 공감력이 좋고, 자존감이 누구보다 높으며, 새로운 환경 변화에 적응력이 뛰어나다. 딸아이처럼 갑작스러운 도전에도 성공을 가져오고 즐거움에 중독되는 아이로 키우는 방법은 간단하다. 가족의 일상생활 속에 늘 책과 함께 하고 노트에 늘 목표를 적었기 때문이다. 딸은 대학 입시가 끝나고 편의점과 영어 학원 아르바이트를 했다. 잠시 한국에 나가 있을 때는 유튜버 청울림의 7주 과정의 "자기혁명캠프"에 참가하기도 했던 딸은 자기계발에도 항상 열정적이다.

2017년 책상 위에 "와세다대학교 합격했습니다. 나는 사람들에게 둘러싸여 축하를 받고 있습니다. 감사합니다." 라고 썼던 종이를 딸은 지금도 버리지 않고 갖고 있다. 원하던 명문대학교 합격의 꿈을 이룬 딸의 또 하나의 꿈은 미스코리아 도전이었다.

2

이혼 생각하던 25년차 부부,
이제 친구처럼 가까워지다

좋은 책을 읽는 것은
과거의 가장 뛰어난 사람들과 대화를 나누는 것과 같다.

― 데카르트 ―

요즘은 원하는 배우자상에 대해 글로써 자세히 표현하는 사람도 많던데 나는 특별히 바란 게 없었다. 다정다감하고 유머 감각 있는 사람과 만나 평생 웃으며 행복하게 살고 싶었다. 서운해하는 부모님 마음을 모른 척하며 1995년 5월 28일 오후 12시, 남편을 만난 지 3개월 만에 결혼했다. 결혼식 날 비가 오면 잘 살 거라는 떠도는 이야기를 믿어 보기로 했지만 한 달째부터 피터지게 싸우기 시작했다.

"결혼 후 이렇게 사사건건 내게 싸움 걸 여자인줄 알았으면 25년 전 사이판 신혼여행 때 내 목숨 걸고 건져 주지 말걸!"

"그럼 내가 도로 바닷물에 빠져줄까?"

신혼여행 중에 수영 못하던 내가 사이판 바다 한복판에서 빠져 죽을 뻔한 나를 구해낸 남편이 했던 말에 기가 막혀 되받아쳤던 말이다.

"치약도 그렇고 샴푸 너무 많이 짜는 거 아니에요?"

"당신도 많이 써라."

"휴대폰 너무 자주 바꾸는 거 아니에요?"

"신제품 사용하는 게 얼마나 좋은데 당신도 바꿔 주까?"

"복사기 멀쩡한데 왜 또 바꿔요?"

"신제품인데 칼라가 더 선명해."

"차 또 샀어요?"

"당신 차도 한 대 더 샀어. 내일 집으로 오기로 했어"

"아이 씻길 테니 청소기 좀 돌려줘요."

"싫다. 먼지 좀 먹고 살자, 그냥."

"낮부터 술이에요? 연락은 왜 안 해요? 아침에 들어오면 회사 출근은 어떻게 해요?"

"술 접대 받고 입고된 이 제품은 팔리지도 않는 제품이고 팔려고 노력도 안 할 거예요. 제발 상의 좀 하고 결정해요, 예?"

"화장품협회 제주도 모임이라더니 지금 태국이라구요?"

"내가 제주도 가 있는 거나 내가 외국 있는 거나 뭐가 달라. 짜증 나, 연락하지 마."

"술을 먹고 와서 또 왜 집에서 먹어요. 밥 먹으면서 왜 술을 먹어요. 아무래도 습관성 알코올 중독자인 거 같아 병원 치료 받자, 응?"

"이 여자가 미쳤나? 어디서 선생질이고? 어디 나를 알코올 중독 취급이고?"

"술 마셨으면 그냥 자면 안 돼요? 조용히 자면 안 돼요? 왜 깨우고 소리치고 그래. 진짜 미치겠다. 이대로는 못 살겠다. 정말 개차반인 사람과 결혼했어. 내가 내 눈 찔렀어. 이혼하자."

속았다. 사기결혼이다. 술 안 먹는다더니 맨날 먹고 뭐든 자기 마음대로 하는 이기적인 남자로 보였다. 내 의견은 무시되었다. 결국 남편 하고 싶은 대로 모든 걸 결정했고 기가 막혔다. 가슴이 답답한 채로 지내다가 이혼하겠다고 친정엄마에게 말했다. "니가 선택한 결혼이잖아. 아이가 둘인 여자는 이혼할 자격도 없다고 생각한데이. 애 둘 보고 마 살거라. 어차피 네 복이데이." 하셨다. 신혼 초부터 시작한 부부 싸움은 법원 앞에도 몇 번을 갔다 오고 아이들이 태어나고도 전쟁은 계속되었다. 서로를 파악하기엔 너무 짧은 연애기간 탓일까? 대화가 잘 통할 거라고 생각했는데 아니었다. 결혼 후 나는 이해하기 어려운 남편의 행동과 말을 공부해야 했다. 당장 남편이 변하는 것도 아니고 깰 수 없는 결혼이다. 바꿀 수 있는 건 나 자신의 마음가짐밖에 없는데 어떻게 하면 되지? 내 결혼은 대화 불통 문제, 돈 문제, 육아 문제 세 가지였다. 이걸 해결해야 했다.

속에서 얼불이 나던 이느 날 매장 근처에 있는 시점에 들어갔다. 『화성에서 온 남자 금성에서 온 여자』였다. 방문 잠그고 들어가 전자 올겐 치며 노래 부르던 것, 전화해서 집에 오라고 하면 오히려 더 멀리 여행을 가버리고 연락두절 되는 등 남편의 행동이 이해가 안 되었는데 이 책을 읽어보니 남편을 가르치려 하는 내 말투가 문제가 있었고, 남편을 오히려 내쫓았음을 알았다. 나도 내가 하고 싶은 말만 했었던 거다. 아껴야 부자 된다고 내 삶 방식을 강요했다. 아! 남편이 그래서 그랬구나, 자기 말을 들어 주는 아내를 바랬구나. 심리 서적, 대화 방법 등을 읽기 시작했지만 바로바로 적용도 못 했고, 해도 서툴러서 나도 남편도 변하지는 않았다.

부부 싸움 후 친정엄마에게 갈 용기가 없어 갓난쟁이 아들을 안고서 택시를 타고 경주 시댁을 가면 시어머님이 내 편을 들어주셨다. "한번만 손에 쥐어보고 다시 돌려줄게, 해도 못 쥐어보게 할 보석 같은 마누라를 얻고도 속 썩이냐?"라고 말씀하시는데 태어나 처음 들어보는 말이라 깜짝 놀랐다. 남편 궁둥이를 빗자루 채를 쥐고 때리셨다. '저런 어머님에게서 자란 아들인데 언젠가 바뀌겠지!' 하며 다시 살아보자 그랬다. 어머니 속은 아들 편일 텐데 겉으로라도 며느리 편을 들어주는 상황에 조금 위로가 되기도 했었다.

그렇게 마음먹어도 싸울 일이 자꾸만 생겼다. '이혼'이라는 글자가 맴돌았다. 책 제목은 기억은 안 나지만, 줄거리가 현명한 이혼에 관한 책을 읽었던 적이 있다. "적어도 10년 준비 후에 현명한 이혼을 하라."는 내용이었는데 꽤 구체적이었는데 별별 책도 다 있다고 생각했다. 물어볼 데도 없었고 상의할 곳도 없던 나는 정말 '이혼'을 잘 해보기로 마음먹었다. '후회 없는 이혼'을 위해 내가 후회 없으려면 내 결혼 생활에서 내가 무엇을 할 수 있을지 내게 맞는 방법에 대해 생각하고 또 고민했다. '어떡하든 회사도, 가정도 후회 없이 잘 경영해서 키워서 내 위자료 내가 가져가는 이혼해야지!'라고 마음도 먹었고, '아! 그 여자 정말 최선 다해 살았지, 그 여자가 아까워.' 이런 말을 듣고 싶었던 게 그 당시엔 솔직한 마음이었다. 부부 상의 없는 돈 관리로 실패했었지만 내가 이혼하고 재혼하더라도 이 결혼 공부 한다 셈치고 후회 없게 내가 더 노력해보자고 마음먹었다. 이 내용을 남편이 보면 언짢을 수 있겠다. 하지만 솔직히 적어본다. 이 책은 나를 냉정하게 바라보게 했다. 나의 시장 가치를 체크해보게 했다. 나의 직업, 나이, 외모, 아이 유무, 재산, 성격 등을 객관적으로 바라보는 계기가 되었던 책이 참 고맙다. 28살 나이 어린 것 말고는 내세울 만한 게 없었지만, 28살 그때의 나보다 내면이 깊어진 50살인 내가 더 좋다.

　말발 센 남편에게 말만 하면 눈물부터 나기에, 읽은 책 내용이나 종이에 하고 싶은 말들을 쓰기 시작했다. 욕도 썼다. 좀 참아 달란 말도 바로 못 해서 종이에 썼다. 보여주기도 했고 못 보여준 글도 있다. 남편 미워 깎아내리기만 하던 내가 장점을 찾아 칭찬하고 따뜻한 눈으로 바라보기 시작했다. 내 노력은 사람의 강점을 볼 줄 알게 되어 능력 있는 직원을 뽑는 데도 도움이 되었다. "우리가정주식회사"에 남편과 나는 공동 대표로서 잘 운영하자 생각하고, 남편이 알아서 해주길 바라던 마음을 접었다. 어차피 친정엄마 말대로 내가 좋아 선택한 결혼이다. 이혼하자 하니 남편은 아주버님에게 위자료 빌려서라도 주겠다며, 3년만 더 살아보자고 했다. 이 말보다 내 자신을 더 믿고 이를 악물었다. 일단 회사 매장을 살리고 돈 벌어 모으자, 우리 두 아이를 잘 키우자, 이 두 가지에 몰입했다. 캐나다 형님네 부부가 홈스테이를 운영하고 있었기에 딸아이 유학을 보냈다. 아들아이는 전국 대안학교를 싹 다 알아본 후 지리산 대안학교에 보냈다. 회사를 살리는 게 목표였던 우리 부부는 남들이 보기에 일에서 환상의 커플이었다. 두 아이 학비를 위해 일에 몰입했다. 어떤 사람은 이해가 안 되겠지만 후회 없을 나만의 이혼을 위한 착착 준비로서 좋은 사람이 되고 싶었다. 그 준비 중 하나가 이거다. 책 읽다가 남편이 알면 좋겠다 싶은 그 부분만 접어서 읽어보라고도 하고, 신문 내용도 오려서 형광펜으로 색칠해서 주머니에 넣어주기도 하고 편지도 써주었다. 매장에, 회사 사무실에, 집안에 좋은 글귀가 있으면 써서 붙였다. 이때도 나는 그냥 내 할 도리는 다해 보자라는 마음으로 많이도 적었다. 읽고 적지 않으면 아무것도 의욕적으로 할 수 없었다. 그때는 글자가 살아 움직이듯 내게 사람처럼 말하는 것으로 느끼는 경험을 하곤 했다. '우리 부부가 좀 떨어져 있는 것도 나쁘지 않겠다.'라는 생각이 들 때쯤 일본 회사 설립 이야기를 했고, 적극적으로 나는 응원했다. 남편이 일본 사업 2년차쯤 위기를 겪었다. 한국에서 사무실을 꾸리고 있는 나에게 전화해서 "예전에 당신 마음 모르고 속상하게 했던 일 후회스럽고 미안해."라는 말을 자주했다. 그때부터 사랑한다, 고맙다는 말도 나와 아이 둘에게 표현하는 모습을 자주 보였다. 내가 수술 후 깨보면 옆에 남편이 없어 섭섭했었다. 그러던 남편이 집안일, 아이 일, 내 건강에 대해서도 관심을 보인다. 우리 네 식구가 모여 살기를 원했고, 지금은 일본에 다 같이 살고 있다. 전화해도 잘 받지도 않던 남편이 이제 먼저 문자를 보내오고 무슨 일이든 걱정 말라고 미리 말해준다. 남편 덕을 바랐던 이기적이었던 내가 남편에게 덕 되는 사람이 되자 마음먹고 내 삶이 변했다. 그랬더니 남편은 갈등하는 부부에게 오히려 상담을 해주기까지 한다. 책 안 읽던 남편이 독서회도 만들었다. 나는 이제 유명하다는 점쟁이 찾아가서 이혼할까요? 살까요? 묻지 않는다. 이모랑 이모부가 결혼 생활 멘토라는 조카의 말을 기억한다. 어릴 적 이루고 싶었던 남편의 예술가라는 꿈을 응원해주고 싶다. 존중해달라고 소리쳤었다. 누가 잘했고 잘못했냐로 평가할 일이 아니었다. 우리 부부는 서로 다름을 인정하고 받아들일 이해만 필요함을 이제 안다.

"집에 가면 내가 만든 김치밥국 먹어보고 애들한테는 내가 만든 카레 줘봐?"

"책 쓰고 자기계발에 열중하는 여자가 내 아내라서 좋아."

아이 낳고 몸조리하던 병실에서 담배 피던 남편이 금연을 한 지 10년, 이젠 요리도 제법 하고 무엇이든 상의하고 원하는 말을 하고 원하는 사람으로 바뀌었다. 25년차인 우리 부부는 여전히 다투지만 미소 짓게 하는 추억과 경험들이 '부부 창고'에 가득 차 있다. 함께 본 영화와 책들, 여행지에서 함께 마신 커피와 나눈 대화들, 아이들과의 여행, 실패한 사업을 두 손 잡고 성공시켜본 일, 가족 경조사 함께 한 일, 우리 가족의 꿈을 적으며 함께 웃었던 일들. 모두 죽을 때까지 가지고 갈 추억이다. 여러분은 '부부 창고'에 무엇이 저금되어 있는가?

이제 친구처럼 친해진 나와 남편

다함께 찍은 가족 사진

3

다이어트 20kg 감량 후
TV 출연 제의 받다

독서만 하고 사고가 없는 사람은 그저 먹기만 하려는 대식가와 같다.
아무리 영양 많고 맛 좋은 음식이라도 위액을 통해 소화하지 않고서는 아무런 이로움이 없다.

― 실베스터 ―

"안녕하세요. 저는 TV조선 〈내몸 ○○○〉 ○○○ 작가라고 하는데요, 이렇게 갑자기 연락드려 죄송합니다. 다름이 아니라 저희가 이번에 동안 피부 주부님을 찾고 있는데, 저희 사례자로 출연해주실 수 있을까 해서 연락드려요! 꼭 좀 모시고 싶은데 000-0000-0000로 연락주시거나, 메시지로 연락처 좀 부탁드릴게요. 그럼 제가 연락드리겠습니다. 감사합니다."

SNS에 올렸던 내 바디프로필을 본 방송사 작가가 보내온 메시지 내용 그대로이다. 2020년 1월16일~19일 촬영 스케줄이라고 했다. 일본에 거주하는 나는 한국에 나갈 수 없는 상황이어서 거절했다. 한국에 나갈 날짜 맞추어 다시 촬영 진행 연락 주고받기로 했다. "내 생애 이런 날이 오다니!"

다이어트 성공하니까 이런 제안도 오는구나! 어쨌든 나는 기분이 너무 좋았다. 결혼 준비 때도 하지 않았던 다이어트 후 가끔 30대에서 40대 초반으로 보기도 하는 데 신나는 일이기도 하다. 노력 끝에 체중 감량에 성공한 나는 잃어버렸던 자존감도 회복했고, 살쪄서 못 입는 옷도 없다.

"헐, 엄마 몸이 점점 자꾸만 커지고 있어요!"

"요즘 너 볼 때마다 자꾸 살이 찌네. 운동 좀 하고 그래."

"네 목이 딱 붙어버렸네. 몸 전체가 아주 그냥 동글동글 하네."

"당신 뱃살 쫌 빼요."

"당신도 만만찮은데. 당신 몇 킬로그램이야?"

"이젠 예쁜 옷은 안 사 입고 그냥 편한 옷만 사네, 당신."

"오늘 나오신 부인들 중에 제일 건강해 보이는데 왜 그렇게 자주 아프세요?"

"1년에 한 번 정기검진 오실 때마다 꾸준히 몸무게가 증가하시네요. 살 빼셔야 해요. 위험해요. 살 안 빼시면 갑상선약 농도도 높여야 하구요. 지방간, 콜레스테롤, 고지혈증 수치가 높아서 이번에는 약 드셔야 해요.

갑상선약 외에 대사증후군 약인 3가지 약은 집근처 병원에서 처방 받으세요. 내년 정기검진 오실 때는 반드시 10kg 이상 감량하셔야 해요"

아들, 딸, 남편, 친정엄마, 친구, 병원 담당 주치의 선생님, 각종 모임 친한 사람들이 나를 볼 때마다 걱정의 말을 한마디씩 했다. 욕실에서 옷을 다 벗고 내 몸을 자세히 살펴보았다. 뱃살 때문에 남편 말대로 어느 시점부터 편한 그냥 원피스, 허리선 없는 통 원피스만 입고 다녔다. 60kg을 넘는 순간 체중을 재 본 적도 없었다. 샤워할 때도 내 뱃살을 의식적으로 잘 안 보려고 했던 것도 사실이다. 정말 오랜만에 체중을 재어 보았다. 앗! 67kg이라니! 2019년 1월의 나의 몸무게, 믿을 수 없는……. 아무리 50살이라지만 이 몸으로 60세, 70세, 80세, 100세를 맞이하고 싶지 않았다. 더 이상 이대로는 안 된다.

2013년 4월 서울대병원에서 갑상선 완전 제거 절제 수술 후 5년간 꾸준히 몸무게가 늘었다. 사실 운동도 안 했고 특별히 건강식을 챙겨 먹은 것도 아니었다. 새벽에 자다 깨서 충동적으로 음식 종류 상관없이 먹기도 했다. 원래 살이 찌기 전에도 천성적으로 원래 식성이 좋았던 나는 늘 몸이 찌뿌둥했다. 사계절 내내 감기몸살을 앓았다. 잠을 자도 개운치 않았고, 일을 안 하고 쉬어도 피곤해서 가족에게 짜증도 잘 내었다. 옷을 사러 가면 옷이 예쁜지 어떤지 디자인을 보는 게 아니라 내 몸에 맞는 사이즈가 있는 지를 먼저 묻는 생활에서 벗어나자 마음먹었다.

"여보, 나 팔 좀 당겨서 일으켜 세워 줘." 감기몸살로 하루 종일 누워 있던 나는 뱃살 때문인지 무릎도 아프고 일어나기가 힘들었다. 남편, 아들, 딸에게 점점 덩치가 커진 큰 몸으로 늘 아프다, 피곤하다를 달고 사는 나의 모습을 더 이상 보여 주지 말자 다짐했다. 평생 다이어트를 해본 적이 없는 나는 무엇부터 시작해야 할지를 몰랐다. 나처럼 암 수술 경력자에게 맞는, 건강을 해치지 않는, 감량 후에도 지속할 수 있는 체중 감량을 하고 싶었다. 일본은 한국에 비해 적극적 치료나 처방을 안 해주는 편이다. 심한 감기몸살에도 주사도 안 준다.

"어떻게 빼지? 10kg를 빼자."

트레드밀로 걷기와 뛰기, 회사에서 집 주위 걸어 다니기, 밤에 야식 줄이기를 해도 300그램 이상 빠지지를 않았다. 다이어트 방법 인터넷 검색해 보았다. 식욕억제제와 지방 흡입술을 해볼까 생각도 했다. 부작용 사례를 읽어보니 무서웠다. 아무래도 더 살이 찌기 전에 한국에 가서 전문 병원을 찾아가봐야겠다.

내가 늘 살면서 고민이 생기면 책을 찾았다. 이번에도 책이다. 인터넷으로 다이어트에 관한 책을 여러 권 주문했다. 내 마인드를 강화시켜줄 그러니까 절대적으로 빼야 하는 이유가 더 있어야 했다. 그냥 예쁜 옷 입기 위해서 만으로는 동기부여가 약했다. 키워드를 넣고 검색해보았다. 목표 체중까지 즐겁고 기쁘게 할 수 있도록 말이다. 『나는 질병없이 살기로 했다』, 『현미밥채식』, 『무엇을 먹을 것인가』, 『생각만 바꿔도 10kg은 저절로 빠진다』, 『비만치료 인식교정서』, 『절제의 성공학』, 『비만 크리닉 똑똑한 레시피로 답하다』, 『다이어트 절대법칙』, 『바쁜여자 신드롬』, 『4주 해독 다이어트』, 『다이어트 불변의 법칙』, 『몸이 전부다』, 『몸이 먼저다』, 『매력자본』, 『무엇을 먹을 것인가』, 『나는 천국에 못가도 행복하다』, 『정통 한방 비만치료』 등이다.

『비만치료 인식교정서』에 보면 비만은 범죄라고 하는데 그 이유는 내 손자, 손녀에게까지 비만 유전이 되기 때문이라고 한다. 비만을 불러오게 하는 식재료 선택, 식사 습관 등은 나 혼자로 끝나는 게 아니라고 한다. 내 비만 유전자가 내 자녀 및 손자, 손녀에게까지 그대로 유전이 된다고 한다. 비만 유전자를 물려주지 않게 하기 위해서라도 적어도 비만해서는 안 된다. EBS 다큐 〈살을 빼야 하는 이유〉 편에서는 각종 성인병의 원인이 되고 돌연사의 원인이 중년 뱃살이라고 했다. 『절제의 성공학』에서도 "나는 내 생각의 결과다."라는 문구가 있다. 무절제한 식사를 하는 사람이 성공할 수 없다고 한다. 좋은 운을 끌어들이기 위해서는 규칙적인 생활, 소박한 식사를 해야 한다고 말하고 있다. 나는 체중 감량 문제만이 아니라 세상 모든 해결 실마리는 사람이 가지고 있는 생각 즉, 인식의 자각이라는 생각을 많이 한다. 무슨 생각으로 임하느냐 따라 모든 실천의 결과가 다르다는 것을 안다.

25년 넘게 부작용 없이 체질에 맞는 비만 치료를 해온 전문의를 찾아갔다. 치료 전 먼저 비만에 대한 인식 교정에 대한 상담을 3시간 이상을 했다. 나처럼 약을 복용 중이거나 암 치료 경험이 있는 사람은 절대 혼자하지 말고 전문가의 도움을 받으라고 말해주고 싶다. 나처럼 부작용 없이 건강하게 뺄 수 있고 지속할 수 있으며 다이어트에 지칠 때 힘이 되어준다. 무엇보다 전문가와 함께 하면 시간을 벌 수 있다. 비만 분야의 전문가를 찾아서 체질 분석, 지방 분해 한약, 운동 처방, 침 치료, 아디포치료, 비만과 인식 교정 등 내게 맞는 비만 치료를 받고 성공한 건 정말 현명한 선택이었다고 생각한다.

치료 후 일본으로 돌아온 후 유산소 운동인 트레드밀 하루 40분, 스트레칭 10분, 요가 주 2회 1시간씩, 건강한 식재료로 만든 식사를 했었다. 지금 아주 건강하다. 얼마 전 체력 검사를 했는데 50살인 내가 30대 초반 체력으로 나왔다. 노력한 결과가 기대 이상이어서 너무 기뻤다. 집에서 최고 68kg을 찍은 후, 작년 2월 21일 입원 당시 67kg, 3월 30일 퇴원

때는 57kg, 9월 11일 48kg이 되어 총 약 20kg 가까이 감량을 했다. 현재 49~51kg을 잘 유지하고 있다.

퇴원할 때 『비만치료 인식교정서』 저자이시자 기린한방병원 주치의 김길수 원장님께서 "일본 돌아가셔서 주위 분들이 물어보시면 혼자서 한강 뛰며 뺐다고 말씀하실 건가요? 대부분 돈 들여 입원 치료로 뺐다는 걸 숨기시더라구요."라고 말씀하셨다. "아뇨, 저는 선생님 도움으로 뺐다고 할 겁니다. 얼마나 감사한 일인데요." 그래서 나는 여기 솔직하게 적고 있다. 도움을 받은 게 나쁜 게 아닌데 왜 그러는지 모를 일이다. 나는 누군가 나에게 무엇이든 물어오면 솔직히 알려주는 내가 좋다. 그리고 무슨 질환이든 각자에게 맞는 방법을 찾는 것이 중요하다고 생각한다. 난 운 좋게도 현명하게 체질에 맞는 방법을 택했던 것이다.

나는 종이에 목표 감량을 적은 후 비만 치료 병원에서 10kg 감량, 혼자서 10kg 감량을 했다.

처음 목표의 2배를 감량했다. 내가 다이어트에 단기간에 성공하고도 지금까지 잘 유지할 수 있었던 이유를 보면 이렇다.

첫째, 감량 목표와 날짜를 정확히 적기, 살을 빼야 하는 절실한 이유,

멋진 옷과 날씬한 몸매의 사진, 감량 날짜, 방법, 상세히 노트에 적고, 다이어트 사실을 가족 지인에게 알리고 협조 요청하기.

둘째, 비만, 건강, 다이어트, 마인드 관련 책을 먼저 참고하고 저자의 전문가를 찾아 조언대로 운동, 절식, 마인드 훈련을 매일 실천하기.

셋째, 바디 프로필 찍기와, 다이어트 일기 쓰기, 관련 책을 읽으며 초심 지키기.

전문의 도움을 받아도 실패하는 사례도 있다고 한다. 내가 TV 제안을 받을 정도로 20kg 이상 성공적으로 감량을 한 이유는 목표를 종이에 적었기 때문이다. 종이에 적는 것은 그 자체로 물리적 힘을 가진다고 한다. 세상에서 가장 무서운 일은 매일 하는 평범한 일이라던데 내가 위 3가지를 매일 실천해서 내 몸을 건강하게 수리한 덕분에 2019년 6월 프랑스 여행에선 내 인생 최고의 사진도 건지고, 2019년 11월 미시즈 미인대회에 참가하는 꿈도 생기게 되었다. 건강 관련 책 읽기로 또 다른 도전을 하다니….

다이어트 전과 현재의 나

4

성형 없이 나이 50살에
미시즈 미인대회 3위 미 수상하다

독서한 사람은 비록 걱정이 있으되
뜻이 상하지 않는다.

– 순자 –

"엄마! 다이어트 성공한 김에 이번 11월 미시즈 대회 한번 나가봐요!"

"내가?"

건강하게 뺀 체중을 잘 유지하는 데도 도움이 될 거 같아서 참가를 결심했다. 하지만 한국과 일본을 오가며 준비해야 해서 고민이 됐지만 용기를 내보기로 했다. 맞아, 내 삶의 이벤트는 내가 열어 주지 않으면 아무도 대신 해주지 않으니까 뭐…….

같은 해 6월 딸아이의 미스코리아 대회를 코치해주신 교수님께 인사를 드리러 갔었다. 이런저런 이야기를 나누다가 내 다이어트 성공을 유지하고 싶어 하는 마음을 읽으셨는지 미시즈 대회 이야기를 해주셨다. 해마다 보통 상반기에는 미스 대회가 있고 하반기부터는 미시즈 대회가 열린다고 하셨다. 알고 보니 미시즈 대회도 종류가 제법 많았다. 한국과 일본을 오가면서도 준비 가능한 대회를 추천 받았다. 미시즈 대회의 참가 동기로 성공과 실패가 어우러진 내 인생 스토리가 좋은 어필이 된다는 조언도 해주셨다. 〈뮤즈클래스〉 ○○○ 교수님 조언대로 2시간씩 총 8회 정도 무대 워킹 연습을 했다. 그 외 요가, 피트니스는 내가 원래 하던 대로 꾸준히 각각 주 2회 운동도 하며 준비했다.

"안녕하십니까? 3개월 만에 약 70kg의 몸무게에서 약 20kg 이상을 감량하고 이 자리에 서게 된 참가번호 17번 ○○○입니다. 25년 동안 화장품 사업을 이끌어오면서 실패도 해보았고 자궁암, 갑상선암 치료를 받으며 하루하루의 삶이 얼마나 소중한지 알게 되었습니다. 현재 한국과 일본을 오가며 한국의 화장품을 수출하여 K-뷰티를 알리고 그 열기를 드높이고 있습니다. 저의 솔직하고 당당하게 살아왔던 제 삶의 이야기가 에세이로 곧 출간될 예정인데요. 나약하고 소외된 사람들에게 환한 등불이 되는 선한 활동을 하고 싶습니다."

대회 당일 날 자기소개 발표 내용이다. 2019년 11월 1일 금요일 오후 6시에 신도림테크노마트 11층 그랜드볼룸에서 열린 Mrs Green International 대회에서 나는 45세 이상부터 출전할 수 있는 미시즈클래식 부문에서 '미'를 수상했다. 긴장되고 떨림이 걱정이 되었던 나는 서점에 가서 『떨지 않고 말 잘하는 법』을 읽었고 저자이신 전문가님을 찾아가 상담도 했다. 대회 전에 자기소개 내용을 완전 외우고 연습은 200번을 해보라 하셨다. 그래서인지 대회 당일 생각보다 많이 떨리진 않았다. 유튜브 동영상에 '2019 미시즈그린'이라고 검색하면 1부~4부까지 풀영상으로 올라와 있다. 지금도 가끔씩 영상을 보면 드레스와 무대화장을 한 약간 낯선 나를 보는 재미가 있다.

"자기소개 연습을 200번 하더니 첫인사 때 자연스러워서 될 줄 알았어요, 엄마!"

"축하해! 대단해 당신!"

"요즘 참 자주 놀래키네요!"

"정말 누나 자기계발 끝판이다. 대단하다, 도전정신 역시."

"이사님은 안 되는 게 뭡니까? 마음먹으면 이뤄내시는군요, 정말!"

"우리 딸 참 뭐든 노력하며 사는 것 보니 정말 기분 좋다!"

"그런 열정은 어디서 나옵니까?"

"세월이 갈수록 신기한 친구라니까. 자랑스럽다, 네가!"

내 나이에 미인대회 출전한 것을 보고 용기와 열정이 대단하다며 딸, 남편, 동생, 직원, 친정엄마, 친구, 지인 등 주위 사람들의 칭찬을 많이 들었다. 어떤 일을 하기 전에 고민이 생기거나 문제 해결을 해야 할 때 사람들은 두 가지로 나뉜다고 한다. 먼저 행동으로 움직이고 부딪치면서 배우는 사람이 있고, 관련된 자료를 책이나 영상 등을 찾아보고 시작하는 사람들이 있는데 나는 후자인 편이다.

내가 해낸 다이어트, 미시즈 대회 참가도 물론이고 돈, 요리, 부동산, 화장품 사업, 사람 관계, 아이 진로, 운동, 골프 등에 대해 사람들이 자주 물어오는데 그러면 내가 읽어본 책을 추천해준다. 그런데 꼭 책을 보아야 하느냐고 빠른 방법을 말로 설명해 달라고 할 때도 있는데 그럴 때는 좀 답답함을 느낀다. 말로 설명을 해주기도 하지만 직접 책 한 권을 직접 읽는 것은 완전히 결과가 다르다.

이번 대회 참가하기 위해 미인대회 참가 경험자의 책이나 대회 주최 측이 발간한 관련 책을 찾아보았다. 관련 책은 딱 1권밖에 찾지 못했다. 시중에는 이 분야의 책이 다양하게 나와 있지는 않아서 미인대회 출신인 김민설 저자가 쓴 『미인대회 완전정복』한 권밖에 구입을 못 했다. 내용은 미인대회 참가 준비 처음부터 끝까지 구체적인 준비 방법을 설명해놓은 책이었다. 하지만 각자 본인에게 맞는 대회 선정 부분은 아무래도 관련 분야 전문가의 도움이 필요해 보였다. 그래서 나는 대회 드레스, 대회 메이크업, 대회 매너 등 대회 참가에 대한 전반적인 실전 팁은 딸아이 미스코리아 대회 때 도움 받은 교수님께 전반적인 도움을 받았다. 책과 교수님이 없었다면 참가 자체를 생각 못 했을 것이다. 그리고 내게 대회 참가 자극을 주었던 책들은 『몸이 먼저다』, 『매력자본』, 『나는 브랜드다』, 『1년만 나를 사랑하기로 했다』, 『미안하지만 오늘은 내 인생이 먼저예요』였다. 이번 대회에도 역시 앞에서 말했던 몇 권의 책들에게서 대회 참가 용기와 영감을 받아 좋은 기운으로 미시즈대회 미 수상이라는 결과를 남겼다고 생각한다.

예전에 나는 '뭐라도 해야 했던 상황의 사람'이었지만 '뭐든 마음먹으면 하는 사람'으로 변해가고 있다. 꿈은 누구나 꿀 수 있으니 무언가를 시작하기에 늦은 때란 없다는 말을 실감한 대회였다. 대회 참가하면서 내 인생을 그냥 무의미하게 흘러가도록 둘 것이 아니라 내가 채워가는 과정의 연속임을 깨달았다. 내가 무엇을 채우느냐에 따라 결과는 달라진다는 것이고, 내 삶 가치도 달라진다는 것도 알게 되었다. 앞으로도 수많은 선택과 도전을 할 것이다. 이렇게 실행할 용기를 가진 내가 좋다. 나는 사람들의 시선을 먼저 살피느라 못했던 것들을 이젠 내 마음이 가는대로 살아도 된다는 것도 알게 되었다.

2019년 내가 도전한 다이어트와 미인대회 도전은 사실 우리 아이들에게 더 긍정적인 자극이 된 것 같다. 벽에 붙여놓은 종이에 적은 걸 이루어가는 나를 보아서인지 아들아이는 예전보다 더 많이 나의 말에 귀를 기울여주는 거 같고 믿는 것 같다. 그리고 딸아이는 내가 롤 모델 중의 한 명이라고도 말하기도 한다.

건강한 몸이 나 자신을 말해 준다는 걸 기억하고 앞으로 더욱 내 몸과 마음이 흐트러지지 않기로 했다. 내 몸 하나 돌볼 여유 없이 바쁘고 지친 우리지만 지금 당장 자신을 사랑하는 방법으로 내가 했던 것처럼 하고 싶은 작은 목표를 가지는 것 어떨까?

작년 내 나이 50살에 내 몸을 원하는 대로 만들어보았고, 미시즈 대회 참가해 3위 수상한 경험은 내 책 쓰기라는 또 하나의 도전을 가능하게 해주었다. 나를 포함한 수많은 동기부여가들의 말을 더 이상은 흘려버리지 말았으면 좋겠다. 쓰고 상상하고 꼭 실천해보라고 말하고 싶다. 시기와 숫자가 좀 더 빨리 이루어지는 것도 있고 조금 늦게 이루어지는 것도 있지만 반드시 이루어지는 건 확실하다. 이번의 나의 수상처럼 이런 작은 성공들이 쌓여서 행복한 인생이 만들어지는 게 아닐까? 나이 먹는 게 죽도록 싫던 내가 책과 함께 하는 내 60살은 더 기대된다. 다른 사람에게 바라지 말고 꿈에 내가 응원해주자.

2019 미시즈 그린대회 당선 증서와 그때의 사진

미인대회 수상자 자격으로 초대받은 2019 대한민국 전통궁한복 모델 선발대회

5

삼성동 사모님의 시크릿 조언으로
부동산 부자가 되다

가난한 자는 책으로 말미암아 부자가 되고
부자는 책으로 말미암아 존귀해진다.

− 고문진보 −

"부동산에서 연락 왔는데 다른 회사에서 그 매장 입찰 들어올 거라고
하네. 그럼 우리 회사는 지난번보다 50만 엔 이상 더 올려 써야겠는데?"

"그리고 회사 물류창고 있잖아. 주인이 2천만 엔 더 올려야겠다네."

"도쿄 그중에서 ○○의 위치에 있는 맨션으로 1LDK, 2LDK, 3LDK 개
별 물건이어도 괜찮고 통 건물이어도 되니 무조건 인근에 대중교통이 가
까운 맨션으로 알아봐주세요."

"안녕하세요, 오랜만입니다. 지난 번 말씀 드린 저희가 생각하는 조건
에 맞는 서울 ○○지역에 건물 매물 나온 것 정리 좀 해놔 주시면 한국
임장 가보려고 합니다. 연락주세요, 사장님."

일본에서 매장 임대용 입찰은 경험해봤지만 건물 매입을 위해 입찰을 하는 건 처음이다. 일본은 부동산 임대를 구하거나 매입을 원하면 가격 경쟁 입찰을 하는데 금액을 가장 높이 써 내는 쪽이 그 소유권을 가지고 간다. 회사 물류 창고용 건물 가격이 처음 제시한 가격보다 2천만 엔 더 올려 부르는데 더 주고 계약해야 하나? 말아야 하나? 고민이다. 일본 회사들은 한국 회사와 달리 보통 매년 2월에 회사별 지난해 회계가 끝나기 때문에 보통 3월 경 이후에 법인 명의의 매도용 부동산 물건은 많이 나온다고 한다. 기다려보고 결정할까 고민이다. 일본과 한국에서 개인 부동산과 회사 부동산 매입에 관해 관심이 많다. 토요일 오늘 휴무라 임대가 잘 될 것 같은 집과 회사 근처 맨션을 임장을 다녀왔다. 한국 부동산도 가족이 사는 집을 매입 후 투자용 부동산을 매수했듯이 일본에서도 그렇게 할 생각이다. 상가나 사무실은 내가 어쩔 수 없는 상황이 오면 완전히 비어질 리스크가 있지만, 주거용 부동산은 상황에 따라 임대료 욕심을 조금 내려놓으면 금방 거래가 되기 때문에 나는 주거용 부동산을 좋아한다. 상업용 부동산을 볼 때는 우리 회사도 사용할 수 있을 부동산으로 고르고 있다. 임대를 줘도 되고, 우리 회사가 써도 되는 현 상황에 어울리는 종류의 부동산으로 말이다. 나에게 맞는 부동산 이게 중요하다.

요즘 예전 활기차던 명동 상권의 활기를 일본 도쿄 신오쿠보에서 다시 보는 것 같다. 신오쿠보의 빌딩 건물들도 가격이 많이 오르고 있다. 최근 한국 지인들이 일본에서 사업을 하고 싶다고 물어오기도 한다. 꺼질 것 같지 않던 명동의 활기가 가라앉고 빈 점포들이 생겨나기 시작했다고 한다. 이럴 때 나는 명동의 건물을 사고 싶다. 지난주 도쿄 젊음의 거리 하라주쿠 다케시타 도리에 직영점 매장 임차 계약을 하면서 임차료에 놀랐다. 코로나19 때문에 세계가 어수선한 지금 일본 내수시장 위주의 우리 회사는 감사하게도 매출이 오히려 늘고 있어 회사물류창고 빌딩 매입은 큰 문제없이 진행될 것 같다.

25년째 하고 있는 화장품사업은 늘 리스크가 있어왔기 때문에 회사와 개인의 노후를 대비해야겠다는 생각이 들었고 무엇보다 노후에 안정된 행복을 위해 부동산 투자를 시작했다. 처음 부동산 투자할 때는 시세 차익 투자였다. 하지만 이제는 팔지 않고 장기적 임대사업자가 되기로 했다.

"남자는 돈, 권력, 명예 중 하나만 가져도 모든 걸 다 가진 것이다. 여자는 일, 남자, 자식, 돈 뭐든 한 가지만 뜻대로 안 돼도 행복한 삶이 아니다. 그래서 여자는 눈이 더 높아야 한다. 당신의 친구, 당신의 이웃, 당신의 동료를 쳐다보지 마라. 모든 걸 다 가진 격이 다른 클래스를 질투하라. 강남 사모님, 그녀들이 모든 걸 가질 수 있었던 비결을 따라잡아라. 남자가 돈을 벌어 온다면 그것을 모으고 불리는 건 맞벌이라도 여자 몫이다. 아내가 현명하게 지출을 통제하고 소득이 없어질 노후를 대비하여 자산소득을 만들 방법을 고민해야 한다. 여자가 남자에 비해 관심사도 다양하고, 사교적이라 다른 사람들의 말도 귀담아 듣는 편이니, 그 능력을 부자가 되는 데 활용하라."

이 내용은 내게 필요한 조언이 담긴 책이었다. 『강남 사모님의 특별한 조언』 첫 페이지에 나오는 글이다. 이 책을 만난 후 나는 강남으로 이사를 했고, 부동산 투자도 더 적극적으로 하기 시작했다. 남편에게만 가정 경제를 떠넘기지 말아야겠다고 마음먹었던 계기가 되기도 했다. 나는 2004년쯤 집을 어쩔 수 없이 팔게 되었을 때 나는 집 부자가 되겠다고 마음을 먹었다. 평생 살 줄 알았다. 내 아이 둘이 거실을 뛰어다니며 놀던 내 72평 아파트에서…… 딸아이의 피아노 건반 아래에 붙은 압류딱지를 떼면서 이사를 할 때는 눈물이 났다. 집을 팔고 나오면서 "이 넓고 예쁜 아파트를 다시 찾을 수 있을까?" 그때 이제부터 집을 사면 절대로 팔지 않겠다고 다짐했다. 공부 없이 투자한 제주도 5천 평 땅을 손해보고 팔면서 부동산 공부를 시작했다. "나는 집부자다."라는 소원을 적어 가지고 다녔고, 진짜 소원을 이루었다. 2020년 2월 현재 한국에 노후 대책용 부동산을 땅을 포함해 총 16건, 일본에 1건 부동산을 소유하고 있고, 지금도 한국, 일본 각각 매수 계획을 진행 중이다.

내가 살고 있는 일본의 맨션

무동산 중개소

부동산에 관심 없던 남편도 내가 노후를 위해 부동산 공부를 열심히 하는 것을 보고 2012년부터는 응원해주기 시작했었고 나는 내가 좋아하는 집인 주거용 부동산에 집중적으로 향후 월세 받을 목적으로 투자하기로 마음먹었다. 한국 매장을 정리하면서 생긴 돈으로 2011년부터 일본 회사 설립에 사업 투자금으로 보태었고 매장 정리할 때마다 생기는 돈으로 몇 년간 총 17건을 소유하게 되었다. 지금 계산해보니 일본 집 1채 빼고 한국 아파트 투자한 돈은 16건을 구입하는 데 든 돈은 총 4억 5천만 원이다. 물론 내가 집중 투자한 곳이 서울 한강의 남쪽 지역이다. 물론 서울 아파트 부동산 가격이 저점이었을 때 구입을 했고 최근 2014~2019년 간 아파트 가격이 많이 상승한 이유도 있을 것이다. 5억 7천 주고 구입한 아파트가 지금 20억, 3억 주고 산 아파트가 7억, 3억 8천 주고 산아파트가 8억, 7억 주고 산 주상복합아파트가 16억, 2억 8천 주고 산 아파트가 6억, 1억 6천 주고 산 아파트가 3억 짜리가 7채 총 21억, 지방 빌라 3채가 2억, 지방 아파트 2억 5천주고 산 아파트가 4억 5천, 지방 땅이 5천, 일본 집 17억, 총 부동산 자산이 현재 시세로 약 10,200,000,000원이다. 우리 회사 자산은 제외하고 우리 부부 명의로 전월세를 준 것을 포함해 현시세로 100억대 정도 부동산 자산을 보유하고 있다.

누구는 부동산이 불로소득이라고 말하지만 나는 아니라고 말한다. 1급 자연경관지 개발 안 되는 부동산 구입의 실패를 겪어 보았다. 그 후 지독하게 부동산 책을 파고들며 수업을 듣고 내 발로 걸어 다니며 내 것으로 만들었다. 종아리 알이 배기고 구두 밑창이 닳을 정도로 다녔다. 그리고 최근 일본 가와구치구에 300평 넘는 물류창고를 약 20억 상당의 비용으로 매입해 공사가 한창이다. 요즘도 한국에 나가면 한국 부동산을 임장 다니고 일본 거주할 때는 일본 부동산을 임장 다니며 늘 결단을 내려야 할 상황이 많지만 내겐 가슴 뛰는 일 중 하나이다.

"이모, 그때 이모 말대로 그 집을 샀어야 하는데 괜히 전세로 살았나 싶어."

"언니처럼 부동산을 같이 봐도 언니처럼 과감하게 결단이 안 날까? 언니는 아마 책도 많이 보고 사업을 해봐서 그런지 보는 통찰력이 있고 판단이 빠른 거 같아. 부러워, 언니."

"나도 형수님처럼 부동산도 같이 관심 가졌어야 하는데……."

"내가 아무리 부동산 지식을 알려드려도 본인이 결정 못 했다면 투자 못 했죠, 뭐……."

"당신 덕분에 사업을 해도 내가 마음이 든든하다. 고마워."

내가 부동산 전문가도 아닌데 요즘 주위에서 많이 물어온다. 어떤 부동산을 사면 되냐고……. 하지만 대답해주기가 간단하지 않다. 그 사람의 자금 현황, 가치관, 거주할 것인지, 투자라면 그 목적이 무엇인지 등을 따져보아야 하기 때문이다. 8년전 만 해도 서울에서 반전세 살았던 내가 자주 듣는 말이라니 신기할 따름이다.

　어떤 책과 사람을 만나느냐에 따라 사람의 인생이 이리 달라질 수 있나 싶어서 나 스스로도 요즘도 놀란다. 부동산 투자는 스스로 판단의 눈이 생기도록 공부가 된 후 해야 한다는 것을 일깨워 준 그 삼성동 사모님을 만난 것은 부동산 수업에서였다. 2013년 경 처음 뵈었던 그분은 부동산 투자한 지 한 30년 되셨고, 맥도날드와 스타벅스도 부동산 사업이라고 첫 운을 떼셨는데 인상적이었다. 대통령과 기업과 부동산 이야기, 땅의 종류, 집과 상가, 통 건물, 빌딩, 중국, 일본, 동남아의 부동산 투자 성공 실패 경험 이야기, 부동산 관련 필독 책들을 소개해주셨다. 지금도 한국 나가면 잠시라도 뵙고 부동산과 인생 이야기를 나눈다. 여자가 왜 부동산에 관심을 가져야 하는지, 맥도날드와 스타벅스가 햄버거 팔거나 커피 파는 데가 아니며 부동산 회사임을 공부해보라고 하시며, 책 읽고 강연 듣고 임장을 반드시 가야 하고 은행만 이용하라고 알려주시고, 여자도 남편의 힘이 되는 아내가 되라고, 무엇보다 자녀를 잘 키워야 하는 이유에 대해서 알려주시고 나만의 부동산 인생 로드맵을 그리는 데 도움을 주셨다. 또 화장품협회 회원분이 소개해주신 『호스센스』, 『부자아빠 가난한 아빠』가 있다.

　부동산 최저가를 알게 되는 경매 공부를 통해 일반 매매로 싸게 사는 방법을 알려주신 『발품으로 찾은 부동산』의 저자 문현웅 선생님, 월세 흐름의 중요성을 알려주신 유비 선생님, 부동산 용어와 부동산 개발을 알려주신 이철희 선생님, 부동산 시장 흐름을 직설적으로 풀어주시는 하영수 선생님이 내게 맞는 부동산을 선택하는 데 도움을 주신 분들이다.

내가 읽은 200여 권의 부동산 책들 중에서 기억나는 책들은 『임대주택 사업길잡이』, 『대통령과 부동산』, 『노후을 위해 집을 저축하라』, 『나는 매일 부동산으로 출근한다』, 『한강변에 투자하라』, 『돈이 없어도 서울 아파트는 사라』, 『부자아빠 가난한 아빠』, 『돈과 인생의 비밀』, 『돈』이 기억나는데 한 200권 이상을 읽은 것 같다. 내가 소유한 부동산들의 특징이 있는데 부동산 관심자라면 누구나 다 안다. 원래 진리는 단순하다. 대중교통 편리한 곳, 일자리, 유동인구, 번화한 곳, 임대 수요가 항상 풍부한 곳에 부동산을 주로 사왔다. 내가 괜찮은 부동산을 볼 때마다 잘 판단하고 매수할 수 있었던 것은 어린 시절 12번의 이사 경험, 결혼 후 7번의 이사 경험, 한국에서 전국의 매장을 다니며 운영해본 경험, 해외 일본 매장 경험들이 부동산을 선택할 때도 복합 작용을 한 것 같다. 나는 이제 내가 산 부동산은 팔지 않기로 했다. 그래서 임대사업자 등록을 했고 어차피 보유한 부동산은 팔기가 어려워 장기 보유할 것이다.

도쿄시 신주쿠구. 표시한 곳에 언젠가 '책과 화장품이 있는 복합문화공간'을 만들고 싶다.

공사 중인 물류 창고

보유한 부동산을 아끼며 잘 관리하고 나오는 임대 수익으로 나는 경제적으로 자유롭고 행복한 삶을 살 것이다. 나는 내가 현재 하고 있는 화장품 사업을 하면서 나오는 현금 수익으로 부동산을 보유할 것이다.

나는 사업이 어려울 때나 몸이 아플 때 행복하게 사는 데 있어 돈은 신뢰와 애정만큼이나 중요하다는 것을 알게 되었다. 어떻게든 되겠지 내버려 두지 말고 어떤 삶을 살지 고민하고 부동산에도 관심을 가져보라고 말하고 싶다. 관심을 가지면 쓰고 말하고 바라게 되어 나처럼 부동산 부자가 될 수 있다. 그러려면 부에 관한 책을 읽어라. 지금은 부동산 규제 시기다. 그것도 주거용 부동산에 특히 더 강력한. 이 글을 쓴 게 사실 조심스럽긴 하다. 그래서 위에 금액 표시를 자제한다. 그래도 재테크에 항상 촉을 놓지 말고 거시적으로 관심을 가져보라 반드시 원하는 부를 소유하게 된다. 노력하지 않는 부는 내게 들어와도 금방 사라진다고 생각한다. 그래서 나는 공부한다. 행복해지는 내 삶에 함께할 갖고 싶은 부동산을….

$$6$$

꿈쟁이 딸
미스코리아 왕관 쓴 비결

시간이 없어서 공부하지 못한다고 하는 사람은
시간이 있어도 공부하지 못한다.

– 회남자 –

"안녕하십니까? 참가번호 12번 권혜연입니다. 제 특기 중의 하나가 마술인데요. 세상에 마술 같은 나눔을 전할 줄 아는 미스코리아가 되겠습니다."

대한민국 대표 여성 리더로서 성장할 수 있는 잠재력을 가진 재원을 발굴, 대중이 공감할 수 있는 차세대 아이콘을 선발하기 위해 개최되었다는 '2019년 미스코리아 본선 선발대회'에 참가했던 딸아이의 자기소개다. 2019년 5월 16일 오후 6시 일본 도쿄 나카노 홀에서 열린 미스코리아 지역대회에서 매력덩어리 딸아이는 일본 대표 '진'으로 선발되었다.

그 후 6월 13일부터 7월 10일까지 김포 마리나 베이 호텔에서 전국 각 지역에서 선발된 49여명의 '진선미'들과 함께 합숙에 참가했다. 28박 29일 동안의 합숙을 통해 참가자들 개개인의 끼, 재능, 생활태도 등 여러 활동을 통해 점수를 평가받은 후 최종 본선무대에 오를 통과자 32명만 뽑았다. 완전 다른 사람으로 태어난다고 말하는 미스코리아 '한 달 합숙 프로그램'에 대해 무엇을 했는지 궁금해서 딸에게 물어봤다.

요가, 도수 테라피, 필라테스, 척추 균형 맞추고 몸 근육 푸는 테라피, 헤어 교육, 메이크업 교육, 스피치 교육, 각종 계약법 관련 교육, 봉사활동, 자기 PR, 장기자랑, 마인드 교육, 스피치 교육, 매너 태도 교육, 워킹 수업, 군무 무대 퍼포먼스 연습, 마칭 밴드와 오프닝 연습, 댄스 퍼포먼스, 라라랜드 공연 연습, 한국무용, 토론 수업, 시사 교육, 퀴즈 게임, 개인 브랜딩 교육, 인플루언서 활동을 위한 SNS 교육, 사전 심사, 특기 발표 시간, 역대 미스코리아 수상자들과의 만남 시간, 여러 협찬사 촬영 등의 일정이었다고 했다.

단체 생활에 지켜야 할 것, 절제해야 할 것도 많았고 힘들었지만 태어나 한 번쯤 경험해보고 싶은 일 중 하나가 '미스코리아 합숙'이라고 말하는 이유를 알겠다고 했다. 조정이 되기도 했지만 새벽 5시 기상이나 새벽 1시 취침으로 잠이 부족한 날도 많았다고 했다.

한 달 합숙 후 딸을 포함한 32명 최종 합격자들은 7월 11일 오후 6시 서울 경희대학교 평화의 전당에서 열린 '2019 미스코리아 선발 본선 대회' 무대에 섰다. 남편과 나, 아들은 딸을 응원하러 일본에서 서울로 갔다. 진 1명, 선 2명, 미 4명을 뽑는 최종 수상 대상에 뽑히진 못했지만 대회 준비로 휴학까지 하고, 6개월 간 고생한 딸에게 너무 수고 많았다고 안아 주었다.

이날 대회는 미스코리아 공식 유튜브, 네이버 V라이브, 페이스북을 통해 3시간가량 생중계 되었다. 유튜브에 'Misskorea', '2019 Misskorea Japan Full'과 '2019 Misskorea 미스코리아'를 검색하여 TV 화면으로 연결시켜 보면서 이 글을 쓰고 있다.

"엄마! 5월 일본지역대회 준비 때는 '진 당선되었습니다! 감사합니다!' 적어서 진이 됐잖아요. 7월 서울 본선 때는 정말 안 적어서 최종 7인 수상에 떨어졌을까? 엄마?"

수상 못 해 아쉬운 마음이 들었는지 딸이 했던 말인데 나도 비슷한 생각을 잠시 하기도 했다.

아무래도 우리 가족은 종이에 소원 적기가 중독이 된 것 같다.

2018년 9월 원하던 대학교에 입학해서 일본인 영어 발음을 교정해주는 아르바이트도 하고 학교생활을 즐겁게 하던 딸아이가 가끔 축 처져 울적한 모습을 보였다. 내가 보기에 너무 공부만 하다 지쳤나 싶은 생각도 들고 재미있는 이벤트가 없을까 생각하던 중이었다.

문득 2017년 5월 미스코리아 일본대회 구경을 갔던 기억이 떠올랐고 딸에게 추천을 했다. 외모를 관리하는 일은 내면에 큰 영향을 미치며 외모에는 내면의 상태가 그대로 드러난다. 당신이 어떤 사람인지 아는 사람은 거의 없다. 사람들은 당신이 어떻게 보이는지 알 뿐이다. 외적 매력을 키우면 당신이 가진 능력과 좋은 성품이 더욱 빛을 발할 수 있다. 현명한 여자는 결코 외모를 무시하지 않는다. 예쁘다는 것은 내면이 건강해야 외면까지 뿜어져 나오는 것이니까……

『외모는 자존감』이라는 이 책을 읽었던 것도 딸의 참가 결심에 한몫 했다. 얼굴 생김새, 체형, 옷차림, 헤어스타일, 표정과 동작, 시선 처리, 말버릇 등 겉으로 표현되는 것이 외모인데 심리까지 다 드러난다고 한다. 딸은 그냥 외모 가꾸기가 아닌 '미스코리아 대회 참가'를 목표로 잡았다. 목표가 있어야 집중을 하게 되고 결과를 내기 때문이다.

2018년 12월말쯤 대회 참가 결심을 한 후 딸은 바빠졌다. 2019년 2월부터 3월까지 PT, 요가, 피부 관리, 워킹 연습, 헤어와 메이크업 자기 연출법을 스스로 배워야 했다. 타 지역대회와 달리 일본 대회 당일에 외부 메이크업이나 헤어 전문가는 출입금지였기 때문이다. 딸과 나는 일본에서 대회 참가에 대해 조언을 구할 사람을 찾기가 어려웠다. 딸과 함께 나는 인터넷으로 워킹, 메이크업, 헤어 자기 연출법을 배울 한국 학원을 찾아보았다. 관련 책이 있는지도 찾아봤지만 2002년 미스코리아 진 금나나 씨가 쓴 자서전 외에는 없었다. 주위에서 내게 돈 많이 드는 건 아니었느냐, 선발 방식에 비리가 있지 않았느냐며 미인대회 준비에 대해 이것저것 물어오기도 한다.

예전엔 어땠는지 잘 모르겠지만 요즘은 인터넷 인기투표도 진행하고 있으며 투명하게 선발된다고 느꼈다. 책보다는 인터넷에 찾아보면 미인대회 참가 조언을 주는 전문가를 찾을 수 있다. 재학 중이었지만 열심히 준비한 딸은 5월 기쁘게도 일본 대표 진을 수상하는 기쁨을 안았다.

"혜연아! 주변 사람들 추천도 있었지만 작년에 미스코리아 대회에 내가 적극적으로 참가해보라고 권했을 때, 너 처음에 망설였잖아, 그치? 만약 훗날 네가 결혼해서 딸 낳으면 네 딸에게 미스코리아대회 추천해줄 생각 있어?"

"물론이죠, 엄마! 무조건 좋아."

"혜연아, 너 미스코리아 참가 후 소감에 대해 좀 알고 싶은데?"

딸아이는 인스타그램에 올린 글을 읽어봐 달라고 했다. 다음은 딸아이가 본인 인스타그램 '330hannah'에 올린 글을 한번 써본다.

"일본 지역 예선과 세 번의 사전 심사를 거쳐 본선 무대에 서기까지 몇 달간의 시간들이 짧고도 강렬한 기억으로 남았다. 예쁘고 똑똑하고 말 잘하고 매력적이고 능력 있는 사람들을 전국 세계 각지에서 뽑아서 데려다 놨다. 육체적으로도 정신적으로도 빠듯하고 벅차게 매일을 버텼는데, 시간을 지나 돌아보니 화려한 웃음과 자태는 내 삶에서 가장 빛나는 순간들 중 하나였음을 알겠다. 사람이 목표가 생기면 단기간 안에 얼마나 큰 에너지를 쏟아낼 수 있는지를 체감했다. 합숙 동안 난 단백질 먹고 벌크업 하면서 균형 잡힌 식생활에 요가로 수련하고 끝없는 독서와 틈틈이 하는 시사 공부 및 자기계발 그리고 PR 연습까지 하루가 꽉 찼다. 여러 제약과 스트레스가 있는 상황 속에서 멘탈 관리 잘해서 중심을 잃지 않고 나를 지키되 외모를 아름답게 갈고 닦으면서 마음 흔들리지 않도록 하는 일이란 너무 어려웠다. 미스코리아가 대중에게 미치는 '선한 영향력'이라는 걸 넘어서는 범위에 있기도 하다. 삶이란 어떻게 살아야 하는지 목표가 얼마나 중요한지에 대한 교훈을 주는 무대였다."

인스타에 올린 딸의 글에서 미스코리아 대회를 준비하는 동안 몸과 마음 근육이 더 단단해졌음을 느꼈다. 최종 본선 무대 서기 전까지 한 달간의 합숙 교육 과정 과목들을 모두 수행했던 경험은 돈 주고도 못 살 평생의 추억이 됐다고 말한다. 고3 때 갑자기 일본 와세다 대학 입학 준비로 정신없이 달려온 딸아이였다. 이번 '매력 가꾸기' 절정판인 '미스코리아 합숙 경험'은 딸의 복잡한 감정을 제대로 해석하고 컨트롤하여 아름답고 품위 있는 자태, 노력, 절제를 지닌 사람으로 변하게 했다. 즉 몸만 꼿꼿함이 아닌 삶을 대하는 마인드도 꼿꼿해졌다. 신기한 일이다. 자칭 몸치라는 딸은 팔방미인 참가자들과의 무대 퍼포먼스 연습으로 춤 매력에 빠졌는지 제일 기억에 남고 그립다고 했다. 꿈 욕심쟁이들 가득한 미스코리아 합숙에서 긍정 기운을 받고 돌아온 딸은 그전보다 자존감이 더 높아졌다. 자신의 삶을 귀하게 여기며 살아가겠다고 다짐하는 걸 보며 엄마인 나도 기쁘다.

2020년 8월이 되면 딸은 미스코리아 대회에 일본 대표 '진' 왕관을 물려주러 참석할 것이다. 두 달이나 더 남았지만 요즘도 매주 3번씩 운동도 하며 자기계발에 열심이다. 눈에 보이는 외모를 꾸미는 일은 눈에 안 보이는 감정이나 생각의 정리에 도움이 되기도 한다. 피부는 내가 어떤 삶을 살고 있는지를 보여주고, 자세는 내가 어떤 태도로 삶을 대하는지를 알려주고, 헤어스타일은 내가 얼마나 부지런한지를 보여준다고 한다.

알 수 없는 화, 우울함 감정정리 방법으로 딸에게 미스코리아 대회를 추천해준 것에 후회가 없다. 앞으로 인생 살면서 마음이 정리가 안 되고 혼란스러울 때, 해결 방법 중 하나로 '외모 가꾸며 정리해보기' 법칙을 딸도 알게 되었기 때문이다.

주위 사람에게 밝은 긍정 에너지 주는 여성으로 살기 바라는 마음으로 미스코리아 대회를 추천했고 잘 해준 딸이 사랑스럽다. 자기계발 결과를 객관적으로 증명 받을 수 있는 자리인 미인대회는 절대 사라지지 않을 것이라고 말하는 분도 있었다. 모델도 연예인도 아닌 IMF총재 '크리스틴 라가르드'도 "몸매 유지가 잠을 자는 것보다 중요하다"고 말했다.

삶을 내 편으로 만드는 방법은 간단하다. 노력하는 것. 내 인생을 귀하게 대접하는 태도는 내 스스로 선택하는 것이다. 내 인생을 어떻게 만들어갈지 내가 꿈꾸는 인생으로 이끌어주는 것은 결국 나 자신이다. 인생의 모든 결과는 내가 선택한 것이다. 평범한 외모라도 노력하고 관리하여 멋진 태도를 배우고 사랑스러운 표정을 연습하여 우아한 자태, 고운 말씨를 가진 매력적인 여성이 될 수 있다고 믿는다. 매력적인 자태란 것은 내면이 잘 정리되고 안정되어 스스로 만족스러운 삶을 살 때 드러나는 것이라고 한다. 타인이 나를 함부로 대하거나 대접해주지 않는 것도 내 탓이다. 내가 귀한 사람으로 나 스스로 귀하게 대하라. 내면 정리는 외모 정리에서 나온다는 걸 딸도 나도 깨달았다. 나의 자태는 어떤지 오늘 당장 체크해보는 것은 어떨까?

　살펴보면 미인대회가 참 많아 놀랐다. 자기계발 도구는 다양한데 여자로서 미혼이든 기혼이든 나이 불문하고 도전해볼 만하다. 인터넷을 찾아보면 1년에 열리는 대회가 수십 개다. 부정적인 시선도 많지만 장점을 살펴보면 인생에서 참 잊지 못할 특별한 경험으로 기억될 것이다. 살면서 긴장이 풀어질 때 스스로 채찍질로 쓸 도구가 될지도 모르니까….

작가가 되겠다고 쓰고
상상하자 작가가 되었다

어떤 책은 맛보고, 어떤 책은 삼키고,
소수의 어떤 책은 잘 씹어서 소화해야 한다.

– 베이컨 –

"엄마, 이제 작가? 우와 멋지다. 우리 엄마 축하해요."

"진짜 출판사 계약됐어? 우와~ '이도경 작가님' 오늘 와인 한잔 하자.
축하해, 여보."

"기분 날아갈 거 같이 좋은 날이네. 오늘 우리 딸 참 대단하다."

2020년 5월 4일 오늘은 정말 행복한 날이다. 오늘 계약 후 소식을 들
은 남편, 딸, 친정 엄마의 축하 메세지다.

"안녕하세요. 이도경 작가님! 가제 『내 삶을 바꾼 독서의 기적』 원고를

보내주셨네요. 장 제목만 보고도 사고 싶은 생각이 들 정도로 컨셉이 아주 명확하고 훌륭합니다. 20대 사업을 시작하신 시기의 어려움, 결혼 생활의 어려움, 육아와 일하는 엄마로서의 어려움 등 잘 살고 싶었으나 뜻대로 되지 않았던 시절의 이야기가 원고 초반에 잘 나타나 있습니다. 그러나 책을 통해 길을 찾고 방법을 찾고, 다시 일어설 수 있는 힘을 찾은 이야기가 또 1장 후반부부터 2장까지에 잘 정돈되어 있습니다. '정말 책에서 이렇게 많은 부분을 얻어갈 수 있다는 거야?'라는 생각이 들만큼 작가님께서 책을 통해 인생이 기적같이 변하게 된 모습이 사실적으로 묘사되어 있습니다. ……. 지금하시는 사업은 물론이고 베스트셀러 작가로 1인 사업가, 동기부여가로서도 왕성히 활동하실 텐데 그때 듬직한 밑거름이 되도록 책 잘 만들어 드리겠습니다. 꼭 함께하기를 희망합니다. 좋은 소식 알려주시면 정말 신나는 월요일이 되겠습니다. 행복한 아침입니다. 진짜 좋은 책 작업 한번 해보게 해주십시오. 출판 계약 관련해서 언제든지 연락주시면 성심성의껏 답변해드리겠습니다. 감사합니다."

미다스북스 실장님이 보내오신 내용이다. 너무 기쁘고 감동적인 글로 눈물이 날 뻔했다. 2020년 5월 4일 작가 퍼스널 브랜딩으로 이미 베스트인 미다스북스와 출판계약서 쓴 날은 나의 생애 최고 행복한 날이다. 5월 28일은 결혼한 지 25년차가 되는 날이다. 이번 5월은 정말 황홀한 달이다. 원고 완성되면 아들이 원하는 예쁜 강아지를 입양하기로 약속했다.

일본은 강아지가 한국에 비해 너무 비싸고 거주하는 집 맨션 관리실에 신고도 해야 하고 번거롭지만 그래도 예쁜 애로 입양하러 강아지를 보러 다니기로 했다. 드러내는 일이 두렵기도 했다. 살면서 늘 진심으로 대하고 최선을 다해 살아왔다고 생각하지만 나 또한 사람이기에 누군가에게 상처를 준 일을 기억 못 할 수도 있다. 『클루지』는 지금 내 생존 방법에서 벗어나는 걸 두려워 현재 삶을 고집하지 않고, 막연한 두려움에 맞서며 메신저로서의 삶을 살도록 도와준 책이다. 나는 믿는다. 종이에 쓰면 이루어지는 기적을 말이다. 직접적인 사람과의 만남으로 인생이 바뀌기도 하지만 때론 한 권의 책이 한 사람의 인생을 바꾸기도 한다. 이번에 책을 쓰기로 마음먹고 망설였다. 내 생각이 담긴 책. 살면서 관심 가는 일, 해결할 일, 꿈꾸는 일이 있을 때마다 책을 읽었고 종이에 적었다. 독서로 행복한 인생을 만들어갔으면 하는 바람으로 내 이야기를 담았다.

"노동 시간이 아닌 메시지의 가치에 따라 돈을 벌 수 있다. 전문적인 지식이 아니라도 누구나 인생을 살아오면서 뭔가를 먼저 성취한 경험이 있다. 그 과정에서 배운 경험, 교훈은 다른 사람들에게 도움이 된다. 신발 끈 묶는 법, 담요 만드는 법, 시험 잘 치는 법, 아픈 가족을 돌보는 법, 가족에게 알맞은 집을 사는 법, 자동차를 싸게 사는 법, 노래를 만드는 법, 블로그를 만드는 법, 빚을 줄이는 법, 체중을 관리하는 법, 결혼 생활을 개선하는 법, 자연분만을 하는 법, 회사에 대한 악의적 소문에 대응하는 법, 직원들을 관리하는 법, 회계담당자는 찾는 법, 두려움을 극복하는 법, 연설을 잘하는 법, 자기에게 맞는 패션스타일을 찾는 법, 중병을 앓고 난 후 일상생활을 시작하는 법 등 사람들이 궁금해하는 것들에 대한 답을 알고 있다면 당신은 차분하게 앉아서 이제까지 살아오면서 배우고 경험한 것의 목록을 작성해보라. 당신은 자신이 매우 많은 것을 알고 있다는 것에 놀랄 것이다. 대단한 업적이 아니어도 된다. 인생의 중요한 시기를 거쳐 갔거나 다소 사소해 보이는 어떤 일을 해낸 것만으로도 당신은 내가 '우연히 습득한 전문지식'이라고 부르는 지식을 쌓아온 것이다. 당신 스스로 메신저와는 거리가 멀다고 생각할지 모르지만 당신이 아는 너무나 기본적인 정보와 지식을 구하기 위해 적지 않은 돈을 지불할 의사가 있는 사람이 수백만 명이나 있다. 마치 아이들이 신발 끈 묶는 어른의 모습을 신기해하며 바라보듯이, 그들은 당신이 이미 아는 그 내용을 배우고 싶어 하며 대가를 지불할 준비를 갖추고 있다. 인터넷 강의를 들은 적이 있거나, 온라인으로 정보를 입수하기 위해 결제를 했거나, 자기계발도서를 구입한 적이 있거나 이력서 쓰는 법을 배우려고 돈을 지불한 적이 있었는지 생각해보라. 이것이 메신저 산업의 사례다. 누군가는 어떤 일을 하는 방법을 알고 있고 당신은 그것을 배우기 위해 돈을 지불했고 노하우를 산 경험이 있다. 즉 도움이 되는 정보를 얻는 대가로 돈을 지불한 것도 성과에 값을 치른 것이다. 성취는 물론 대단한 업적이 아니어도 된다."

내 자신의 경험과 조언으로 돈을 버는 메신저가 되는 법은 글쓰기와 강연, 세미나와 상담, 경영 컨설팅, 온라인 마케팅 등이다. 『백만장자 메신저』는 평생 화장품 관련된 일만 해오던 내게 1인 지식 기업가 메신저로의 삶으로 이끈 책 중 하나다.

책이 출간될 쯤엔 나는 꽤 괜찮은 준비된 메신저가 되어 있을 거라고 상상한다. 나의 경험으로 어떤 사람들을 도울 수 있을까? 생각만 해도 기분 좋은 설렘이다. 힘들이지 않고 체중 빼는 방법, 대사증후군 약 끊게 한 식단, 세상 최고의 친구 배우자로 사는 법, 화장품 유통, 매장 운영 노하우, 해외 수출과 유통, 일본 진출 노하우, 직원 관리, 좋은 부동산 사는 법, 마음 다스리는 법, 자기계발 독서, 행복한 삶에 대해 이야기 나누며 살아가고 싶다. 작은 경험이 담긴 내 책의 사인회를 하는 것, 쏟아지는 메일을 읽고 있는 모습, 책을 읽고 나를 찾아와 상담하는 모습을 상상해보는 것도 기쁘다. 작년 나는 작가가 되겠다고 썼다. 계속 상상했고 나는 작가가 되었다. 이미 이루어졌다고 믿는 순간 기적들은 모두 내 인생에 쏙 들어와 내 것이 된다. 내가 그 증거다. 이 책 읽는 당신도 도전하는 삶이길 바란다. 언제든 연락해도 좋다. 나는 독자 여러분의 삶의 경험과 지혜도 궁금하고 내게 나눠줬으면 좋겠다.

첫 책『버킷리스트22』

미다스북스와의 계약서

〈버킷리스트22〉의 한 페이지

4 장

가장 빠르게
인생을 바꾸는
현실적인
독서법

현재의 고민 해결에
도움이 되는 책을 읽어라

독서만 하고 사고가 없는 사람은 그저 먹기만 하려는 대식가와 같다.
아무리 영양 많고 맛 좋은 음식이라도 위액을 통해 소화하지 않고서는 아무런 이로움이 없다.

– 실베스터 –

만약 내가 돈 때문에 힘들어 죽고 싶었던 적이 없었다면, 내가 사업 실패 경험이 없었더라면, 친정이나 시댁이 부유했다면, 남편이 부자였다면, 내가 학벌이 굉장했다면, 아픈 아들 때문에 마음 아픈 엄마가 아니었다면, 부부 싸움으로 법원 앞에 가는 일이 없었더라면, 암수술 두 번 하며 죽음을 마주해본 적이 없었다면, 맞벌이로 육아와 살림으로 지쳐 쓰러진 적이 없었다면, 나랑 맞지 않는 사람들과의 인간관계 갈등 때문에 마음이 아파본 적이 없었더라면, 굳이 집요하게 책을 파고들지 않았을지도 모른다. 아무도 나에게 가르쳐주지 않았기에, 끊임없이 내 삶의 고민을 해결해줄 책을 찾았다.

"한 사람의 서재는 그 사람의 고민, 관심사, 생각을 통째로 보여준다."
라는 일본 격언이 있다. 내 책장을 빠르게 눈으로 스캔해본다. 여행, 인
생과 돈, 부동산, 건강, 마인드, 삶, 부자, 사업, 사장, 경영, 마케팅, 부
부, 결혼, 연애, 다이어트, 생각과 의식, 습관, 사랑, 치유, 성공 등 자기
계발서가 아주 다양한데 부자, 부동산, 돈, 성공 관련 책이 눈에 많이 띄
는 것 같다. 실제로 나는 부에 관한 책을 읽을수록 내 자산도 늘었다. 내
인생에서 해결하고 싶었던 고민의 종류가 참 많았구나 하는 것도 깨닫는
다. 꽤 깊이 있는 독서를 한 건 아니지만 내 삶의 고비마다 고민을 해결
할 주제의 책들 덕에 꽤 괜찮게 잘 살아온 것 같다.

　나에게 책은 나만의 인생 매뉴얼이다. 자녀 교육 매뉴얼, 비즈니스 매
뉴얼, 행복한 가정 매뉴얼, 건강 매뉴얼 등이 되어주었다. 책 한 권을 펼
쳐보니 지저분하고 더럽다. 접히고 찢어지고 갖가지 색깔의 펜으로 좍,
밑줄도 그어져 있다. 또 문장 옆에 나만의 독백도 있다. '나 자신에게 해
주고 싶은 말이네! 한번 해보자!'라고 적혀 있기도 하고, '남편에게 읽어
주기!'라고 쓰여 있기도 하고, '회사에 써서 붙여놓기!'라고도 되어 있다.
'아들 ○○에게 들려주기!', '딸 ○○에게 한번 해보라고 말해주기!'도 있
다. 또 저자에게 대화하듯이 쓰인 메모도 있다. '나도 그렇게 생각해요!'
'나는 아닌데!' '나도 그런 경험 있어요!' '한번 만나길 바라요!' 등 내 글씨
가 쓰여진 메모들을 보니 새삼스럽다. 이렇게 나는 책과 때론 친구, 때로

는 선생님이 되어 대화한다고 생각하며 저자들의 책을 읽어나갔고 위로를 받고 힌트를 얻고 새 삶에 응용했다. 항상 가방에 꼭 한두 권씩 넣어 다닌다. 바쁠 때는 한 줄도 못 읽을 때도 있지만 가방을 열 때마다 제목이라도 보는 건 내 작은 기쁨이었다.

지금 거주하고 있는 일본에 독서회 회원 중 한 분에게 책을 빌려 드린 적이 있다. 그 이후 그분은 꼭 내 메모가 쓰여진 책을 빌려 달라고 하신다. 내 마음을 낙서해놓은 글을 읽는 재미가 쏠쏠하다고 하시면서……. 내가 읽은 책들은 저자에게 공감하고 반대하기도 하고 나의 결심의 말 등, 흔적들이 지저분하긴 하지만 그래도 참 좋다.

지금 여러분의 고민이 무엇인가? 온라인 서점도 좋지만 서점을 가보라. 책들에게 걸어 가보라. 당신에게 끌리는 책 제목이 있을 것이다. 그 책을 당장 집어 들고 목차를 읽어보라. 당신이 왜 그 책을 골랐을까? 당신 인생에 해결하고 싶은 인생의 고민일 것이다. 꼭 한번 내가 했던 것처럼 해보라. 베스트셀러도 좋지만 반드시 당신이 안고 있는 고민의 주제와 관련된 책을 10권 정도 쫙 펼쳐놓고 조금씩 맛있는 음식처럼 책을 손으로 넘기며 눈으로 섭취해보라!

만약 서점을 갔는데 당신 인생이 고민이 없고 평안하다면 눈에 띄는 책이 없을 수도 있다. 그건 당신 인생이 평안하다는 것이다. 이건 어디까지나 내 경험이지만 한번 해보길 추천한다.

"바쁜데 독서는 언제 하는지? 어떤 책을 읽었는지? 말 많은 프랜차이즈 사업을 해외에서 확장하고 있는 노하우는 뭔지? 1년 전 야외레스토랑을 오픈했는데 돈이 안 모이네, 돈 관리 하는 방법 좀? 부동산 강의를 몇 년째 들어도 하나도 투자 못 했다며 내가 어떻게 부동산 자산을 이루었는지? 선진국인 일본에 한국 화장품을 가지고 일본 대형사에 러브콜을 받게 된 계기는? 1년 만에 영어로 일본 대학 진학한 방법? 일본에서, 다시 프랑스 유럽까지 진출 계획을 추진한 사업 노하우는 무엇인지? 단기간에 20여 킬로그램 다이어트를 한 방법은 무엇인지? 미인대회 모녀가 수상까지 하게 된 계기는 무엇인지? 살벌하게 싸우던 우리 부부가 세상 재미난 부부로 통하게 된 계기는 무엇인지? 연애, 갱년기 극복, 뭐 다양하게 내 삶에서 해결해온 여러 가지 방법"을 물어왔다. 이 책을 쓰게 된 계기도 마찬가지이다. 나의 대답은 간단하다. '인터넷으로 인생 고민 키워드를 넣고 검색해서 서평을 읽어보고 주문하고 읽어라.', '서점이나 도서관에 가서 똑같이 찾아서 읽어보라.'이다. 같은 종류의 책을 10권에서 20권 정도 읽으면 책대로 행동하고 싶어질 것이다. 책에 모든 세상 고민 주제가 다 있는데……. 이미 세상 도서엔 없는 종류의 책이 없었다. 내가 읽지 않은 책은 있어도 없는 주제의 책은 없었다.

2003~2007년에 나는 가정과 사업이 힘들고 바빴기에 고민이 많았다. 비즈니스 관련 책과 대화를 정말 많이 한 시기이기도 하다. 2007~2012년도쯤에는 한국에서 사업이 확장되어 가다가 다시 메르스 때문에 명동 매장 철수 위기가 와서 해외사업 관련 책을 탐독하던 시기였고, 부동산 침체기여서 부동산 관련 책을 집중적으로 공부하고 현장을 다니며 투자를 시작했었다. 두 번째 암 수술로 인해 건강 책, 항암 요리에 꽂혀서 요리책에 빠졌다. 요리 수업을 듣고 된장, 고추장, 간장, 두부까지 집에서 만들어 먹기도 했었다. 생각해보니 나는 고민마다 책을 읽고 저자를 찾아가 배웠다. 이때는 부동산도, 요리도 사업도 모두 고민이었다. 프랜차이즈 사업에 관련해서는 실제 사업가가 쓴 책보다는 연구기관에서 발간한 책을 참고했다. 해외 화장품 사업의 성공 사례 책은 찾을 수가 없었다. 동종업계 특강을 통해 자료집을 읽었다. 코트라, 무역협회에서 주관하는 세미나 참석하여 자료집으로 국내와 해외 동향을 짐작했다. 실제로 일본 사업은 일본 여행 경험을 통해 그곳에 살면서 사업하고 싶다는 생각이 들어서 시작했지만……. 어느 곳이든 여행 가기 전에도 항상 여행 책을 사서 가고 싶은 곳만 체크해서 다녀오는 편이다.

단 한 권의 책으로 갑자기 어떤 사람의 삶 자체를 완벽하게 바꿀 수는 없다. 하지만 독서를 통해 내가 무엇을 모르는지 내게 무엇이 부족한지 깨닫고 더 노력하면 분명히 업그레이드된 삶의 모습을 만나게 된다. 물론 만나는 시간이 당겨지거나 좀 늦어질 수는 있다. 견뎌냈으면 좋겠다. 결국은 내가 원하는 고민이 해결된 모습으로 변해 있을 거니까. 내가 그랬던 것처럼…….

내가 힘들게 고민했던 시간을 극복한 이야기와 지금 행복하게 부자로 살고 있는 이야기를 해달라고 한다. 배우고 싶다고 한다. 물론 부의 기준은 사람마다 다르지만 우리 부부가 과거에 생각했던 결과를 마주했기에 나도 놀랍다. 이제 더 큰 부를 목표로 살려고 열심히 읽고 있다. 책을 읽고 노력해온 내 삶의 결과가 부러움이 된 건 기분 좋은 일이다.

독서는 생각이라는 선물을 준다. 살면서 모든 정보와 지식을 직접 경험할 수 없다. 무언가 우리 몸을 통과하면 변화가 생기듯이 음식을 먹으면 생명을 유지하는 에너지가 만들어지듯이, 책을 읽으면 책의 내용으로 우리에게 어떤 일이 일어나는데 이로 인해 삶이 변한다고 하는 말을 들은 적이 있다. 독서하는 사람일수록 풍요롭게 산다고 하던 글을 본 적이 있는데, 실제 14년간 해온 독서로 내 자산이 늘어난 건 사실이다. 똑똑하게 '고민 해결 독서'를 해야 한다.

정말 한때 나는 죽을 거 같아 읽었고, 먹고살기 위해서 읽었다. 고민만 하고 있지 않았다. 자존감을 찾으려고 읽으며 화장품 사업과 부동산 투자를 병행했고, 가정의 위기와 건강을 지키려 읽고 책대로 실천했다. 삶의 노하우를 물어오는 사람들에게 조언을 하게도 되었다. 삶의 고비마다 고민 해결법을 몰라 책에게 물었다. 책이 답임을 이제 확실히 안다. 그래도 답답하게 모르겠다면 내게 물어도 좋다.

당신은 인생을 살면서 고민이 생기면 무엇을 하는가? 책을 읽는가? 어떻게 읽는가? 당신이 지금 고민하고 있는 주제의 책을 10권 정도만 연속적으로 읽어라. 읽는 것만큼 최고의 해결 방법을 발견할 것이다. 읽다가 모른다고 읽기를 멈추지만 마라. 끌리는 목차만 읽어도 된다. 완독하려 하다가 지치지 마라. 읽은 책들이 여러분 안에 쌓이고 쌓이면 신기하게도 원하는 모든 것을 가질 것이다. 나는 여러분의 삶의 고민을 해결해주는 좋은 책을 만나 꼭 읽었으면 좋겠다.

2

목적을 이루기 위한
질문을 던지면서 읽어라

생애에서 몇 번이고 되풀이해 읽을 수 있는 한 권의 책을 가진 사람은 행복한 사람이다.
더욱이 여러 권의 책을 가진 사람은 행복을 다한 사람이다.

— 몽테를랑 —

"왜 저희 회사가 ○○ 회사의 제품을 받아 팔아야 하죠? 왜요?"

몇 해 전 자사 브랜드제품을 만들고 입점 목적을 가지고 거래처를 방문하러 간 적이 있는데 영업이사의 첫마디였다. 수많은 국내외 전시회 참가를 하고 거래처를 만나 일을 했지만 이런 질문을 받은 것도 처음이고 질문을 해본 적도 없었다. 아! 다르게 해야 한다. 어느 회사나 다 쓰는 평범한 제안서가 아닌 걸 만들자. 왜? 에 대한 답변이 들어간 입점제안서를 직원과 수정을 수없이 하며 공들여 작업했던 기억이 난다. 제품 체험단 자료도 모으고 관련된 수권의 책과 자료를 찾아가며 말이다. 솔직히 그 당시 큰 성과는 없었지만 "왜?"라는 단어가 내 인생에 자리 잡았다.

효율적으로 정리할 방법이 없을까? 최근 집이 너무 엉망이었다. 우리 가족이 살고 있는 도쿄 집은 한국으로 치면 약 30평 정도이다. 일본 거주가 길어지고 네 식구 짐들이 점점 늘어났다. 분담을 해도 잘 안 지켜져 가족들에게 화를 자주 냈다. 검색을 했다. 정리에 대해. 『부자가 되는 정리의 힘』. 정리하지 않는 가족에게 정리를 권할 수 있는 방법? 이거 맘에 드는 제목이다. "인간관계도 공간과 물건 정리를 안 하면 시간, 돈, 에너지, 감정을 빼앗긴다."라는 부분이 맘에 든다. 가족들에게 억지로 정리하라고 화내지 말자. 내가 먼저 냉장고 안, 옷, 필요 없는 문구 정리를 먼저 했다. 비워진 공간으로 운이 들어온다고 한다. 물건도 숨을 쉬는 것 같아 보인다. 내가 하면 가족도 하겠지 뭐. 요즘 3층과 4층, 2개 층을 사용하고 있는 회사 사무실도 가보면 심란하다. 갑자기 늘어난 직원으로 사무실이 좁기도 하고 업무량이 많기도 하지만 정리가 먼저다. 어떻게 정리를 하지? 잘됐다. 요즘 코로나로 불규칙적으로 한가한 시간이 있다. 지금 전 직원이 책상 정리를 하는 주간으로 정하자! '사업, 업무, 효율, 정리'에 관한 키워드로 검색해 몇 가지 책을 준비해 전달해야겠다. 작년 회사통장 관련 책을 전달하고 현금 흐름 숨통이 튼 것처럼. 사무실 정리도 책으로 해보는 거다. 회사도 가정도 경영이다. 책을 읽고 활용할 목적 독서를 해야 한다.

"경쟁자는 두렵지 않다, 경쟁자의 생각이 두려울 뿐이다."라고 말한 빌 게이츠는 치열하게 질문하고 생각하는 사람이다. 본인의 생각주간을 정기적으로 정한다. 일주일 동안 혼자 떨어진다. 누구에게도 방해받지 않고 혼자 생각에 빠지는 시간을 가진다. 이 책을 보고 있는 여러분은 읽는 목적이 무엇인가? 성공한 사람들은 어떻게 성공하게 되었을까? 지금 내가 처한 상황을 해결할 방법은 뭘까? 내 꿈을 이룰 방법은? 나에게 맞는 일은? 손님을 우리 회사로 찾아오게 하는 방법은? 내 능력으로 돈을 더 벌 방법은? 나는 왜 돈을 벌고 싶은 건지? 삶에서 내 사명은 무언지? 나도 늘 고민하며 여러 책의 저자들의 목소리를 듣고 이만큼 이루었다. 왜 안 읽는가? 당신은 타고난 천재인가? 아니면 제발 목적과 질문을 찾아 당신 노트에 적어보고 책을 찾아 읽어라. 당신 것으로 재해석해 당신 삶으로 가져가보라. 이제부터는 당신 삶의 목적을 이루기 위한 질문을 던지며 읽었으면 좋겠다. 세상에는 수많은 책이 있는데 싹 다 읽을 수는 없다. 매일 쏟아져 나오니까. 골라 읽어라. 당신이 이루고 싶은 꿈에 맞는 책이 아주 많으니까.

〈책 읽어드립니다〉라는 독서 관련 TV 프로그램을 본 적이 있다. 카이스트생 학구파 배우인 윤소희는 자기만의 독서법을 공개했다. 책을 읽은 뒤에, 본인이 기억하고 싶거나 궁금한 점을 질문해가며 다시 읽으면서 정리한다고 했다. 사진에는 인상 깊은 내용과 함께 다양한 질문들이 적힌 메모들로 가득 채워진 페이지를 보여줬다. 책을 읽고서 질문을 하며 자기 생각을 정리해 쓰는 아웃풋 독서를 하고 있다고 한다.

내 인생은 말도 많고 탈도 많았다. 한동안 삐뚤삐뚤하고 부정적인 마음이 가득했었다. 결혼도 이왕 했으니 밝고 행복한 결혼 생활을 하고 싶었다. 그런데 방법이 없을까? 결혼에 관한 책을 찾아보면 기독교 출판 서적이 많았다. 『긍정의 힘』대로 해보며 마음이 편안하고 안정되어가는 느낌도 받았다. 표지 속 저자의 웃는 얼굴 사진이 좋아 가지고 다녔다. 한때 천주교 신자였었던 내가 기독교회의 어머니 학교 과정 커리큘럼에 끌려 과정도 수료했다. 남편과 아이의 발을 씻겨주고 시어머니와 친정 부모님에게 생전 처음 편지를 쓰는 경험도 해봤다. 교회 안에 있는 서점에서 책을 읽는 것도 참 좋았던 기억이 있다. 지금 나는 종교생활을 하지 않는다. 이때 행복한 삶에 대해 생각해보고 책을 찾고 책이 이끌어 내가 했었던 몇 달간의 여러 가지 실천들이 헛되지 않다. 지금 내 모습 중 일부가 됐으니까…….

"상대방에게 채움을 받으면 치유되지만 상대방을 위하여 그 사람의 결핍을 채워주면 비로소 자신이 성숙하게 된다. 우리는 모두 좋은 배우자를 만나야 행복해질 거라고 생각하지만 스스로 먼저 좋은 배우자가 될 때 행복해질 수 있다. 나의 성장과 행복은 먼저 배우자의 필요를 채워주고 섬길 때 비로소 가능하기 때문이다."

『나의 결혼을 후회하지 않기로 했어』에 있는 내용인데 자꾸만 받고 싶어 하는 마음을 접을 수 있었다. 훗날 결혼하는 내 딸에게도 말해주고 싶다. 나중에 결혼하면 먼저 네가 좋은 사람이 되라고, 바라지 말라고. 질문 독서는 꼬리에 꼬리를 무는 독서가 됐다. 난 요즘 얼마나 시간이 아까운지 모르겠다. 당신은 무슨 목적으로 이 책을 읽고 있는가? 질문이 없다는 건 생각 없이 사는 거다. 살면서 내 인생과 진짜 내면 소리를 몇 번이나 들으려 해보았나? 지금 당장 하자. 대부분 사업, 입시, 공부, 취업, 결혼 육아 중 하나일 거다. 어느새 퇴직을 앞둔 나이가 되어 인생에 질문하면 좀 늦은 감이 있지 않을까. 목적 없이 사는 인생 그만두자. 책을 읽을 때는 내 인생을 넣어 더 많은 질문을 던지며 목적을 가지고 읽자. 나아지지 않던 삶이 변함을 내가 그랬던 것처럼 느낄 거다.

나이가 들어도 성장하는 습관을 만들고 싶다는 목표가 생겼다. 내가 죽을 때까지 하면 할수록 내 삶이 깊어질 어떤 일이 뭐 있을까? 찾아봤다. 가장 성공한 타이탄(거인)들의 여러 가지 좋은 습관, 내 전공 분야가 아닌 새로운 분야라도 자신을 믿고 도전하라, 이 메시지를 담은 『타이탄의 도구들』을 보게 됐다. 세상에서 가장 성공한 200명 이상의 거인의 61가지 성공 비밀을 성공 비밀, 지혜 비밀, 건강 비밀에 대해서 이야기한 책이다. 어떤 책이든 각자에게 끌어당김이 오는 부분이 다를 거다. 나는 이 글에 끌렸다.

디지털 시대가 발전하면 할수록 글을 쓰는 사람이 기회를 얻게 될 거다. 오늘날 큰 성공을 거두는 사람들 모두는 말하기와 글쓰기에 탁월한 실력을 갖추고 있다. 글은 화려하기보다는 솔직해야 한다. 2년의 시간을 앞으로 어떻게 살아갈지 생각하는 데 쓰는 사람은 분명 뭔가 의미 있는 삶을 만들어낼 것이다. 가장 중요한 문제에 집중하라. 핵심에 집중하려면 일을 많이 하지 않아야 한다. 그리고 이 부분 "가장 현명한 교사를 직접 찾아가라, 쓰고, 쓰고, 쓰고, 또 써라."를 보는 순간 내 무릎을 탁, 쳤다. 가장 현명한 교사를 직접 찾아가서 솔직하게 쓰는 거다. 책 쓰기에 가장 현명한 교사를 찾자. 그런데 책 쓰기 교사를 어떻게 찾지? 서점에 가『김대리는 어떻게 1개월 만에 작가가 됐을까?』외, 책 쓰기 관련 10여권을 찾아 읽었다. 저자의 카페와 유튜브도 보게 되었다.

지금 나는 이렇게 나를 이끌어줄 분을 만났다. 코칭을 받고 나는 글 쓰는 사람이 되었다. 신기한 일이다. 이렇게 목적을 찾아 책을 읽다 보면 꼬리에 꼬리를 물고 책 사냥을 하고 원하는 결과를 얻는 경험도 한다. 그러니까 나처럼 당장 내게 필요한 부분만 읽고 목적을 이루면 되는 이기적인 독서도 괜찮다.

무자본으로 5개 이상의 사업체를 운영하고 있고 연봉 10억 이상을 버는 성공자, 〈유튜버자청TV〉라고 아는가? 이런 이야기를 했다. 관심 가는 분야의 책을, 이루려는 목적을 갖고 읽으라고 한다. 예로 젊은 남자라면 여자에 관심이 있을 거니까 여자 꼬시는 법, 돈 버는 법을 본다. 보다 보면 독해력이 늘고 레벨 업이 되어 점점 역사, 정치에도 관심이 생기게 된다. 사람들이 "인생의 레벨 업"을 할 줄 모르는데 "책을 안 보기 때문"이라고 생각한다. 영화 관련 알바를 했다. 고객과 대화를 더 잘하고 싶었다. 화술 책을 읽었고 적용해 성공 경험도 했다. 수준에 맞고 관심 있는 책을 읽고 스킵하고 이해한 후 잠을 자라. 기존 지식과 멀리 떨어져 있던 분야의 지식들이 자동 연결로 결합, 융합이 된다. 좋은 아이디어들, 혜안, 지혜, 통찰력이 생긴다. 게임에 공략집이 있듯이, 인생에도 공략집이 존재한다. 사람은 인생이 레벨 업을 하고 사회적 성취감을 느끼며 살아야 한다. 책을 안 보니까 레벨 업 하는 방법, 인생 사는 방법, 돈 버는 방법을 모른다. 이 모든 걸 이루는 방법인 공략집은 책이다. 목적 있는 책 읽기라고 말했다. 유대인 부모는 '학교에서 오늘 무슨 질문을 했니?'라고 물어본다.

질문은 이해와 해답, 그리고 무엇을 할지 생각하는 시간을 준다. 이걸 반복할수록 삶이 변한다. 질문 없이 하는 독서는 결국 생각 없는 독서다. 머릿속에 생생하게 이루고 싶은 당신의 삶의 목적을 가지고 질문하며 읽었으면 좋겠다. 확실한 목적과 좋은 질문으로 한 책 읽기는 긍정적인 답변을 받기 위해 활용을 위한 독서를 해야 한다. 마음의 안정을 위해서 읽는가? 업무에 도움을 얻기 위해 읽는가? 아니면 자신의 성장을 위해서인가? 효율적인 독서를 위해 목적을 정해놓고 읽어라. 책 내용을 잘 활용해서 자신의 성장에 도움이 될 것인지만 판단해라.

3

관심 있는 분야의 책을
10권만 사서 읽어라

친구를 고르듯이
저자를 고르라.

− 로스코몬 −

왜 10권을 읽으라고 할까? 같은 주제의 책이 10권이 있다면 핵심의 20%는 반드시 반복이 된다. 관심 주제의 책을 핵심 독서로 읽으면 반복되는 내용이 나올 건데 그건 중요한 내용이라고 기억하라. 그리고 또 다른 같은 주제의 책이라도 다른 주장을 읽게 되기도 하는데 이것은 편협된 사고를 하지 않도록 예방해준다. 즉 사고를 다각화시켜 다양한 시각으로 모든 현상을 파악하는 지혜를 주기도 한다.

『하버드 비즈니스 독서법』의 핵심은 당장 내 눈앞에 닥친 문제, 과제, 고민을 해결해줄 책을 10권을 고르고 내 주변에 눈에 잘 띄는 곳에 놔두고 내 것이 될 때까지 읽고 실천하라는 것이다. 끝까지 읽을 필요도 없고 내가 당면한 문제를 풀기 위해서 필요한 부분만 10권의 책에서 찾으라고 한다. 많이, 빨리보다는 실천 적용이 중요함을 강조하는 독서법 책이다. 맞다. 책을 왜 100권도 아닌 50권도 아닌 10권으로 좁히라고 했을까? 그건 지금 내가 해야 하는 일은 무엇인지와 나는 지금 무엇에 흥미가 있고 관심이 있는지가 분명해지기 때문이라고 했다. 지금 당장 당신의 눈이 제일 많이 가는 곳 어디라도 10권을 올려두라. 그러면 수시로 그 10권 책의 제목을 보게 될 것이고 당장 무엇 하나라도 실천하게 될 것이 분명하다. 삶의 고민을 해결하는 방법으로 독서는 강력한 도구라고 생각한다.

살면서 당신도 관심 분야 책 10권을 골라본 적이 있는가? 여러분은 요즘 무엇에 관심이 있으며 무엇을 하고 있는지 궁금하다. 나는 책을 찾아본다. 세상 책에는 없는 분야가 없다. 꿈 없던 내가 자꾸만 하고 싶은 일이 많아지는 것도 신기하다. 읽다 보니 내 삶은 내가 원하는 대로 변해가고 있다. 내가 변하니까 남편, 아들, 딸, 회사 등 나를 둘러싼 환경이 변했다. 책을 읽고 가능하다니 믿어지는가? 궁금하지 않은가? 질투가 나면 당신도 가능성이 있다. 당신이 당장 해결하고 싶고, 갖고 싶고, 되고 싶은 게 관심 있는 분야다. 펼쳐서 읽어보고 자기 것으로 만들어본 적이 없다면 한번 해봤으면 좋겠다.

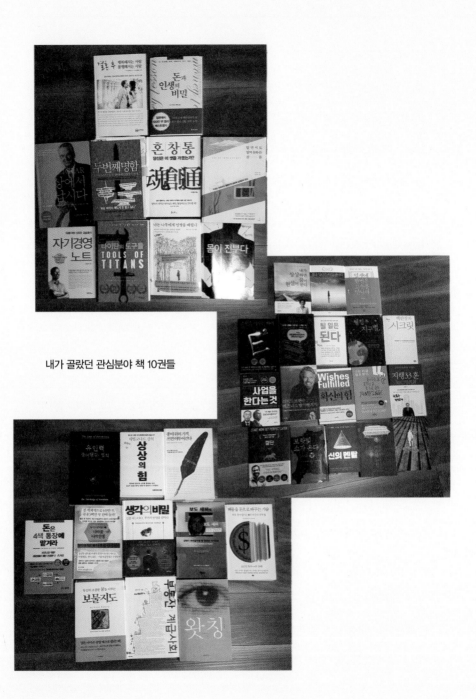

내가 골랐던 관심분야 책 10권들

누군가 노력한 결과물인 멋진 인생을 자신의 것으로 만들 수 있는 가장 쉬운 방법이 책인 것을 알고 있는가? 책이 인생 문제를 풀어줄 열쇠이고 책이 답이란 말은 식상할 정도다. 한 권의 책에 들어 있는 수많은 메시지 중 내게 힘이 되어줄 메시지를 찾아내는 일을 경험해본 적이 있는가? 어떤 분야에 관심이 생기면 한 가지 주제에 대한 책을 깊이 있게 매달려 읽어봤으면 좋겠다. 관심 있는 분야의 책 한 권도 읽지 않고 뚝딱 이루어낼 수 있을까? 내가 꿈에 관심을 끊지 않으면 꿈도 나를 배반하지 않는다는 것을 잊지 말아야 한다. 내 인생을 결정하는 것은 관심이다. 어느 분야에 관심을 가지느냐 아니냐일 뿐이다. 관심 있는 분야의 책을 찾길 바란다.

내 삶의 다양한 문제들을 해결하려고 쓴 방법이 "책을 봤다"고 말하면 대부분의 사람들이 의아해한다. 책을 보면 당장 건강해지냐? 당장 돈이 벌리느냐? 퉁명스럽게 삐죽거리는 사람도 있다. 그중에 몇 분은 무슨 책을 읽었기에 변화가 있었을까 하고 조심스레 물어오는데, 그때 상세히 알려드리는 일은 기쁜 일이다. 10년 전이나 지금이나 똑같이 사는 사람을 보면 틀림없다. 책과 친하지도 않고 조언도 무시한다. 자기계발 책은 책도 아니라고 생각하는 사람도 봤다. 경제 자유를 이루게 되는 힌트도 얻게 되고, 건강도 얻고, 마음의 안정과 위로도 받아 오늘을 행복하게 살게 되는데, 안 읽어보는구나, 읽고 따라 해보면 되는데……. 친절하게 알려주는 책을 왜 멀리하는지 모르겠다. 건강에 대해, 부자에 대해, 습관에 대해, 또 꿈에 대해 상세히 알려주는데……. 고민을 하면서도 왜 안 읽는지 모를 일이다.

내 인생 관심 키워드는 부, 건강한 노후, 행복한 가정, 꿈, 화장품, 비즈니스 등인데 그중 두 가지, 즉 '건강과 돈'을 고민하던 내가 책 10권을 읽고 해결해본 것에 대해 이야기해보고 싶다.

첫 번째 건강에 관한 10권에 대한 이야기다. 예순, 일흔, 여든, 아흔이 되어도 행복한 기운을 주는 사람이 되고 싶다. '그냥 늙어가는 거지 뭐. 사는 게 별것 있나.'라며 푸념하는 인생은 싫다. 궁금한 일이 생길 때마다 "알려줄게." 하는 책의 소리를 듣고 살면 될 것 같다. 『마흔에 쓰는 유언장』이라는 책을 보고 생각이 많아졌었다. 내 인생이 일주일밖에 남지 않았다면 죽기 전에 꼭 하고 싶은 것은 무엇인지? 내가 원하는 장례식은 어떻게? 내게 귀중한 것은 무엇인지? 내가 살고 싶은 삶을 살아온 건지? 더듬어보았다. 남은 사람에게 보내는 메시지를 써보는 경험이 되고 주변에 대한 정리를 해보는 유언장을 적어보며 오히려 내 삶이 무엇보다 소중하게 다가왔다.

일단 내가 아프면 안 되며 무조건 '건강'해야겠다는 다짐을 했다. 내가 세 번의 유언장을 써보며 건강한 몸으로 즐겁게 살고 싶다는 생각을 했다. 몇 번의 암 수술과 불규칙적인 생활, 스트레스로 늘어난 체중을 감량하자고 마음먹었다. 결과를 내리려면 읽어야 뇌가 이해하고 실천을 하게 된다. 나는 건강, 살빼기, 운동, 음식 관련 책들을 여러 권 골라냈다. 여러 가지 책 중에서 황성수 박사의 책『현미밥채식』을 읽고, 밥상에서 흰밥을 버리고 콩, 현미 밥상으로 바꾸었다. 나는 이렇게 바로 실천한다. 다른 사람들은 망설일 때 일단 나는 책에서 말 한 대로 읽으면 한번 해보는 편이다. 뭐든 해봐야 내게 맞는지 아닌지 다른 책을 찾아볼 것인지 다른 방법을 찾아낼지 답이 나오기 때문이다. 또 한 권은『나는 질병 없이 살기로 했다』였다. 쓰레기를 만드는 음식을 먹으면 안 되고, 쓰레기를 청소하는 음식을 먹으면 암도 치유된다는 내용이었다. 건강은 평소 내가 먹는 음식에 달렸다고 한다. 질병은 절대 갑자기 생기는 게 아니라 했다. 살금살금 몰래 다가와서 나를 해치는데, 질병은 내 몸을 오랫동안 학대하고 무시한 결과라고 했다. 차의 외부를 아무리 깨끗하게 해봐야 차의 내부는 깨끗해지지 않는다. 물청소를 하고 광택을 내고 새 페인트를 칠해서 신형 고급차처럼 보이게 해도 소용없다. 엔진오일을 바꾸지 않으면 굴러가지 않기 때문이다. 자동차와 사람의 몸은 닮았다. 바쁘다는 이유로 아무거나 먹지 않기로 했고 배부르게 먹지 않기로 했다. 나는 실제로 30대 체질로 진단받을 만큼 약 20kg을 빼고 건강해졌다. 이전에 당뇨 전 단계 경고를 받았던 남편도 현미밥상을 시작한 후 9kg을 감량하고 지금은 아주 건강해졌다. 이 분의 동영상도 자주 보고 있다. 『비만은 범죄다』라는 책을 보고 저자가 운영하는 병원을 찾아가 조언을 구하고 치료를 받았다. 생각만 하지 말고 당신도 해보면 된다. 안 해서 결과가 안 나올 뿐이다. 통증증후군, 우울증, 대사증후군을 극복하고 4개월에 16kg을 감량했다. 『소소한 근육과 슬기로운 식사가 필요합니다』, 『의사에게 운동하세요 라는 말을 들었을 때 처음 읽는 책』, 『우리 몸은 거짓말하지 않는다』, 『다이톡스』, 『인간은 유전자를 어떻게 조종할 수 있을까』, 『지방대사 켜는 스위치온 다이어트』, 『다이어트 내 몸을 살리다』 등 평균 10권 정도를 정독보다는 그날 끌리는 제목을 봐왔다.

그리고 두 번째, 돈 관리에 관한 책 10권을 골랐다. 늘 그랬듯 관심을 가지면 관련 책을 만나게 된다. 『재테크의 여왕』, 『여자의 습관』, 『빚 권하는 사회에서 부자되는 법』, 『사업을 하십니까? 회계부터 챙기세요』, 『앞으로 5년 빚 없는 사람만이 살아남는다』, 『인생은 돈 관리다』, 『부자는 내가 정한다』 돈은 내가 어찌할 수 없는 분야인 줄 알았다. 평생 돈은 버는 데 가계부도 회사 장부도 관리가 안 되어 고민했다. 회사는 한눈에 보이는 자금 흐름이 전부다. 경리, 회계, 재무 20권을 보아도 내 머리로는 도무지 어렵고 이해도 안 갔다. 한눈에 이해되는 쉬운 책 없나?

이해하기 쉽게 쓴 『보이는 통장 보이지 않는 통장』, 『4개의 통장 1, 2』,

『부자통장』이 책을 보고 내 가정의 돈을 장악하게 해주었고, 우리 일본 회사 담당 직원과 함께 공유한 후 자금 흐름이 좋아지는 경험을 하게 되었다. 통장 4개 나눔으로 더 이상 갑작스런 세금 청구에 놀라지 않는다. 준비되지 않은 세금 만들어내느라 애를 먹던 시절이 있었다. 4개 통장으로 쪼개면 가정도 회사도 OK다. 사실 잘 돌아가는 회사는 모든 게 심플하다. 복잡하지 않다. 통장 4개를 은행에 보여주는 순간 회사 평가는 끝난다.

항상 변수는 있지만 회사도 가정도 다시는 망가뜨리고 싶지 않다. 우리 부부가 출근 안 해도 각자 직원들이 알아서 자기 일을 하는 회사를 만들고 싶다고 노래를 불렀었다. 가끔 비상상황이 벌어지지만 얼마나 만족스러운지 모른다. 회사 자금 상황도 원활했으면 하고 바랐다. 설립 8년 차인 일본 회사의 개국공신 직원들과 한국의 부장님 덕분에 우리 부부는 언제 어디든 가고 싶을 때 갈 수 있는 여건이 되었다. 가정 돈도, 회사 돈도, 복잡하게 하지 말았으면 좋겠다. 돈이 문제인가? 돈과 관련된 분야 책을 찾아보라! 부의 기준은 주관적이다. 돈 관리가 안 되면 읽어보라. 당신만의 기준을 세우고 책을 읽어보라. 의외로 쉬운 책에서 삶이 바뀌기도 한다. 나처럼.

지금 이 책을 읽고 있는 여러분은 무엇에 관심이 있어 이 페이지를 보고 있는가? 그래서 지금 무슨 주제의 책을 보고 있는가? 작은 성취를 느껴본 경험이 몇 번 있는가?

결혼 후 건강, 돈 말고도 참 가지고 싶은 것이 참 많았다. 요즘은 시간을 내 마음대로 조율할 수 있어 좋다. 원하는 대로 살고 있다. 주말마다 도쿄를 벗어나 교외로 가족들과 보내는 요즘이 너무 좋다. 놀이공원 줄 안 서도 되는 평일에도 아이들 데리고 여행 갈 수 있는 삶을 원했는데 그대로 이루었다.

보고 싶은 책을 골라서 나 위주로 읽어라! 남들에게 보여주려고 자신에게 어려운 책을 읽지 마라. 당신에게 지금 간절한 주제는 무엇인가? 솔직히 꿈을 답해보라. 일, 돈, 건강, 교육, 취업, 행복⋯⋯. 우리는 필요한 정보를 내 삶에 적용시켜 도움을 받기 위해 책을 읽는 게 아닌가? 책 한 권에 담긴 모든 내용이 내게 필요한 내용이 아니다. 내 상황에 적용시킬 수 없고, 관심이 가지 않는 내용은 굳이 읽지 마라. 철저히 나의 관심 위주로 읽어라. 그러면 된다.

4

책에 밑줄을 긋고
메모를 하며 읽어라

독서는 일종의 탐험이어서
신대륙을 탐험하고 미개지를 개척하는 것과 같다.

－ 듀이 －

"책 하나 더 사야겠다. 이 책 읽고 싶은데 밑줄 너무 많이 쳐져서 줄 친 곳에 먼저 눈이 가게 되잖아."

예전에 읽었던 책을 보며 나 혼자 중얼거릴 때가 있다. "내가 이런 문장이 마음에 들었구나. 지금 읽어봐도 좋네, 이걸 읽고 이런 걸 생각했었지." 아무리 가족이라도 책은 각자의 것을 사서 읽는 것이 좋다. 읽고 깨닫고 내 가치를 올리고 원하는 삶을 위한 독서라면 밑줄을 그어가며 읽어라. 혹시 중고도서로 팔 생각으로 깨끗하게 읽겠다는 생각은 아예 하지 마라. 정말 아주 깨끗하게 잊어라. 가슴을 울리는 부분이 나오면 시원

하게 밑줄 그어가며 읽는 것이 행동력 불러오는 '만점 독서'다

〈메멘토〉라는 영화를 본 적이 있는가? '단기기억 상실증'에 걸린 남자가 기억을 잊지 않기 위해 온몸에 메모를 했던 한 남자의 이야기를 담은 거다. 우리의 기억은 어디까지이며 사람의 기억은 얼마나 완전성을 띨까? 하지만 시간이 지남에 따라 자신의 기억마저 변조되고 있음을 스스로도 알지 못한다는 것이다. 영화 속 주인공처럼 희귀병에 걸리지 않아도 우리 기억은 쉽게 왜곡되고 희석되고 잘못된 유추를 한다.

읽은 책을 다 기억하는가? 무엇이 남았고 무엇을 얻었는가? 나는 기억력이 그다지 좋지 않아서 일상에서 메모를 잘하는 편이긴 하다. 이 글 읽는 독자도 무언가 메모하며 읽는 편인가? 궁금하다. 난 책을 읽으며 책옆에 내 생각을 낙서하는 걸 좋아한다. 종이류와 펜을 좋아하고 카페 티슈 조각에도 메모를 하는 아날로그다. 대학 때 교수님 농담까지 적을 정도로 전체 수업 과정을 적을 때도 있었다. 결석한 동기들이 내 노트를 빌려가기도 했는데 아무튼 적는 걸 좋아한다. 자기계발서 읽을 때는 저자의 글이 말하는 걸로 느껴져 독백할 때도 있다. 아니잖아요! 진짜 짜증나고 열불 나네! 맞아요! 맞장구도 하고 알겠습니다! 실천해볼게요! 써가며 말하며 읽는다. 이게 내 스타일이다. 책이 구겨지고 지저분하다. 커피 쏟아진 자국도 있고 외출 때 읽으려고 분철해서 가지고 나가기도 해서

없는 페이지도 많다. 괜찮다. 새로 사면 된다. 그냥 이렇게 읽어온 지가 여러 해째다. 독서법에 관한 책을 요즘에서야 펼쳐보는데 내가 해온 방법들도 소개되어 있다. 여하간 읽고 내 것 만드는 독서는 끌리는 문장 써보는 메모독서가 최고다. 안 해봤다면 지금이라도 해보라. 그 효과를 나처럼 느낄 거다. 눈으로만 읽다가 손으로 써보며 실천해볼까 하는 생각이 든다.

어떤 독서를 하는지 물어오면 내가 해준 대답은 이거다. 쉽다. 어렵고 복잡한 건 싫다. 평소에 마음에 드는 내용이나 문장을 보면 책 귀퉁이를 접거나 오린다. 형광펜이나 색깔 펜으로 줄을 긋는다. 사진을 찍어 내 폰 갤러리에 담아두기도 하고 좋아하는 사람들에게 보내주기도 한다. 또 좋은 문장 옆, 책의 여백에 똑같이 써보거나 내 생각을 적는다. 경제경영, 마케팅, 재테크, 자기계발서, 성공학, 심리, 건강, 요리 등 책을 읽을 때 보고 싶은 목차 부분 위주로 메모해가며 보았다. 이 책 가제인『내 삶을 바꾼 독서의 기적』제목이 나오게 된 배경도 실질적으로 삶에 적용한 독서여서다.

유튜브, 블로거, 페이스북, 인스타그램에도 책 내용을 공유해보고 싶었는데 잘해야 한다는 강박에 멈추었다. 이 책을 쓰면서 〈한책협〉1인 창업 과정을 통해 배워볼 계획이 있다. 회사에 마케팅 영상팀이 있지만 내가 직접 배워서 해보고 싶다. 독서 고수들은 저마다 방법이 있을 거다. 나는 좀 쉬운 방법부터 시작하라고 말해준다.

1인 지식가에 관심을 가질 즈음 『나는 브랜드다』를 봤다. "자신의 이름이나 자신이 하고 있는 분야를 검색했을 때 검색되는 사람 있으면 손들어보세요."에 확 꽂혔다. "온라인에서도 오프라인에서도 존재하게 하라."를 보고 〈한책협〉 상담을 하고 책 쓰기 과정을 하게 되었다. 그렇다. 책을 읽으며 나처럼 밑줄을 치고 손으로 꾹꾹 눌러쓰는 메모를 해본다는 것은 내 뇌 속에 층층이 쌓아 놓는 투두리스트가 되고 어느 순간 행동하고 있는 나를 본다. 나처럼 삶에 여러 가지 실천을 꼬리에 꼬리를 물고 다가오는 일이 되었다.

진짜 내 삶에 훅 들어오는 독서는 이거다. 저자의 생각과 다르다면 반대되는 생각을 적어보고, 반항도 해보고 질문도 해보는 것이다. 이 세상 어떤 책도 눈으로만 읽기만 한다면 당신은 평생 변화된 삶은 없을 거다. 제발 한 손에 펜을 들고 줄을 긋고 메모를 하고 예쁜 포스트잇으로 붙이고 책 모퉁이를 접어도 보고 구기기도 해보라. 마음에 드는 페이지를 만나면 예쁜 펜과 스티커로 마구 꾸며보라. 책을 읽었다고 해도 기억이 잘안 난다고 하는 사람이 많다. 나도 마찬가지다. 읽었는데 아무 기억이 안나는 경험을 한 적 없는가? 기억을 도와줄 도구는 바로 메모다. 감상이

나 깨달은 점을 적으면 된다. 이 메모들이 차곡차곡 쌓여서 어느 순간 지혜를 찾게 해주는 삶의 내비게이션이 돼준다.

『탐스 스토리』 저자이자 탐스 창립자인 블레이크 마이코스키는 사업 초기에 빌린 대출금이 바닥나고 신용카드 한도마저도 고갈되었다고 한다. 그럴 때마다 두려움을 이기는 방법으로 책에서 읽었던 용기를 주는 책의 구절을 타자로 쳐서 자기 주변에 잔뜩 붙여놨다고 하는 이야기를 읽은 적이 있다. 이 글을 읽으며 기억났다. "막막하고 답답한 현실을 탓하지 마라. 남의 말을 귀를 기울일 줄 아는 현명함, 적은 내 안에 있음을, 가난을, 집안을 탓하지 마라, 나를 극복하는 순간……."이라는 〈칭기즈 칸 명언〉구절이 나에게 힘이 돼줬다. 내가 삼십대 후반쯤 경제적, 정신적으로 마음을 못 잡았다. 다 뒤집어 엎어버리고 싶을 때가 있었다. 저 명언을 손으로 꾹꾹 눌러써가며 내 삶 변화를 위해 노력했고 실제 삶이 한층 나아진 경험이 있다. 내가 직접 손으로 꾹꾹 눌러쓴 메모, 글의 힘은 우습게 볼 일 아니다. 써보라.

한 권 읽고 하나의 실천만 해도 성공한 독서다. 삶에 변화를 줄 수 있는 한 문장을 찾아 메모하라. 만 권을 읽어도 삶에 변화가 없다면 소용이 없다. 생각을 정리해 메모하고 실천하고 또 실천할 것을 찾아 메모하고 실천하기를 반복해보라. 나도 메모하며 읽은 행동으로 만들어진 생각들이 모여서 실제 내 삶을 바꾸었다. 여백에 긁적인 내 생각, 질문들이 해야 할 일을 알려준다. 이게 실천독서다. 나를 반하게 한 좋은 문장을 쓴 저자의 영혼으로 세상을 바라보는 눈이 된다. 지식과 사상도 내 것으로 만들 수 있다. 마음을 울리는 문장을 따라 써보는 일은 사소한 일이 아님을 경험했다. 전 크라이슬러 회장 리 아이아코카가 한 말 "결국 모든 비즈니스는 사람, 제품, 이익으로 압축이 되는데 이 중에서 사람이 제일 중요하다."와 『사업은 사람이 전부다』에서는 5개년 플랜을 이야기하면서 "리더로서 중요한 건 조직구성원에서 적절한 목표를 제시하는 것"이라고 말했다. 이 부분에 감명받은 옛날, 이 글을 써서 다녔다. 경력과 무관하게 열정 있는 직원을 뽑아 강점에 맞는 직책과 책임을 주고 원하는 성과를 이루기도 했었다. 그때는 이런 효과를 미리 알고 한 건 아니다. 중요한 건 나를 움직일 한 문장을 찾아 그대로 따라서, 나처럼 해보는 일이 중요하다. 책 메모는 내 삶 어디다 열정을 쏟아야 할지, 진짜 중요한 것이 무엇인지 알게 하고 내가 하고 싶은 일이 뭔지 찾게 도와준다. 마음이 가는 페이지에 색깔 펜 몇 개 들고 밑줄 쳐가며 읽는 것을 일단 먼저 시작해보라. 손에 새김은 뇌에 새김이 되고 발로 뛰고 있을 것이다.

슈베르트는 식당의 식단표에, 입고 있는 자기 옷에 그때그때 떠오른 악상을 즉시 기록하는 습관을 가진 덕분에 일생을 통하여 그렇게 아름다운 곡을 많이 작곡할 수 있었다. 링컨은 모자 속에 항상 종이와 연필을 넣고 다니면서 떠오른 좋은 생각이나 남한테 들은 유익한 말을 즉시 기록하는 습관을 가졌다. 그의 모자를 이동하는 사무실이라고 불렀다. 그 덕분에 정규 학교엔 다녀본 적도 없는 그가 세계 역사상 가장 훌륭한 정치가가 되었다. "메모하는 독서, 실행하는 독서"를 반드시 해보자.

오늘은 이 책에 눈길이 간다. 줄을 긋고 메모를 한다. 파란만장한 삶에 우울증을 극복하고 건강과 정신적 행복까지 극복했다는 젊은 작가의 『줌바댄스가 온다』에 보면, 줌바댄스에 아줌마들이 열광하는 이유와 함께 힐링까지 주는 운동이라고 나와 있다. 요즘 나는 요가, 러닝머신만 하며 지루하게 보냈는데, 2021년에는 줌바 댄스 배우기를 추가하며 저자에게 연락해봐야겠다. 예쁘게 혹은 휘갈겨 쓴 낙서 같은 메모나 문장들이 내 삶을 만들어왔다.

세상에 독서를 하지 않고서 성공한 사람이 많아 보일 수 있다. 하지만 그것은 진정한 성공이 아니다. 책을 읽지 않는 성공자의 내면을 자세히 들여다보아라. 결코, 그는 자신이 돈이 있다고, 성취한 것이 많아서 행복하다고 이야기하지 않을 것이다. 또한 그들이 이룬 성공이라는 것은 잠시 스쳐 지나가는 경우가 많다. 『독서로 세상을 다 가져라』에 나온 글 옆에 '행복하기 위해 나는 읽는다!'라고 썼다. 절대 책을 놓지 않겠다는 다짐도 해본다.

"다양한 독서법이 있으니 형식에 얽매이지는 말되 내게 맞는 방법을 찾아라. 메모는 의무다. 책은 무조건 사서 읽어라. 그래야 마음에 드는 문장이 내 삶에 들어와 책 내용이 내 것이 된다. 애지중지하지 마라. 내용을 쉽게 잊어버린다. 나처럼 아무렇게나 죽죽 낙서하며 읽어라. 오늘부터 그냥 눈으로만 읽지 마라. 순간순간 떠오르는 아이디어를 붙잡아 메모해보라. 메모로 쌓여진 내 생각들이 모여 내 삶에 잘 녹아 살고 싶은 대로 살 수 있다. 페이지에 그은 밑줄, 여백에 쓴 글이 중요하다. 아무리 빅 데이터 시대라고 해도 성공하는 사람들은 머리보다 손이 먼저 움직인다! 칸트, 니체, 정약용, 잡스 등 인류의 위대한 리더들은 모두 메모광이다. 메모하며 읽는 행위 자체는 핵심을 기록하는 거다. 메모하며 읽어오던 독서가 쌓여 나는 책 쓰는 사람이 되었다. 여러 가지 형광펜을 준비하고, 색깔별 펜을 더 사고, 포스트잇도 사고, 인덱스도 사러 가라."

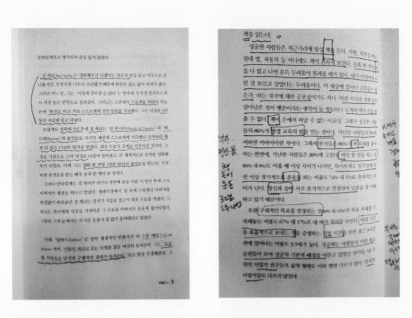

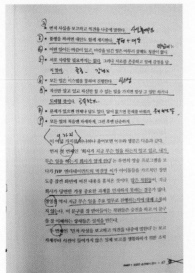

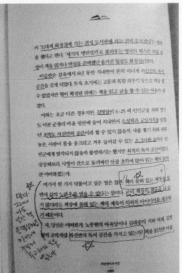

밑줄이 가득한 책들

5

독서, 내 삶의
주인이 되는 시간이다

책이 없는 집은 문이 없는 가옥과 같고,
책이 없는 방은 혼이 없는 육체와도 같다.

- 키케로 -

주인? 삶의 주인? 내 삶을 내가 주체적으로 이끌어가며 살고 있는지?
여러 번 내게 물었다. 생각해보니 분명히 내 삶인데 내 의지대로 안 되는
일이 많았다.

"올여름엔 우리 네 명 여행 날짜 잡자. 언제가 좋을까?"
"남편과 상의해봐야 해."

또 다른 권력 관계라고도 불리는 부부 사이를 여실히 보여주는 카톡
문자다. 오십인 친구도 자기 삶에 완전한 주인이 아니구나! 친정엄마도

아버지 돌아가시자 '자유다.'를 외친 걸 보면 사랑, 정을 논외로 보고 완전한 자기 삶의 주인이 아니셨다. 주위를 둘러보면 자신이 주인이지 못한 불만족으로 힘들어한다. 나도 "뭐 먹고 싶어? 어디 가고 싶어? 꿈이 뭐야?" 이 물음에 아주 시원하게 대답을 해본 기억이 별로 없다. 진학, 취업 사업, 결혼, 시댁, 육아에서도 마찬가지였다. 한동안 삶의 주인으로 목소리를 높이지 못했다.

"삶에서 내가 주인이 되려면 '읽을 수 있는 신체'가 되는 것이다. 책을 읽으면 자존감, 주체적으로 살아갈 힘과 지혜, 사람을 진실로 대함의 자세가 생기므로 자기 삶의 주인이 된다. 세상을 경쟁과 지배의 대상으로 여겨지지 않을 거다. 그래야 주인이다. 책을 읽는다는 것, 글을 쓴다는 건 일생을 살아가면서 늘 꺼내 쓸 수 있는 최고의 자산을 확보하는 것이 되고 밥벌이도 된다. 밥, 글, 책의 순환을 염두에 두고 텍스트를 선택하고 왜 선택했는가에 대한 이야기를 기록해서 말로 전달해야 된다."

책이 곧 '나' 자신이라고 말하며 『나의 운명 사용설명서』, 『조선에서 백수로 살기』, 『몸 우주 삶의 비전을 찾아서, 동의보감』을 쓴 저자가 "삶의 주인으로 산다는 것"이라는 제목의 강연에서 했던 말이다.

몇 해 전 해외로 와 바쁘게 무언가를 하느라 조바심이 났다. 행복한 삶을 살려고 왔는데 복잡한 일상에 머리가 아팠다. 인생, 비즈니스, 나, 가족, 인간관계를 삶에 잘 버무려보고 싶었다. 들볶지 않고 내 일상 균형 잡는 데 『만다라챠트 실천법』도 그중 하나의 책이다. 실제 적용할 구체적 방법에 대해 도움을 받은 책 중 하나다.

EBS 다큐 〈마지막 식사〉를 보고 '내가 내 삶의 주인인지? 죽음 앞에서도 지금 하고 있는 삶을 일상적으로 유지할 것인지?'를 떠올렸다. 하이데거는 시한부 인생이 되면 내가 하고 싶은 진짜를 알 수 있다고 했다. 죽음은 남은 시간을 규정해버린다. 남은 시간에 자기 실존을 더욱 느낀다고 했다. 죽음의 직시를 통해 주체성을 회복한다고 했다. 셸리 케이건은 죽음을 생각해야 하는 이유는 당신의 삶을 지금과는 다르게 살도록 영향을 주기 때문이라고 했다. 그래서 읽기 시작했다. 가끔 지나온 시간에 후회가 남아 다시 살고 싶어지는 순간들이 떠오를 때가 있다. 『내려놓아라 사랑한다면』을 볼 때도 그랬다. 내 삶에 맞는 이기적인 해석을 하며 읽었다. 육아, 학창 시절, 사랑 등 아쉬움이 남는 내 과거를 돌아보지 말자. 과거의 나보다 더 나은 모습으로 살면 행복이다. 이제부터 내가 나를 눌러 몰랐던 내 꿈을 꺼내서 쓰고 이루자는 해석을 했다. 지나온 삶으로 타임머신 타고 가서 수정펜으로 고쳐 써놓고 싶어질 때 읽었던 책이다.

"그래서 당신은 독서로 삶의 주인이 됐느냐?"고 묻고 싶을 거다. 그렇다. '진짜 내 삶의 주인이 된다는 것'은 내 행동, 내 정서를 자각하고 다룰 줄 아는 거라고 하던데 그렇다면 나는 내 삶의 주인이 된 게 맞다. 이루어 온 경제 문제들, 가족 관계, 꿈, 일, 건강 등에 대해 물어오면 읽은 책 이야기를 하고 있으니 독서가 내 삶의 주인 되는 지름길 맞다.

당신도 끌려다니는 삶이 아닌 당신 삶의 주인이 되고 싶은가? 당신 손에 책을 쥐고 헤엄쳐보라. 삶을 바다라고 상상하고 꿈의 크기를 키우면 된다. 과거에 나도 마음먹은 대로 살아지지 않아 어찌해야 할지 몰랐다. '코이'라는 물고기의 삶을 아는가? 작은 어항에서 5~8cm, 커다란 수족관에서 15~2cm, 강물에 방류하면 90~120cm까지 자란다. 그랬다. 아픈 아들 때문에 힘들 때 난 조그마한 어항 속의 코이였다. '책 속에서 헤엄치는 독서'를 통해 내 삶 가치와 행복을 만드는 것도 나 자신임을 알게 되었다. 읽기 전 나는 행복하지 않았다. 지금 내 모습을 만든 것은 책을 통한 과거 내 생각과 선택이었다. 앞으로 내 삶의 모습을 결정하는 것도 독서를 통해 더 잘되는 생각을 하고 더 나은 선택을 하는 삶이 될 거다.

런던에서는 택시자격증을 따는 데 4년이 걸린다고 한다. 4년 동안 뇌 속에 전화번호부 만큼의 두꺼운 지도를 모두 외워야 택시운전자격증을 주기 때문이란다. 택시운전사의 뇌 MRI를 찍어보니 해마와 편도체 부분이 일반인보다 커져 있었다고 한다. 독서를 할수록 뇌 과학자들은 뇌가 변한다. 뇌의 피질에서 변화가 일어나 뇌가 어떤 일에 몰입, 집중을 하게 되면 어떤 분야에 최적화된 뇌로 바뀌어 '책 읽는 뇌'로 바뀐다는 거다.

독서가 내 인생을 내가 원하는 대로 만들어준 거 맞다. 좀 더 일찍 시작하지 않은 게 아쉽다. 자신의 삶이 내 마음대로 왜 안 되냐며 밖에서 원인을 찾지 마라. 소용없다. 답은 자기 안에 있는데 왜 모르는 척하는지 모르겠다. 뻔히 알면서. 내 머리와 가슴에 주인이 되는 방법이 있다. 왜 내 삶이 남에게 이끌려가는 삶이냐고 화를 뿜지 마라. 삶을 변화시킬 '몰입 독서'를 해보라. 그래야 진짜 내 삶에 주인으로 내 맘대로 이끌어 가게 된다. "젊을 때, 사업을 시작하는 시기에 자기 일에 온전히 '몰입'해 목표에 다가갈 수 있는 기반을 반드시 만들어야 한다." 『명동의 부자들』에 소개된 화장품으로 성공한 김 회장 인터뷰 이야기다. 인생에 한 번 어딘가에 '몰입'은 자신을 삶의 주인으로 만든다. 나도 같은 생각이다. 독서에 몰입해보라.

"삶을 주인으로 만드는 건 독서다. 독서를 하지 않는 사람은 시간, 공간적으로 하나만의 세계에 감금된 것과 같다. 책을 읽기 시작하면 유연한 시각을 가지게 된다. 내 삶을 내가 주인으로 변하게 만드는 것은 내 생각밖에 없다. 이 생각을 변화하게 돕는 것은 오로지 독서다. 자신을 얼마만큼 행동의 주체로 생각하느냐에 따라 삶의 질이 달라진다. 자기 삶에 주인의식을 가진 사람들은 위기에서 기회를 찾아내고 스트레스를 자극 삼아 자신이 원하는 삶을 향해 나아간다. 시작은 같지만 점점 차이가 벌어진다."

『스스로 살아가는 힘』에 나오는 글이다. "삶의 주인이 되려면 자존감 회복이 중요하다. 책을 읽고, '쓰는 사람'이 되면 된다. 세상이 만들어놓은 공부, 취업, 결혼 등의 매뉴얼에 너무 집착하지 마라. 그렇게 되면 삶에서 벌어지는 일을 컨트롤도 힘들고 절대 행복한 삶이 될 수도 없다. '책을 읽고 쓰는 것'으로 삶의 주인이 된다." 읽기만 하던 내가 쓰는 사람이 됐다. 〈한책협〉 작가분 중에 원고를 2주에 써내는 대단한 작가분들도 계시지만, 나는 내 속도대로 써나가고 있다.

꿈은 그냥 오지 않는다. 독서를 해야 그 영감으로 꿈이 생기는 거다. 나도 한때 다른 데서 원인을 찾았다. 소용없다. 자기 안에서 답을 찾는 거고 그 방법은 독서다. 『네 가지 질문』, 『지금 이 순간을 살아라』는 내게 새로운 꿈, 내 삶을 원하는 방향으로 이끌어갈 에너지를 주었다. 인생의 주인으로 살고 싶으면서 왜 자꾸 내 인생에 일도 관심 없는 사람과 술과 수다로 시간을 때우며 오늘도 끌려다니는가? 제발 당신 자신에게 물어보라. 둘러보라. 당신 인생을 삶의 주인으로 만들어줄 책들이 얼마나 많은가? 무슨 책이든 좋다고 몇 번을 강조하지 않았는가? 당신이 주인임을 깨닫는 길은 오직 독서다. 내가 그 증명이지 않은가? 내가 하고 싶은 대로 살며 다른 사람에게도 도움이 되는 인생을 살게도 된다.

삶의 주인으로 살고 싶다고 말만 하고 있지 않은가? 내 삶의 가치, 행복을 만드는 것은 자기 자신이다. 행복한 삶을 위한 선택과 생각의 원천에는 독서가 함께 해야 한다. 자기 인생에 오늘도 화를 버럭버럭 내고 있지 않은가? 뜻대로 되는 게 하나도 없다며 고함지르고 있는가? 내가, 당신이 세상 삶을 주체적으로 잘 산다는 것은 뭘까? 답은 내가 할 수 없는 일엔 신경 끄고 그냥 오늘 내가 할 수 있는 일에 집중하며 사는 거다. 흔들리지 말고 독서로 자기 자신을 키워 주인이 되라. 주인 되어 내 인생을 사는 방법은 독서다.

6

매일 점심시간에
40분 독서를 하라

사람은 음식물로 체력을 배양하고,
독서로 정신력을 배양한다.

— 쇼펜하우어 —

이 글을 읽고 있는 당신은 독서를 언제 하는가? 처음부터 점심시간에 책 읽어야지 하는 마음을 먹고 읽었던 건 아니다. 기억을 더듬어보니 우연이었던 것 같다. 아침에 집에서 읽던 책을 가지고 나왔다. 점심 먹고 양치하고 화장품을 꺼냈다. 책이 손에 잡히니 꺼내놓게 된다. 그러니 40분 아니, 10분이라도 읽게 된다.

『습관 1%만 바꿔도 인생이 달라진다』를 봤다. 교보생명 신용호 회장, 마쓰시타 고노스케 회장, 도요타 회장, 중국 저우언라이 총리, 삼성 이건희 회장, 현대 정주영 회장, 진대제 전 정보통신부 장관, 고승덕 변호사 등 성공한 이들의 평소 습관이 어떠했는지를 알 수 있다. 이분들은 창의적인 생각을 습관적으로 했고, 새로운 도전 의식과 예절을 습관화했다. 보통사람보다 다섯 배 더 많은 책을 읽는 습관을 가지고 있었다. 매일 다른 사람들과 점심식사를 하는 습관을 실천도 했다. 상대를 편안하게 포옹해주는 습관을 가지려 노력했고 성공했다. 이들은 Why? What? How? 끊임없이 질문했다. 생산적인 책을 읽고, 말은 미래를 예언하는 것이라 했다. 죽은 후에도 기억될 만한 삶을 살아야 하며 삶의 모든 변화는 99%의 작은 습관의 반복이라고도 했다.

내 독서는 시작부터 여러 문제에 부딪혔다. 어떡하든 시간을 내야 했고 읽었어야 했었다. 점심시간 책 읽기가 힘들다면 책표지 구경이라도 해보라! 책을 스르르 넘겼을 뿐인데, 문득 발견된 한 페이지, 한 줄이 여러분 자신을 돌아보게 할지도 모른다. 앞서 말한 이분들을 부러워 말자. 지금부터 점심식사 후 '40분 독서'라는 작은 행동을 습관화해 내 것으로 만들어 보자. 이 40분 습관이 당신 삶에서 중요한 선택을 할 때마다 위대한 힘을 발휘할 거다. 당신의 하루 중 40분만 빼서 독서하는 습관 어떤가?

점심시간 틈새를 이용한 40분 독서? 평소 독서 안 하는 사람이 들으면 기함하겠다. 안 그래도 사는 게 피곤한데, 낮잠 자든지 동료랑 수다를 하지 뭔 독서? 고개를 절레절레할 수도 있다. 운동도 습관이 되면 안 하면 몸이 더 찌뿌둥하다. 해보고 이야기하자. 우리 대부분 삶이 그렇다. 늘 바쁠 거다. 아침엔 일어나 출근하기 바쁘고 저녁엔 퇴근해 씻는 것조차 귀찮을 정도일 거다. 독서는커녕 가족과 대화조차도 없이 쓰러져 잠드는 일상이 반복되고 있을 거다. 게다가 무슨 책 저자와 대화하라고? 짜증을 낼지도 모르겠다. 그렇다고 어제처럼 오늘도 읽지 않고 살아갈 건가? 그래서 지금 만족스러운가? 1년, 3년, 5년 후에도 지금 삶 그대로여도 만족할 건가? 읽지 않으면 삶은 절대 나은 삶으로 변하지 않는다. 지금보다 나은 삶을 바라면서 왜 안 읽는지 모르겠다. 저렴하고 빠르게 내 삶을 바꿀 수 있는 방법이 점심이든 아침이든 틈틈이 하는 독서 말고 있으면 나에게 가르쳐줬으면 좋겠다.

　내 몸과 가까이 책이 있게 하면 된다. 내 일상은 이랬다. 일어나면 스트레칭부터 한다. 차 마시며 한 30분~1시간 뭐든 읽는다. 출근이나 외출 시 점심 메뉴에 따라, 혼자 먹느냐, 다른 사람과 먹느냐에 따라 다르다. 점심시간 40분 이상 읽을 때도 있지만 보통은 20분 정도다. 어떨 때는 간단한 식사가 있는 카페에서 카레 요리와 커피를 먹으며 동시에 읽는다. 일이 없는 날엔 가벼운 운동 후 아침 2시간, 점심 1시간, 자기 전 1페이지라도 읽는다. 매일 조금씩은 다르지만 읽을거리를 늘 함께한다는 거다. 깨지지 않는 오래된 습관이다. 전자책으로 읽을 때도 있다. 난 종이 책을 사랑한다, 아주 많이. 접고, 긋고, 쓰고 할 수도 있어 아주 좋다. 스마트폰으로 책을 보다 보면 자꾸만 메시지 알람이 떠서 집중을 흩트리기 때문이다. 사실 40분 읽자고 했는데 하다 보니 '짬짬 틈틈 독서'가 됐다.

점심시간 40분 독서, 무시할 일이 아니다. 시간이 지나 쌓이고 쌓이면 어느새 내 뇌를 변화시켜 다양한 사고를 하게 하니까. 가끔 회사 근처 오래된 소바집에서 식사할 때가 있는데 인근 2층 카페에 가 잠시라도 책을 읽거나 사무실에서 15분이라도 좋다. 점심시간 상황에 따라 10분, 30분, 50분이 될 수도 있다. 작년 한국에 요청해서 이곳으로 책을 200여 권 주문해 사무실에 꽂아놨다. 한국어 책이 보기 편하다. 재테크, 여행책을 봤었다. 『이탈리아는 미술관』, 『이만큼 가까운 프랑스』였다. 가방에 어떤 책을 들고 다니느냐에 따라 내가 꺼내는 대화도 달랐다. 책은 이래서 좋다. 업무 말고도 대화거리를 풍부하게 되니까. 실제 책을 보면 가보고 싶어진다. 프랑스와 이탈리아를 여행하며 새로운 사업 아이디어가 떠오르기도 했다. 원하던 대로 매일 출근하지 않아도 되는 삶을 반쯤 이룬 것 같아 너무 좋은 요즘이다.

오늘 점심시간에 못 읽었어도 괜찮다. 아마 내일 점심시간에 그 끌리는 제목의 목차를 읽고 있는 자신을 만날지도 모른다. 어떤 날엔 하루 온종일 못 읽는 날도 있다. 멈추지 않으면 된다. 핑계가 많을 거다. 나를 성장시키는 독서 시간을 일부러 만들어내지 않으면 절대 읽을 수 없다. 만들어 쓰는 거다. 그래야 읽을 수 있고 친해진다. 가방에 넣어 다니는 습관을 들여보는 건 어떨까? 책표지도 만져보고 저자 프로필을 가볍게라도 보기 시작하자. 목차 한 줄이라도 보게 될 거다.

　명동 사무실에 있을 땐 점심시간이나 퇴근 때 명동 영풍문고에 들렀다. 이때 중국 공부를 하게 됐다. 앉아서 읽거나 맘에 드는 책은 사왔다. 우리 업계와 중국 부동산 책도 봤다. 진출하고 싶었다. 잠깐 본 책 내용이지만 머리에 훅 들어오는 내용이 있으면 바로 회의를 수시로 했다. 여러 주제의 책을 두세 권씩 완독 아닌 핵심 발췌로 읽고 실행하기를 반복했다. 그땐 화장품업계 전반적으로 중국 시장을 쳐다보고 있을 때라 중국, 무역, 유통 책을 골라 대충 읽었다. 바빴으니까. 『세계의 공장 중국』, 『중국속으로』, 『중국업계지도』, 『중국인증길라잡이』 등 『13억시장 중국에 팔아라』, 『위챗을 알면 중국시장도 넓지 않다』 등 8권 정도 봤었다. 중국 기업과 한국 기업의 진출 상황도 훑어봤다. 상해, 청도와 청두를 방문했고 시장조사도 다녀왔었다. 중국 진출을 생각하며 화장품 시장조사를 직접 갔었다. 회사 설립과 수출을 시도하다가 불투명한 유통거래 때문에 겁먹고 그냥 마음을 접었다. 중국 각 지역마다 통관, 수출이 허가되는 화장품 성분이 달랐다. 수시로 바뀌는 법령으로 우리 회사 입장에선 고민이 많았다. 끝없이 문제가 발생했고 멈췄다. 중국 후난성, 대만, 심양, 심천, 광저우, 마카오 등 책과 자료를 찾아보며 몇 번을 더 다녀왔었지만 경비만 쓰고 성과는 없었다. 화장품 인증과 허가제 때문에 이미 만들어진 제품성분 교체를 해야 하고 재생산에 들어가야 하는 문제도 발생했다. 게다가 중국 회사를 믿고 맡길 인재를 못 찾았다. 수출하고 싶은 마음에 손실을 냈다. 중국 사업을 마음에서 접고 『루나 아빠의 중국 비즈니스 A to Z』를 봤다. 중국은 온라인과 오프라인의 경계가 풀어져 온라인 안으로 들어와 있다는 내용 때문에 코트라와 무역협회 협조를 받았지만 풀지 못했다. 여기 글로 쓸 수 없는 일들도 많았다. 개인적으로 물으면 답해줄 수 있을 이야기이긴 하지만. 또 중국은 진입은 쉬운데 살아남아 이익 남기기가 힘들다는 것도 알았다. 명동 서점에서 점심시간 독서도 현재 내 삶인 회사와 나를 있게 한 실패 경험인 건 인정된다.

삼성역 쪽으로 사무실을 옮겼다. 점심 때 코엑스 내 서점과 근처 주민 센터 도서관에서 제목을 보고 마음이 가는 대로 보았다. 책 냄새도 좋다. 서점에서 책 읽는 사람에게 혼자서 후한 점수를 매긴다. 타인의 말을 귀 기울이고 마음이 열린 사람으로 보고 거라는 생각이 들어서다. 수북이 쌓인 책 중 마음에 가는 책을 몇 권 빼들고 앉아 읽었다. 구내식당 점심을 먹으면 시간이 많이 남았다. 서점 옆 카페 가서 커피 한잔 시켜놓고 읽다가 점심시간을 넘기기도 했었다. 점심시간 짧은 독서 시간이지만 나에게 에너지를 주는 시간이고, 회의거리도 많이 생겨 행복한 시간이었다. 『씨엠립, 앙코르와트』를 보고 캄보디아에 여행을 갔다. 학교 설립 꿈을 약속하고 돌아왔다. 이렇게 쓰면 이루어지라고 찐하게 새겼다.

눈을 뜨면 책부터 챙기는 습관 어떨까? 가끔 스마트폰을 놔두고 책만 가지고 나올 때도 있다. 무슨 내용의 책이면 어떤가? 점심 때 읽으려고 챙겼다는 것이 중요하다. 아침에 안 읽히면 점심시간에 40분 딱 읽어보자. 시도를 일단 해보잔 말이다. 성공자들 대부분 독서광이라는 말, 독서는 뇌를 긍정적으로 변화시킨다는 말을 싫증 날 정도로 듣지 않았는가?

한 글자라도 읽을 틈이 나면 독서하라. 독서를 하지 않는 사람은 마음이 꽉 막혀 일이나 사물을 관찰하고 분별하는 데 어둡다. 『격몽요결』 서문에 나온 글이다. 코로나로 재택근무와 약속들의 취소로 집에 있는 시간이 길다. 목숨, 삶, 주어진 시간 즐기기를 떠올리니 『나는 지금 누구를 사랑하는가』, 『소원을 이루는 마력』에 손이 간다. 살면서 이렇게 가족 얼굴을 오래 보는 것도 생전 처음이지만 이 시간이 기회다. 읽기에 정말 좋은 기회가 지금이다.

가만 보면 성공적인, 행복한 인생을 살기를 소망하고 사람들의 존경을 받으며 사는 멋진 인생을 꿈꾸면서 왜 안 읽는가 모르겠다. 책을 읽을 수밖에 없는 환경을 만드는 건 어떨까? 무의미하게 컴퓨터나 스마트폰으로 이것저것 검색하는 시간을 줄이고 생각 없이 켜는 TV 리모컨을 끄고, 당신을 기다리는 책장의 책에 손을 가져가보라. 아침 40분 독서든, 점심 40분 독서든, 저녁 40분 독서든 뭐든 좋다. 점심시간 40분 독서로 책을 읽는다면 정말 우리의 인생이 바뀔까? 사업 실패로 입맛이 쓰고, 가정 문제로 골치가 아프고, 건강 악화 등의 크고 작은 위기를 넘길 때 해결하고 싶을 때 점심시간 40분이든 아침 30분이든 '틈새 짬짬 독서'를 했다. 서점에 가면 멘토가 나를 기다린다. 책을 통해 극복할 지혜를 얻었다. 내 독서는 행복, 건강, 부, 사랑, 성공 등 다양하다. 어려운 책은 피해 깊지 않은 독서였던 것은 내게 미안하다. 이제부터 읽으면 되니까. 설마 일상에 점심시간 40분 못 내겠는가? 삶의 방향을 이끌어갈 만큼 큰 깨달음을 주는 틈틈이 독서를 실천으로 찾자. 하다 보면 나처럼 아직 못 찾은 꿈을 찾을지도 모른다. 언제든 내게 조언해준 친구를 만들 점심시간 40분 독서를 해보라. 겁 많고 내성적이던 나를 도전하는 삶으로 이끈 것도 틈틈 독서이다. 짬짬 독서 습관 때문에 삶이 다채로워졌다. 책 읽고 하고 싶은 일이 많아진 요즘 앞으로 내 인생이 더 궁금하고 기대된다.

꼭 정독하지 말고
핵심 독서를 하라

책은 한 번 읽히면 그 구실을 다하는 것이 아니다. 거듭 읽고 애독하며,
다시 손을 떼어놓을 수 없는 애착을 느끼는 데서 그지없는 가치를 발견할 것이다.

- 러스킨 -

책 한 권을 꼭 통째로 다 읽어야 할까? 이 책을 읽는 독자도 나처럼 자기계발서에 관심이 많은 사람일 것이다. 자기계발서는 굳이 정독하지 않아도 된다. 목차를 죽 훑어보고 내게 필요한 소제목을 찾아서 그 페이지만 읽고 내게 활용할 한 문장만이라도 찾아내서 내 삶에 적용해보았으면 된 거다.

일본 도쿄 카스카역에서 도보로 10분 정도 거리에 지하 1층부터 지상 3층까지 3만 5천 권이상의 책으로 가득한 도서관인 고양이빌딩의 소유자이기도 한 다치바나 다카시 작가는 정독을 하면 2시간이면 읽을 책도 이

틀씩 걸리게 되므로 책은 반드시 처음부터 끝까지 전부 읽을 필요가 없고 필요한 부분만 대충 읽는다고 한다.

  책을 사서 처음부터 끝까지 읽는 일은 바보 같은 일이다. 목차를 보고 자신에게 필요한 부분을 찾아 그 부분만 읽는다. 원하는 내용을 찾기 위해 목차가 존재한다. 자신이 원하는 부분을 빨리 찾고, 해당 페이지에 가서 필요한 부분만 골라 읽는 것이 책을 제대로 읽는 핵심 독서법이라고 김정운 교수도 말했다.

  이어령 교수나 공병호 소장도 빨리 훌훌 훑어서 읽고 핵심 내용을 파악하고 활용하라고 했다. 이시형 박사도 핵심을 내 것으로 만드는 것이 많이 읽는 것보다 중요하다고 했다. 즉 필요한 부분만 읽고 나머지는 넘겨, 라고 쓰인 글을 보았다.

  일본에서 우리 회사를 시스템화하는 것에 대해 생각해보게 된 책이 있다. 베스트셀러가 된 『김밥 파는 CEO』를 쓴 세상에서 가장 큰 도시락회사 김승호 대표의 『생각의 비밀』에 보면 "장사꾼은 하나의 업체를 중심으로 성공하고, 사업가는 그 업종을 중심으로 성공해나가지만, 기업가는 산업 전체를 중심으로 성장해나간다. 떡볶이 매장을 가진 사람을 장사꾼이라고 하면 떡볶이 체인을 가진 오너는 사업가이고, 분식사업을 이끌면 기업가로 분류된다. 장사꾼으로 남는 것과 사업가로 남는 것의 차이는 자본의 크기가 아니다. 그 사업을 보는 마음의 차이다. 장사는 물품을 파는 것이고 사업은 매장을 파는 것이다. 음식이 아니라 시스템을 파는 것이다." 내가 장사를 하고 있었구나. 우리 회사가 하고 있는 사업이 위치가 전국적이고 매장 수는 늘었지만 시스템이 있는 사업이 아니라 장사였음을 알게 되었다.

"이렇게 직영점만 늘리는 사업에서 벗어나야죠. 한국에서 30여 개 운영해보았던 것과 뭐가 달라? 우리 회사도 25년 노하우로 시스템을 만들어보죠. 그리고 스노우폭스와 우리는 업종은 다르지만 롤 모델로 삼아 1,000개 매장까지 성공적으로 해낼 수 있을지 모르잖아요. 스노우폭스 대표인 김승호 회장처럼요."

"일본에 한국 화장품 가맹점을 누가 하겠어요? 우리 회사 직영이니까 이 정도 온 거죠."

화장품 유통을 시작해 제조, 무역, 수출입, 시스템화된 가맹점 사업으로 성공하여 거대한 목표를 이룬 화장품 사업 성공 스토리 롤 모델 회사를 찾아보았지만 책으로 나온 회사는 아직 없었다. 후에 내가 한번 써보고 싶다는 생각도 해본다.

나는 한국에서 했던 경험을 더 이상 하고 싶지 않았다. 장사의 수준에서 벗어나고 싶었기에 시스템화, 프랜차이즈화를 강력하게 추진하길 독려했다. 회사 직원들이 처음부터 모두 찬성하지는 않았지만 확신을 가지고 밀어붙일 수 있었던 건 책 문장 덕분이었다. 한국에서 했던 여러 개의 직영점 경영이 까딱하다간 일본에서도 똑같이 진행될까 봐 고민하던 중에 만났던 핵심 내용이었다. 나는 내 상황에 맞게 제대로 핵심적으로 읽고, 사업에 적용 시도를 했고 1년도 안 되어 가맹점 수가 늘어나고 있다. 거래처들은 우리 회사가 갑자기 낸 아이디어라고 생각하기도 하나본데 아니다. 나름 독서경영이다. 읽어왔던 책들이 연결되어 경영에 적용이 된다. 바쁘니까 핵심 독서가 필수다. 지금 바로 딱 필요한 것만 발췌해 읽는 게 핵심이다.

제목부터 끌리는 책을 고르고 관심 가는 페이지의 글에서 힌트를 얻어 삶에 적용해왔다. 이것 말고도 많다. 내가 골라 읽은 문장에는 상당한 힘이 내게 작용하는 걸 자주 느껴왔다. 읽다 보면 내 사고가 연결되어 반드시 해보자라는 의지를 불러일으키는 경험을 해주는데 나라서 가능할 거라는 말을 자주 듣는다. 아니다. 핵심 독서를 해보면 반드시 경험할 것이다. 해보라. 핵심 독서로 받은 영감 때문에 시작한 가맹점 사업의 아이디어로 예상 밖의 매출을 올리고 있다. 가맹문의가 일본 전역 대형 몰에서 오고 있다. 핵심 독서가 가져다준 회사의 성장이다. 차츰 직원들의 자기계발을 목적으로 '사내독서모임' 추진 계획도 있다. 그래야 내가 어떤 제안을 하면 공감 확률도 높을 거라 생각되기 때문이다. 오너 혼자 경영되는 회사는 없다. 직원의 쓸 만한 아이디어도 반드시 핵심 독서를 해야 가능하다고 생각된다. 아니면 그 회사는 성장이 멈출 것이므로……

『파리에서 도시락을 파는 여자』를 쓴 켈리 최 작가는 프랑스에서 본인 회사를 설립하기 전 엄청난 독서 공부를 했다. 실제 책을 읽고 실천력은 정말 따라갈 사람이 없다. 앞에 언급한 김승호 회장을 직접 찾아가서 사업만이 아닌 삶을 배우고 온 켈리 최 대표는 롤 모델 회사로 맥도날드를 잡았고, 회사 대표를 찾아갔다. 난 바로 맥도날드 회사 스토리에 대해 찾아보았다. 독서를 하다 보면 꼬리에 꼬리를 물고 여러 가지 자료를 찾기도 한다. 참 공부가 끝이 없는 것 같다. 우리는 죽을 때까지 독서를 멈추면 안 된다.

생각의 차이가 갑부를 만든다는 맥도날드 레이 크록 회장이 쓴 『맥도날드 이야기』를 보니 레이 크록 회장은 맥도날드 햄버거 대학을 설립하고 가맹점 매뉴얼을 만들었다고 한다. 햄버거뿐 아니라 프랜차이즈 운영을 위해 필요한 지식들을 가르치고, 이 교육 과정을 수료하면 '햄버거 전공', '프랜차이즈 부전공'이라는 학위를 줬다고 하는 내용을 읽게 되었다. 난 또 바로 제안했다.

"우리 회사도 향후 5년 안에 가맹점주를 위한 화장품 대학을 만들어 보는 걸 계획에 한번 넣어보는 건 어떨까요? 여태껏 해온 주먹구구식 매뉴얼 말고 제대로 커리큘럼을 만들고 싶어요. '화장품 전공', '프랜차이즈 부전공' 수료증을 준 후 가맹계약 어때요?"

일단 내 의견에 동의는 못 받았지만 꼭 추진하고 싶다. 우리 회사 화장품 가맹점주를 위한 화장품 대학을 만들고 싶다는 생각을 하며 적고 상상해보기로 한다. 화장품대학을 통해 수료한 가맹점이 더 늘어나는 상상을 한다. 이렇게 길러진 핵심 독서는 나에게 필요한 책을 찾아 내 삶에 적용하고 싶은 일 들이 많아지게 했다. 정독이나 완독을 하느라 힘들었다면 이제 핵심 독서를 해보라. 현재 내게 끌리는 책을 고르고 그 책 내용 중 마음에 드는 소제목을 보고 페이지를 찾아가라. 당장 내 삶에 실천할 아이디어를 챙기는 조금은 이기적인 독서를 해보라.

최근 내가 작년부터 소원하던 회사 물류창고를 계약하게 되었고, 일본을 시작으로 유럽까지 가맹사업을 진행하게 된 것도 회사의 부동산 자산에 관한 내용을 읽은 후였다. 모두가 시간을 아껴 써야 하고 바쁜 일상이다. 회의도 늘어지면 안 된다. 핵심만 전달해야 한다. 내 경험인데 쓰다 보니 길어졌다. 책을 읽다 보면 필요한 책 제목이 보였고 읽고 궁금해하던 내용이 펼쳐지는 경험을 자주 했다.

좀 이기적이어도 된다. 책 읽는 것은, 뭘 그리 복잡하게 전체를 다 읽어야 한다고 생각하는지 모르겠다. 쉽게 읽으면 된다, 나처럼. 이게 핵심 독서라고 생각한다. 독서법 책을 몇 권을 며칠 동안 읽어보았다. 결론은 몇 년간 내가 해온 책 읽기 방법이 핵심 독서법이었다.

아무것도 하지 않으면 아무 일도 일어나지 않는다고 하지 않는가? 이 두꺼운 책 많은 책을 언제 다 읽지? 고민하지 마라. 당장 필요한 부분만 제발 읽고 한 가지만 실천을 해보라. 처음부터 '독서법'을 읽고 이런 핵심 독서를 한 건 아닌데 '핵심 독서 바로 적용법'을 하고 있었던 거다. 오늘부터 여러분도 한 번에 같은 주제의 책을 여러 권 동시에 보면서 무조건 목차를 보고 원하는 부분을 뽑아내서 그것만 상상을 해가며 읽어보라. 틀림없이 삶이 자신이 놀랄 정도로 변할 것이다. 읽어도 변화되지 않아 고민이라면 나에게 연락주면 여러분 삶이 변하는 핵심 독서법을 아주 상세히 알려주겠다.

5 장

죽을 것 같아서
시작한 독서가
나를
살렸다

1

죽을 것 같아서
시작한 독서가 나를 살렸다

나는 한 권의 책을 책꽂이에서 뽑아 읽었다.
그리고 그 책을 꽂아놓았다. 그러나 나는 이미 조금 전의 내가 아니다.

— 앙드레 지드 —

"아들이랑 나 그냥 확 없어져버릴까?"

맞벌이로, 집안 대소사 모두 나 혼자, 부부 대화 불통, 돈은 버는 데 매달 부족한 돈, 집과 가구에 붙은 압류딱지, 대출상환독촉장, 건강 악화까지. 정말 죽고 싶었다. 몸과 마음은 바쁘고, 시간은 없었다. 하루하루 회사, 가정, 돈 맞추느라 초조했다. 아픈 아들 독박육아에 더 지쳐갔다. 정말 죽고 싶었다. 자존심이 상해 죽을 수도 있겠구나 생각했다. 돈에 치여 삶의 수준이 내려앉는 날 마음에 화만 남은 나는 세상을 원망했다. 내가 선택을 잘못한 거면서 나를 둘러싼 모든 사람들 모두를 원망했다. 누구보다 나 자신이 싫었다.

10년 일한 보람이 고작 이건가 싶었다. 나를 바라보는 사람들 시선을 의식하면서 괜찮은 척, 태연한 척했다. 월 20만 원짜리 집 이사는 날 미치기 일보 직전으로 만들었다. 영하의 추운 겨울, 밖에서 판촉하는 나를 보고 직원이 말렸다. 절실했던 나는 추위가 느껴지지 않았다. 월급, 임대료, 각종 세금, 이자 등을 생각하면 춥지 않게 돼 있다. 맞은편 상가에서도 말렸다. 출근하는 날 아침에 읽었던 글을 머리에 넣고 입으로 외워 사업장에서 돈을 벌어야 했다. 양파와 대파는 요리 때 쓰임새가 분명 다르다. 그런데 그때 나는 둘 중 하나를 선택하며 악착을 부려 살아냈다. 자존감도 바닥이었던 내 무능을 탓했다.

"내 삶은 내가 경영한다. 내 삶의 방향도 내가 정한다. 내가 정한 내 삶의 방향을 향해 나아가면서, 이제 나는 내 삶의 조타수가 되기로 하고, 내 삶의 대본을 쓰는 작가가 되기로 한다. 내 식으로, 나만의 방식으로. 그렇게 나는 내 행복을 만들어 갈 것이고, 내 성공을 만들어 갈 것이다."

『출근길 행복하세요』를 통해 현재 내 삶을 만든 건 내 자신임을 되새기며 아침마다 나가기 싫고 우중충했던 마음에서 벗어나기 시작했다. 무능한 나 자신을 원망하며 무작정 찾아들어간 서점에서 발견한 이 책을 만난 날을 잊을 수가 없다. 자식, 돈, 사업, 일, 직업, 학교, 인간관계, 건강, 행복 뭐 하나 중요하지 않은 게 없다. 목소리가 잠긴 적도 있었다. 스트레스 때문이랬다. 그 상태가 열흘을 갔다. 난 그때 영원히 말을 못 하게 되는 줄 알았다. 죽고 싶을 만큼 버거운 인생의 문제들이 하나씩이 아니라 몰려서 왔다. 둘씩, 서너 개씩 뭉쳐와 나를 괴롭혔다. 뭐냐면 이런 문제들 말이다. 그땐 이렇게 살아야 하나 싶었다. 자식, 돈, 사업, 일, 직업, 학교, 인간관계, 건강, 행복 뭐하나 중요하지 않은 게 없다. 따로 떼놓고 생각할 수 없는 인생 키워드들이다. 하나가 틀어지더니 도미노처럼 무너지는 경험을 해봤다. 살아야 할 이유는 아들이었는데, 먹먹할 때가 많다.

물론 내가 선택한 삶이다. 그래서 악착같이 했어야 했다. 돈 앞에 태연할 수 없었다. 현명하지 못했다. 없는 돈에 몇만 원 챙겨가 점쟁이에게 내 운명을 알려달라고 했다. 정말 돈 때문에 죽을 수도 있겠구나 싶었다. 돈이었다. 정말 우습게 봤던 돈 때문에. 돈 갚으라고 하던 사람들, 은행들 앞에 좌절했다. 돈이 없으면 가족을 지킬 수도 없다. 이대로 패배자로 살고 싶지 않다. 물론 내가 선택한 삶이다. 그래서 악착같이 했어야 했다. 『인간은 세일즈맨으로 태어났다』는 전 프랜차이즈 매장 중 1등 롤 모델 매장을 만들게도 했다.

"라이벌과의 경쟁에서 패하고 돈, 직장, 애인을 모두 잃어버린 리치 골드. 남의 변소나 치우며 살아가던 어느 날, '어니스트'라는 인물을 만나 경영에 눈을 뜨게 된다. 그에 의해 '드림메이커'의 경영을 맡게 되고 중견 기업으로 발전시키게 된다. 결국 '드림마켓'이란 대형 매장의 CEO로 성공하게 되는데……."

『최고경영자 리치골드 운명을 바꾼 경영수업』의 온라인 서평에 나오는 글이다.

실제 그 당시 우리 매장은 지역 내 1등 매장이었다. 그러나 동종업계 ○○○○○ 라이벌에게 두 손 들었다. 나보다 늦게 뛰어들었는데 우리 부부 사업을 앞질러나갔다. 다수 매장을 하다 망해서 꼴랑 한 개 매장을 운영했다. 수량 자체가 적어지니 매입가를 비싸게 들이게 되어 라이벌의 판매가를 따라잡을 수 없었다. 하지만 이게 타산지석이 되었다. 전국적인 매장을 하게 된 계기 중 하나가 되었으니 말이다.

"엄마가 사과해. 바보라고 한 거, 빨리……."
"당신 뭘 골똘히 생각해?"
넋이 나갈 때가 있다. 그럴 때는 아들의 미래에 대한 걱정 때문이다. 신주쿠 주점에서 아들은 100만 엔 카드결제를 당하고 왔다. 버럭 화를 냈다. 바보라고 했다. 경찰과 변호사의 도움을 받아 취소 처리 요청 중이다. 키우는 동안 여러 사건사고가 연속적으로 발생하고 여전히 소통이 쉽지만은 않다. 아픈 걸 받아들여야 하는데 내가 낳은 아들이 왜 아픈 건지 인정을 못 했다. 아들보다 내가 문제였다.

『성공어록』, 『하루하루가 행복해지는 아침의 1분 긍정』 명언을 참 많이도 읽고 다녔다. 짧고 굵은 명언으로 마음 다잡아야 도망치지 않을 수 있겠고 죽지 않을 수 있겠어서……. 소심했던 나를 열정 가득한 여자로 만들고 성공하게 만든 문구들이다. 먹고살아야 해서 그랬다. 일할 땐 웃는 얼굴을 했지만 속은 아닌 이중생활을 했었다. 배우도 아닌데 연기를 잘했구나 싶다. 퇴근해 집에 오면 밀린 집안일에 아이 뒤치다꺼리, 늘 싱글인 듯 사는 것처럼 보이는 남편이 미웠다. 『위대한 일화의 재발견』을 읽고 친구와 술 마시며 대화를 해도 보이지 않던 희망이 보였다. 내가 어디로 어떤 마음으로 살아야 하는지 알려줬다.

"우리 아이 반에 지체장애아가 있어. 걔 부모는 왜 특수학교 안 보내나 몰라. 반 애들 급식시간에 휠체어 번갈아 밀어주라고 한대나? 애들 힘들고 불편하게 말이야."

아픈 아들을 키우는지 모르는 학부모 중 한 명이 뱉은 말이다. 다들 자기 가족 아픔이 아니면 무심하다. 그럴 수 있다. 통합학교에서 특수학교로 옮겼을 때다. 마음 장애가 있는 아이들을 키우는 엄마들 중에 가끔 죽을 때 함께 갔으면 좋겠다고 표현하기도 한다. 솔직히 삶에서 외면하고 싶을 때도 많았다. 무거운 짐 같아서. 나 하나 챙겨 사는 것도 너무 힘들고 죽고 싶어서. 『MOM CEO 엄마라는 이름의 위대한 경영자』에서는 엄마를 가정의 최고경영자라고 했다. 작가 마가렛 미첼의 어머니, 아나운서 이숙영의 어머니, 이명박 전 서울시장의 어머니 사례를 소개했다. 엄마의 리더십이 자녀의 미래 운명을 바꾼다는 메시지를 전하는 이 책을 만나지 않았다면 생각만 해도 끔찍할 정도로 나는 패배주의에 남을 원망하는 인간으로 전락했을 것 같다.

"발달장애 1급 (자폐증) 아들을 둔 푸른 나무 발달심리연구소장 석인수 박사는 부부는 아들의 자폐증을 치료하기 위해 인생을 걸었다. 틱장애, ADHD, 발달장애는 부모심리치료를 동반해야 한다고 한다. 부부의 노력 덕분에 자폐증을 극복하고 대학교에 진학했으며 벤처사업을 하고 있다." 이런 기사를 보면 인생을 걸지 않아 아직 아픈가 싶어 미안하고 좀 더 훌륭한 저런 부모님에게서 태어나지 싶은 맘도 든다.

"제가 어떻게 하면 아들이 좋아질까요?"
"7~8세 전에 이뤄져야 하는데, 지금은 교육을 해도 크게 달라지지 않을 거예요. 어머니 때문이라는 자책하지 마세요. 어머니 감정을 추스르는 게 먼저예요."

혼자 물건 사러 가고 씻고 먹을 줄 아니 감사하자 맘먹었다. 자기만의
대화를 못 알아들을 때 있어도 좋다. 이만하면 감사하다. 아들바라기 엄
마, 우울에서 벗어나지 못했던 내가 이젠 정말 괜찮아졌다. 임신 중 우울
증 앓은 내 탓을 하며 우울에서 벗어나지 못했던 내가 변했다. 이젠 정말
괜찮기로 했다.

『현명한 부모는 자신의 행복을 먼저 선택한다』에서는 이렇게 말한다.
"그러나 언젠가 아이들은 부모의 곁을 떠난다. 그때 당신이 인생의 허전
함과 무의미함을 느끼지 않고 자신 있게 '나의 인생은 이래.'라고 말할 수
있으려면 끊임없이 세상과 연결되기 위해 노력해야 한다. 할 수 있는 일
이 또 뭐가 있을까 오늘부터 당장 고민해보라. 쉽지 않다고 말하겠지만
사실 마음만 살짝 바꾸면 당신은 글을 쓰고, 그림을 그리고, 사진을 찍
고, 공부를 하고, 취직을 하고, 장사를 하는 등 이 세상에서 할 수 있는
모든 일을 할 수 있다. 어떤 신나는 일을 할 수 있는지 둘러보기를. 인생
은 신나는 일만 하려고 해도 다 할 수 없을 만큼 짧다. 신나는 삶을 살기
위해 지금부터 준비하라. 당장 그것을 할 수 없더라도 계속 준비해 나가
는 것만으로도 당신의 행복지수는 지금보다 100배쯤 증가할 것이다." 이
제야 아들을 존재 자체로 사랑하게 된 내가 좋다.

걱정 없고 싶었다. 쪼들리는 삶에서 벗어나고 싶었다. 당당한 나, 웃음 없어져가던 내 가족의 생활도 말이다. 내 삶의 문제 중 아들 때문에 죽을 거 같아서 시작한 책 읽기가 진짜 나를 살렸다. 건강하고 행복한 내 삶이고 싶었다. 자꾸만 멀어질 때 절망하기도 했었다. 맞벌이하며 눈에 독기가 가득하고 돈만 벌겠다던 내가 달라졌다. 책을 읽으며 내 삶의 문제가 해결되는 걸 실감했다. 나 스스로도 놀란다. 삶에 위기가 없었다면 읽지 않았을 거다. 읽지 않았다면 나 혼자 힘든 줄 알았을 거다. 조금씩 바뀌어갔다. 나만 힘들다고 생각했던 내가 변했다. 책을 읽으며 나만 힘든 것이 아니고 타인의 삶도 나와 다르지 않음을 알게 되었다. 삶의 문제를 해결하고자 읽었다. 돈 때문에 남편과 아등바등하고 싶지 않았고, 아이 교육을 못 시키는 엄마가 되기 싫었고, 건강도 잃고 싶지 않았고 자기계발 못 하는 내가 되고 싶지 않았다.

책 읽는다고 행복이 정말 내 것이 되냐고? 따지고 싶을지 모르겠다. 된다. 짧은 생애 무턱대고 경험으로만 배우기엔 시간이 너무 짧다. 몰라서 나처럼 덜 아팠으면 좋겠다는 생각이다. 아무리 몇 날 며칠 뜬눈으로 밤을 새도 방법이 떠오르지 않거든 독하게 읽어라. 왜 안 읽는가? 죽고 싶을 만큼 힘들고 미치도록 당신 인생을 바꾸고 싶다면서. 서점을 헤매보라. 읽으면 되는데. 죽고플 만큼 절박한 인생인가? 책이 당신 삶에 예방접종이 될 수도 있다. 지금이라도 '책 백신' 맞았으면 좋겠다.

그냥 하는 독서가 아닌
삶에 영향을 미치는 독서를 하라

지금부터 5년 후의 내 모습은 두 가지에 의해 결정된다.
지금 읽고 있는 책과 요즘 시간을 함께 보내는 사람들이 누구인가 하는 것이다.

– 찰스 존스 –

책을 읽기 전, 나는 얼굴은 웃고 있어도 속은 우울하고 아이 교육비, 회사 경비 걱정하던 불안증 환자였던 내가 그때 꾸었던 꿈의 완성에 거의 다가가고 있다. 절실하게 읽었다. 내 삶에 쑥 들어와 조금 다른 길을 가도록 이끈 '인생 책'들 중 일부다. 앞 장에서 이미 여러 권 소개를 했기에 중복되지 않는 책들 위주로, 기억나는 대로 적어본다

사람은 태어나면 누구나 살면서 무언가에 영향을 받으며 살아간다. 내 삶에 영향을 끼쳐왔던 건 무얼까? 나는 책이었다. 좋은 책이란 뭘까? 내가 필요한 때 내 삶에 영향을 미치는 책일 거다. 아무리 명작, 베스트셀

러, 스테디셀러라도 내가 준비되어 있지 않거나, 필요한 때가 아닐 때는 영향을 끼칠 수가 없다. 삶의 필요한 순간마다 찾아 읽었고 원하는 결과를 내봤다. 물론 한 권의 책이 세상 모든 사람들에게 똑같은 감명이나 깨달음을 주진 않는다.

내 인생 고비마다 만난 책들은 하트 10개짜리 감동의 명작으로 남았다. 책을 한 번 읽고도 울림을 준 책도 있고, 같은 책이라도 상황에 따라 감동이 다를 때도 있었다. 이 글을 읽는 사람들이 책을 읽으며 내 것으로 만들 수 있겠구나! 그럼 나도 읽어볼까? 결심을 하길 바래본다.

엄마인 나 자신이 먼저 행복하자고 결심하게 된 책『나는 희망의 증거가 되고 싶다』의 저자는 위기는 기회이며, 기회는 꿈을 통해 성공에 이를 수 있다고 했다. 꿈은 미래를 인도해 주는 등대인 만큼 꿈을 가지고 노력한다면 성공한 삶을 살 수 있다. 내가 잘되니까 자식도 잘된다며 자신을 사랑하는 사람이 되라고 열강했다. 지구별에 오기 전에 장애, 질병, 사고, 중독 등 삶의 시련들은 이 세상에서 오기 전에 내가 선택하고 계획된 거라는 거다. 시련은 지구별에서 앎, 깨달음, 지혜 교훈을 얻어서 성장과 사랑을 경험하게 하려고 했단다. 살면서 장애물이 아예 없거나 많지 않을 때보다는 장애물이 많을 때 더 많이 배울 수 있다.『웰컴 투 지구별』의 한 부분이다. 시련은 변형된 축복이라고 이야기하는데 내 인생 시련에 대한 관점을 바꿔준 책이다. 『딱 1년만 이기적으로 살기로 했다』를 읽으며 떠오른 일들이다. 감정소모가 많고 에너지가 고갈되었다. 먼저 하늘로 떠난 가족들이 생각난다. 입원해서도 회사, 가족 걱정에 나를 챙기지 못했다. 이제 안 그러기로 했다. 중요한 건 나 자신에게 집중하는 것임을 안다. 나를 먼저 돌보고 내면 소리를 들을 거다. 사실 상대방을 먼저 챙기는 삶이 익숙했던 나였다. 쏟아지는 업무들, 집안일 등, 내가 직접 하지 않으면 큰일 나는 줄 알았다. 종일 정신없이 쫓아다니며 일했다. 제주에 1년을 머물며 그 에너지로 견뎌냈고 책 읽는 것, 길을 걷는 것, 요즘 글 쓰는 일도 내가 행복한 일 중 하나다. 나를 지킬 이기심은 가끔 필요하다며 지금 당장 내가 행복할 수 있을 것을 하라고 권유하는 책이었다.

『정상에서 만납시다』는 자신을 유일하고 소중한 존재라고 알려주고 대체 불가능한 사람이 되라고 힌트를 준다. 자존감이 낮았던 내게 용기를 준 책 중 하나다. 실용서를 깎아내리는 말을 하는 사람들도 있던데, 자기계발서로 인생이 변화해가고 있는 증거가 바로 나다. 『부자가 되려면 부자에게 점심을 사라』를 읽은 건 원래 독서에 큰 관심이 없었지만 독서가 좋다는 이야기를 늘 들어왔던 때, 별로 손해 볼 거 없으니 읽어보자는 맘이었다. 삶이 내 맘대로 흘러가지 않아 마음을 잡지 못해 읽었다. 내용 중 성공한 부자들은 배우자와의 관계가 좋았다는 한 줄을 기억하기로 했다. 『호오포노포노의 비밀』은 아들이 퇴행행동을 보이던 어느 날 나는 사랑해, 미안해, 고마워를 진심을 다해 눈을 바라보고 손을 꼭 잡고 반복해 말해봤다. 눈물을 글썽거렸다. 내 무릎에 한참을 누워 편안해했다. 『호스센스』는 잘 달리는 말에 올라타라는 신호를 주는 책이다. 단독 브랜드샵 사업으로 전환시키는 계기가 됐고 한동안 승승장구했다. 『보랏빛 소가 온다』는 차별화를 이야기하는 책이다. 달라야 한다고 반복해 말하는 책이다. 우리 회사 매장만의 차별화를 결정했다. 경영 전반, 직원 체제 모두를 개편하고 상상 이상으로 매출이 올랐다. 『브랜드만이 살길이다』를 읽고 자사제품 출시를 준비하고 특허를 등록했다. 『4차 산업혁명』, 『포노 사피엔스』를 통해 오프라인과 온라인 연결에 대해 공부와 온라인사업부에 더 투자했다.

『왕비의 재테크』, 『부동산은 과학이다』를 읽고 재테크 스터디카페를 가입하고 오프라인 강연을 들으며 현장을 다니며 배웠다. 『신용불량자에서 람보르기니를 타게 된 비결』은 돈 되는 책 쓰기를 통해 내 경험을 전하는 1인 지식기업가의 길을 가란다. 내면이 시키는 일, 앞으로 무엇을 하며 살고 싶은지, 지금 자신의 현실이 마음에 들지 않는다면 자기계발 방법을 바꾸어보란다. 지금부터라도 살아오면서 알고 깨닫게 된 것들을 책으로 써서 스토리 인생을 살라고 한다. 내가 알고 있는 지적자산을 다른 사람들에게 공유하고 나와 같은 시행착오를 겪지 않도록 도우며 나 자신의 가치를 끌어올리는 삶을 상상하라고 한다. 『돈이 되는 글쓰기의 모든 것』, 『나이 오십에 작가가 되기로 했다』, 『돈이 되는 글쓰기의 모든 것』, 『신용불량자에서 람보르기니를 타게 된 비결』. 이 책들은 모두 자신의 살아온 이야기를 타인에게 들려주어 시행착오를 겪지 않게 도와주고 가치를 인정받는 삶으로 글쓰기를 이야기했다. 가슴이 뛰고 내 책 써보고 싶다는 생각이 들게 했다. 나는 이미 『버킷리스트 22』를 쓴 작가가 됐다.

연년생 남매 엄마다. 어릴 때 오빠보다 사랑을 덜 받는다는 생각을 하던 딸이다. 『칭찬은 고래도 춤추게 한다』, 『아이 공감 대화법 아이 마음 읽어주기』을 읽고 쉬운 실천 즉 무조건 칭찬을 쏟아주고 눈 마주치며 딸의 말을 들어주기 시작했다. 딸아이는 학교에서도 친구 사이에 인기 많은 아이가 됐다. 『리딩으로 리드하라』, 『홍대리 시리즈』, 『내 인생 구하기』, 『자본주의』, 『왓칭』, 『상상의 힘』, 『50이후 인생을 결정하는 열 가지 힘』, 『나폴레온 힐의 인생수업』, 『당신의 행복은 얼마입니까?』, 『삶으로 다시 떠오르기』, 『이러다 정말 죽을 거 같아서 책을 읽었다』, 『5년 후, 나』, 『베스트 셀프』, 『말센스』, 내가 생각하면 현실이 된다는 『시크릿』도 내게 영향을 준 책이다.

책에서 얻은 아이디어로 읽고 실천해 연 매출 10억 원의 식당을 운영한다는 개그맨이자 독서 전도사이기도 한 고명환 작가 이야기를 들어본 적 있는가? 하고 있는 일이 힘든가? 지금 이혼을 생각 중인가? 외롭거나 우울한가? 혹 투병 중인가? 살을 빼고 날씬해지고 싶은가? 노후 준비가 고민인가? 아이가 학교에 적응하지 못해 고민인가? 재테크를 잘하고 싶은가? 돈을 벌어 부자가 되고 싶은가? 건강하고 날씬해지고 싶은가? 행복한 결혼 생활을 하고 싶은가? 알아서 꿈꾸는 아이로 키우고 싶은가? 인간관계 다양한 문제로 힘들어 죽겠는가? 자신이 대체 뭘 좋아하는지 꿈이 뭔지조차 모르겠는가?

읽고 있는 책으로 인생에 영향을 끼쳐 삶을 변화시킬 수 있다. 누군가는 책 읽는다고 삶이 드라마틱하게 변하더냐고 따진다. 사람마다 속도는 달라도 단언컨대 겉으로 드러나고 타인이 눈치챌 정도로 변한다. 책을 읽으면 항상 미래를 염두에 두는 삶이 일상이 되고 책 속 이야기에 빗대어 나의 삶을 이끈다. 1년 뒤를 생각하게 되면 자연스럽게 3년, 5년, 10년 뒤를 꿈꾼다. 꿈은 구체적인 목표를, 구체적인 목표는 더 현실적인 계획하게 하고, 그 계획을 매순간 실행하게 한다. 삶의 고민 해결 방법은 책 읽는 거다. 읽고 사색하고 이끄는 대로 살아보라.

책을 읽으면 좋다는 걸 다 아는데, 삶에 좋은 영향을 미친다는데도 왜 책을 읽지 않는 걸까? 1권을 읽었더라도 당장 인생이 확 달라지는 경험을 못 해서일 것 같다. 책을 읽고 이런 일 이 내 인생에 일어난다면 어떨까? 식단이 바뀌고 살이 빠져 건강해지거나, 부동산을 사 부자가 되고,

사업을 성공적으로 이끌게 되고 여유롭고 행복한 삶을 누린다면 말이다.

　지금 당장 삶에 영향을 미칠 목적이 확실한 독서를 하라. 책에서 받은 진리, 지식을 내면화하라. 당신이 책을 읽으며 알게 된 고급 정보들을 원하는 사람들과 나누는 삶을 살아라. 길게 안 써도 된다. 당신이 실천할 수 있을 딱 한 줄만! 자유스럽게 기록해보라. 유튜브에 영상으로 남겨도 좋겠다. 꾸준히 만든 당신만의 이 컨텐츠가 당신 삶에 영향을 끼칠 게 확실하다. 내 삶에 영향을 미치는 책을 읽던 내가 책 쓰기를 하고 있다. 앞으로 블로그, 카페, 유튜브로 독서와 함께 하는 삶 이야기를 나누며 살 거다.

3

당신도
책이 시키는 대로 가보라

당신이 가지고 있는 책의 전부를 읽지 못한다 하더라도,
손에 들고 쓰다듬고 들여다보며 아무데든 닥치는 대로 펴서 눈에 뜨인 문장부터 읽어보아라.

– 윈스턴 처칠 –

"사장님, 저는 제 능력대로 급여 받을 수 있는 인센티브 근무를 하고 싶어요."

"저는 인센티브 불편해요. 직원들끼리 경쟁은 제게 스트레스에요. 고 정급여제를 원해요."

『카네기 처세술』에서 봤던 내용을 기억했다.

"직원 질책이나 내 의견에 무조건 따르라고 하는 대신, 장점을 보려 노 력하며 격려하고 맘에 드는 성과를 칭찬하라."

우리 능력에 대한 본사의 기대감도 컸다. 빚 독촉에 임대료 압박을 받을 당시엔 아무것도 생각나지 않았다. 무슨 방법을 써서라도 판매직원들의 열정을 끌어올려 매출을 올려야 했다. 오너 입장에서 사업장은 여기저기서 예상치 못한 일이 몸이 열 개라도 감당키 어려운 일들의 연속이라 목이 타는 곳인데 가장 큰 고민이 사람 관리다. 누군가 한마디로 명쾌하게 이 일을 해결해주거나 힌트라도 던져주었으면 좋겠다는 생각을 자주 했고 책 말고는 찾지 못했다.

권한을 부여할 때는 지침도 함께 주라. 사장의 긍정적 말이 무기라는 메시지가 담긴『사장이 알아야 할 모든 것』,『사장은 차라리 바보인 게 낫다』를 보고 인센티브제와 고정급여제로 나누어 적용했다. 직원마다 선호하는 급여제도가 달랐다. 성과제를 선호하는 직원은 인센티브매장으로 배치했다. 또 다른 매장은 경쟁성과제를 싫어하는 직원끼리 모아주었다. 직원 다수가 만족하도록 배려했다. 창업이든 사업이든 책을 읽고 사색하다 보면 적용할 아이디어도 떠오른다. 실패 경험이 있더라도 결국은 성공의 길에 서 있게 된다.

책이 말하는 대로, 책이 시키는 대로 살아본 적 있는가? 책을 읽고 얻은 것은 절대 배신하지 않는다. 삶의 수많은 고민들 앞에, 내 능력으로 해결할 수 없다면 남의 능력인 '책'에서 힌트를 얻어라. 내 삶에서 책이

시키는 대로 해서 이룬 것이 뭐가 있었나 생각해본다.

아무리 읽어도 내게 당장 적용할 내용이 없으면 그냥 둔다. 내 머릿속에 몇백 권, 몇천 권 저장되었는지, 무슨 종류 책을 읽었고 책 제목이 무엇인지 난 정확히 기억해 내긴 힘들다. 난 권수 채우기 독서가가 아니다. 앞으로도 그럴 거다. 권수보다 내 삶의 변화에 초점을 맞춘 독서를 할 생각이다

"자기 삶의 아티스트가 되라. 생각하고 말하고 행동하고 자신의 존재를 당당히 드러내라. 새로운 일을 배우고 도전하고 마음을 열어라. 그 어느 때보다 더 높이 올라야 한다. 이제 제품을 생산함으로써 부를 쌓아가던 산업사회의 시대가 저물고 연결과 관계라는 완전히 다른 새로운 것에서 가치가 창출되는 연결경제의 시대다. 당신이 잘 할 수 있는 일들이 가치를 인정받는 시대가 된 거다."

『이카루스 이야기』와 부동산, 1인 기업, 책 쓰기를 해야 하는 이유를 설명한 『경험을 돈으로 바꾸는 세 가지 비결』. 내 삶 스토리가 책의 소재라고 말하는 『나를 세우는 책 쓰기의 힘』. 작가, 코치, 컨설턴트, 1인 기업가가 되어 사람들에게 비용을 받고 비결을 전수해주는 사람이 되라는 『신용불량자에서 페라리를 타게 된 비결』을 읽은 난 지금 "책이 시키는 대

로" 책을 쓴다. 책이 시키는 대로 당장 한 개라도 실천해보는 중이다.

　예전으로 돌아가고 싶지 않은 나를 만들 정도로 현재 가치를 끌어올리고 히스토리가 있는 돈을 만들라는 『언니의 독설』이 시키는 대로 오랜 세월 해온 사업과 가정에서 나만의 색깔을 가지고 달려왔다. 사는 게 답답하고 힘들어 읽었다. 한때 일 자체가 무의미했을 때가 있었고, 일에서 벗어나고 싶었던 적도 많았다. 솔직히 먹고사는 문제 아니었으면 벌써 읽기를 그만뒀을 거다. 누구나 책을 읽는 이유는 다를 것이다. 일하는 나 자신의 삶 자체가 싫었을 때가 있었다. 이유가 뭐든 책을 읽다 보면 어느 정도 고민거리가 해결되었다. 책을 펼치기만 해도 말이다.

　"몸인 아내가 행복하면 머리인 남편도 행복해진다. 남편이 아내를 소홀히 여기고 자기 일에만 온통 관심을 쏟는다면 몸은 쇠약하고 머리만 살찐 가분수형 부부가 된다. 반대로 아내가 남편을 무시하고 자기 마음대로 산다면 머리는 작고 몸만 큰 기형 부부가 된다."

　『끝까지 잘사는 부부』가 시키는 대로, 남편의 장점을 찾아 힘이 되는 말로 권위를 세우는 말을 한다. 때론 가치관 다른 사람들과 인간관계가 틀어져 안 좋은 일로 침울한 남편에게 오히려 "당신 잘못도 크다."라며 오히려 남편의 기운을 더 꺾기도 했던 일을 사과도 했다.

"부부 사이의 말에는 큰 힘이 있다."

요즘 우리 둘은 반짝이는 대화에 익숙해졌다.

언제부턴가 일을 많이 하지 않아도 피곤한 날이 지속됐다. 깊은 잠을 못 자고 깨어 있어도 잡생각과 근심 걱정, 불안감에 짓눌렸다. 아무것도 안 한 날도 피곤했다. 여름에도 감기에 걸렸다. 아무리 쉬어도 쉰 것 같지 않았다. 게다가 보는 사람마다 덩치가 커진 내게 제일 건강해 보이는 우람한 체격인데 매번 아프다고 놀렸다.

"뇌 피로의 첫 번째 신호는 매사 하는 일이 지겹다는 것이다. 아무리 좋은 일이라도 계속하면 지겨워지기 마련이다. 이를 뇌 과학에서는 같은 신경 회로를 반복해 사용함으로써 신경말단이 피폐해진 상태로 보고 있다. 피로감을 본격적으로 느끼기 시작하면서 지친다는 기분이 드는 것이다."

『쉬어도 피곤한 사람들』에 나오는 내용이다. 문득 생각해보니 그저 먹는 것, 잠자는 것으로 휴식이라고 생각했던 거다. 그랬더니 체중은 거의 70kg을 향해 달려가고 옷을 입어도 태가 나지 않았고 꼭 필요한 일이 아니면 외출도 하지 않고 사람도 잘 안 만나게 되어 우울해져 가고 있었던 거다. 나는 체중을 줄이자고 마음먹었다. 『100살 건강한 뇌의 비결』, 『정통 한방 비만 치료서』를 읽고 저자를 찾아가 상담을 했다. 『마흔 여자는 아프다』, 『명의가 가르쳐주는 마법의 다이어트』, 『천기누설 6』 그 외에도 관련 책들을 찾아보며 스스로 동기부여를 해가며 소식과 운동을 내 일상에 넣었다. 20여 kg 이상을 감량 후 지금 1년이 지났지만 감기 한 번 안 걸리고 잠을 몇 시간 못 자도 몸이 개운하고 건강해졌다.

책을 붙잡는 사람들은 나처럼 자기 인생에 힘든 일이 있거나 돌파구를 찾고자 하는 의욕이 있을 거다. 행동을 안 하면 아무것도 시작되지 않는다. 이 책을 읽는 동안에도 시도해보고 싶다는 생각이 들면 읽던 책을 덮고 즉시 실행해보라. 끝까지 읽지 않아도 된다. 당신과 내 안엔 수많은 거인이 있다는 사실이 믿어지는가? 거인을 만나는 방법은 책과 만나는 거다. 당신의 모습이 마음에 들지 않는가? 지금 현재 있는 곳 마음에 안 들어 가슴이 답답한가?

특별한 이유 없어도 가끔 슬럼프가 올 때가 있었다. "우리 인생은 방황의 연속입니다. 혼자 있으면 외롭고, 둘이 있으면 귀찮고, 이래도 문제, 저래도 문제예요. 해결 방법은 혼자 있어도 외롭지 않아야 하고, 둘이 있어도 귀찮지 않아야 합니다. 내가 스스로 온전한 사람이 되면 혼자 있어도 외롭지 않고, 둘이 있어도 귀찮지 않습니다." 『방황해도 괜찮아』는 내 마음이 서야 할 자리를 찾아 헤맬 때 위로를 받았다.

정말 미칠 정도로 자기 한계에 부딪혀 나아가지 못하고 있는가? 책은 당신을 원하는 곳으로 데려갈 거다. 책을 읽으며 세운 목표나 깨달음을 메모하고 당신 시선이 닿는 곳에 붙여두는 것도 좋다. 결국 잊지 않고 책이 시키는 대로 노력하면 원하는 삶을 살게 될 거다. 지금 손에 들고 있는 이 책부터 읽어보는 거다. 한 번 읽는다고 인생이 금방 드라마틱하게 변하지 않는다고 지치지 마라. 해결하고픈 자신의 목표를 머리에 기억하고 서점을 돌아다녀보라. 당신을 부르는 책을 만나라. 책이 하는 목소리가 들릴 때까지 읽으면 되니까. 이제 결심이 섰는가? 책이 시키는 대로 따라가보라.

4

나는 책 덕분에
독자의 위치에서 작가가 되었다

기회를 기다리는 것은 바보짓이다. 독서의 시간이라는 것은 지금 이 시간이지
결코 이제부터가 아니다. 오늘 읽을 수 있는 책을 내일로 넘기지 말라.

– H. 잭슨 –

책을 읽기만 하던 내가 지난 2월 『버킷리스트 22』를 쓴 작가가 되었다.
그리고 지금 벌써 두 번째 책인 개인 저서를 쓰고 있다. 열정적으로 최
선을 다해 살아왔다고 말할 수 있는 나는 화장품 사업에 글 쓰는 일도 내
삶에 함께하기로 했다. 정말 나도 책을 써볼까? 라고 마음먹었던 이유가
있다. 주위에서 내 삶에서 일어난 일들에 대해 여러 가지를 물어왔고, 차
한잔 마시며 내 이야기를 들려주었는데 너무 고마워했다. 그즈음 저자
강연회에도 간 적이 있다. 강연 작가분이 인상이 선하고 솔직함이 느껴
진다며 유튜브도 해보라고 권유했다. 퍼스널브랜딩을 하여 강연, 코치를
하면 잘 어울릴 것 같다는 말씀을 해주셨고 이분이 소개해준 책 중에 『두

번째 명함』은 내가 구체적으로 하고 싶은 일을 찾는 데 마중물이 되어 주었다.

그러다 늘 책 읽기만 해온 나에게 내 마음에 내 이야기를 한번 써보자는 울림을 주는 글을 만났다.

"생존 독서에서 생존 책 쓰기로 전환하라고 한다. 아무리 독서를 많이 한다고 해도 이는 인풋일 뿐이다. 다양한 지식과 경험을 배울 수는 있겠지만 개인의 운명을 바꾸는 데 있어선 그다지 강력한 힘을 발휘하지 못한다. 다양한 기회를 끌어당겨 운명을 바꾸는 강력한 에너지를 발휘하는 것은 지식을 재가공해 콘텐츠를 만드는 아웃풋에 있다. 정말 많은 사람들이 책 쓰기인 아웃풋을 통해 자신의 꿈을 실현했고 놀라울 정도로 인생을 바꾸었다. 인풋인 '생존 독서'를 할 때 변화는 세상을 넓게 보는 시야와 진취적이고 긍정적인 마인드 같은 변화를 이끌어낼 수 있었다. '생존 책 쓰기'를 한 후에는 칼럼 기고, 강연, 컨설팅 활동 등 자신이 좋아하는 일을 함 사회에 공헌하며 수익을 창출하는 등의 평생 현역으로 살 수 있는 경쟁력을 갖추었다."

'끌어당김 법칙'과 '우주의 법칙'으로 만난 김태광 작가의 책 내용이다. 나는 이 글을 읽고 바로 〈한책협〉에 등록하고 책 쓰기에 몰입했다. 물론 혼자 독학으로 책 쓰기를 할 수도 있을 것이다. 하지만 먼저 작가의 길을 가본, 200여 권이 넘는 책을 써본 작가에게 배우고 싶었다.

"제수씨! 책 좋아하나 봐요. 책 2권 좀 빌려갈게요."
"아줌마, 책이 온통 자기계발서네요! 추천해주세요!"
"무슨 책 읽었어? 책 소개 좀 해줘봐."
"책장에 꽂힌 책 제목만 봐도 네가 무슨 생각으로 사는지 알겠네."
"맨날 가계부 쓰고 아끼라면서 엄마는 책 너무 많이 사는 거 아녜요?"

대부분 사람들이 그러하듯 책을 읽기만 했다. 베스트셀러라는 글만 봐도 가슴이 두근거렸지만, 작가는 특별한 사람들 영역이라고 금을 긋고 살았다. 항상 가방에 책을 한두 권을 꼭 넣어 다니는 건 오래된 습관이다. 그러면 한 줄 한 페이지라도 읽게 되니까……. 내게 책은 삶의 고민 해결 상담 친구 같은 존재다.

"너희 부부 진짜 남매같이 사이좋네. 신혼 초부터 이혼한다고 법원 앞에 몇 번이나 갔었댔잖아."
"한국에서 일본으로, 프랑스로 사업하는 비결이 뭡니까?"
"돈 때문에 고민하더니 어느새 여러 채의 부동산은 어떻게 투자하게 된 겁니까?"

"딸내미 고3 때 일본에 전학 가서 어떻게 명문대를 보낸 거야?"

"어떻게 3달 만에 20킬로그램을 뺐습니까?"

"앞으로 또 어떤 꿈을 목표로 하는지 궁금하네!"

"열정적으로 사는 친구야, 너는."

이렇게 여러 가지 나에게 물어 올 때마다 "책 읽었지……. 책에 보면……."이라고 말했다. 한국에서 직원과 아침 독서를 한 적이 있다. 독립해서 자기 사업을 잘 하고 있는 그때 직원이 지금도 안부를 물어온다. 우리 회사에 일할 때 아침에 1시간 주 2회 아침 독서 한 경험이 평생 습관이 되었고 본인이 하고 있는 사업에도 도움이 된다고 말해줘서 참 기쁘다. 책 읽고 지금 정신적 물질적 행복을 누리게 되었다고 말했던 내가 이제 책을 쓰고 작가가 되었다.

주어진 삶에 내게 필요한 책을 골라 읽으며 평범하게 살아온 내게 작가는 막연한 꿈이었다. 가난한 친정, 장녀라는 부담감, 이혼을 고민했을 때, 아픈 아들 때문에 죽고 싶었을 때, 사업에 실패했을 때, 두 번의 암 수술 때 내게 위로와 공감을 주었던 건 책이었다. 돈이 모이지 않아 방법을 몰라 머리가 빠개지도록 아팠을 때 부자가 되는 방법을 알려준 것도 책이었다. 그 소중한 본인들의 경험을 써서 세상에 공유해준 작가들이 참 고마웠다. 꼭 독서를 통해 삶의 고민을 해결해본 경험을 써보고 싶었다. '내 책을 쓰고 싶다!'고 또 한 번 마음 먹었던 일을 떠올려봤다. 사업 실패 후 자존감이 바닥이었을 때 나 자신과 직원들의 마인드를 다잡아야 했다. 책에서 자료들을 모으고 교육을 했었는데 그때 나도 언젠가 사람의 마음을 움직이게 하는 책을 한번 써보고 싶다는 상상을 했었다. 20여 년 전 그때는 지금과 달리 1인 지식기업가, 메신저, 이런 단어를 접한 적이 없었기에 당장 직업으로서 작가로서 직업은 생각은 못 했었다.

　나는 이왕이면 몰입할 수 있어 내 재능을 끌어 올릴 수 있는 일, 내가 하고 싶은 일이어서 재미와 기쁨을 느낄 수 있는 일, 일을 하면 할수록 내 가치가 올라가 보상을 많이 받을 수 있는 일을 선택하라는 메시지를 준 책을 읽고 작가를 떠올렸고, 1인 지식기업가의 꿈을 꾸게 되었다. 내가 책 쓰기 공부를 위해 급한 마음에 결정해 간 곳에서 책은 이렇게 배워가나 보다 하며 몇 달을 보낸 적이 있다. 내가 〈한책협〉을 알게 된 건 작년 두 달 정도 딸과 한국에 나가 있었을 때이다. 그렇게 오랫동안 책을 읽었던 나였지만, 책 쓰기 관련 책이 있다는 것을 몰랐고 책 쓰기 아카데미가 있는지도 몰랐다. 서점에서 주황색 표지의 『내 인생의 첫 골프수업』, 노랑색 표지의 『1시간 책쓰기의 힘』 두 권의 책이 눈에 확 띄었다. 이 두 권의 저자를 찾아가 골프 등록을 했고, 책 쓰기 과정도 등록했다.

　"사람들은 이제 조언보다는 위로를 원하고, 가르침보다는 공감을 원한다. 누구에게나 의미 있는 자신만의 스토리를 지니고 있고, 다른 사람들과 공유할 수 있다. 이것이 작가가 독자를 대상으로 책을 쓰는 이유며, 독자들이 작가의 스토리에 귀를 기울이는 이유다. 책은 성공한 사람의 전유물이 아니다. 거창한 스펙이 있어야만 책을 쓰는 시대가 아니다. 독자들은 유명인들, 수려하게 잘 쓰이거나 문학적 가치가 있는 책만 찾지는 않기 때문이다. 읽는 사람도 쓰는 사람도 같은 눈높이에서 책을 읽고 쓰는 시대이다. 책을 읽으면서 '나도 이런 책을 쓰고 싶다'는 생각을 하고, 거대한 것부터 소소한 것까지 내게 필요한 정보를 얻고 내게 위안이 되는 메시지를 챙기려고 한다. 그리고 그러한 모든 행위, 즉 책을 쓰고 읽는 일련의 행위를 통해 행복을 느끼고 성취감을 느낀다. 충분한 독서와 사유의 시간은 필수다."

『1시간 책 쓰기의 힘』에서 이런 내용을 읽고 저자의 회사를 찾아가 책 쓰기 등록을 했다. 운동도 책을 보고 선택하는 나인데 왜 책 쓰기 관련 책을 한 권만 보고 찾아갔는지……. 내게 맞는 곳으로 좀 더 자세히 알아볼 걸……. 그분을 따르는 작가도 많다. 나와 맞지 않았을 뿐이다. 아이 과외 선생님 찾기와 비슷한 것 같다.

일본으로 돌아와서 그 아카데미와 피드백을 주고받다가 나와는 맞지 않는 것 같고 그 이후 남편과 책 쓰기에 관한 자료를 그제서야 상세히 검색을 하다가 〈한책협〉의 김태광 작가님을 알게 되었다. 직설적이어서 당황스러울 때도 있지만 솔직한 분이시다. 책 쓰기 아카데미로는 최정상이었다. 하찮게 여겨지는 작은 나만의 인생 경험을 써서 작가, 코치, 강연가, 컨설턴트가 되어 1인 지식 창업가로 살라는 하는 조언을 주셨다. 적지 않은 비용이지만 망설일 필요가 없었다. 조언을 받으며 지금 즐거운 마음으로 책을 써내려가고 있다. 처음에는 꼭지 하나당 세 번씩 재수정 요청을 받으면서, 내가 계속 쓸 수 있을까 걱정도 됐지만 열정적인 코칭 덕분에 여기까지 잘 쓰고 있다. 책 읽기는 시간을 따로 낸다기보다 스마트폰 보듯 그냥 읽었다. 책 쓰기는 하루 중에 시간을 정해서 하루 중 쓸 시간을 확보해야 했다. 새벽이나 점심시간 시간 혹은 저녁 시간 중 선택해 쓰고 있는데 습관이 안 되어 버거웠다. 점점 습관이 되니 수월하다.

책을 쓰려 하니 예전보다 더 많이 읽어야 하지만 미래가 더 기대가 된다. 책 쓰기로 과거 내 삶을 되돌아보고 아팠던 마음의 치유까지 경험하고 있고, 책 쓰기 하며 적어 두었던 꿈 목록이 6개월이나 당겨지는 기적을 체험하고 있는 나처럼, 여러분도 책을 읽기만 하는 생존 독서에서 '생존 책 쓰기'를 당장 시작해서 가슴 설레는 작가가 되는 꿈을 꾸고 만들어 보는 게 어떨까?

5

책을 읽는다는 것 자체가
성공이다

읽다가 죽어도 멋져 보일 책을
항상 읽으라

- P. J. 오루크 -

4.8조 빅딜, 사업에서 성공한 자칭 과시적 독서가, 우아한 형제들 회사 대표, 『책 잘 읽는 법』을 쓴 김봉진 대표. 그도 처음엔 지적 허영심으로 시작했다고 고백했다.

"〈있어빌리티〉가 굉장히 중요했어요. 우리가 책을 읽을 때 보면, 일단 카페에 가면 커피를 시켜놓고 책 한 권 펼쳐놓고 스마트폰을 하잖아요. 책을 통해서 뭔가 과시적인 모습을 보여주기 위한 것도 있지만, 지적인 이미지를 보완하기 위해서 책을 계속 읽고 페이스북으로 올리면서 독서 활동이 시작됐죠. 책을 읽으면 성공하고 잘 살 수 있느냐는 질문에 저는 이렇게 답해드리고 싶어요. 정해진 운명보다 조금 더 나은 삶을 살 수 있다고요."

어느 인터뷰에서 있어 보이려고 책을 읽기 시작했었다는 그의 '독서 동기'가 흥미롭다. 읽기 시작했다는 자체가 중요하니까. 성공한 사람이 안 되면 내 삶은 불행해진다는 말을 하는 게 아니다. 하루 한 페이지도 읽지 않으면서도 아까운 시간을 흘려보내는 것, 일상의 나태함에 빠지는 것, 인생에 대한 최소한의 예의라고 하는 독서를 하지 않는 것, 자기 변화를 위해 그 어떤 자기계발도 하지 않는 것이 안타깝다. 돈, 성공, 행복이 그저 편안하게 손에 쥐어지길 바라지 말자. 앞서 말한 그는 책 읽기에 10년 이상 시간과 노력을 부었다.

"여기 일본에서 알게 된 지인 중에 자기 분야에 성공하신 분 중 '독서광' 있으면 좀 말해줄래요?"
"성공한 분은 많지. 만나도 책 얘기를 한 적은 없으니 모르지. 다음에 만나면 물어볼게."

훗날 우리 부부 인생 두 번째 목표를 이루게 되면 '독서로 성공한 사업가'라는 이름을 붙여야겠다. 인생 성공이 뭘까? 성공하면 행복할까? '성공 근육'을 가지고 싶은가? 지금은 종료된 TV 프로그램 〈성공시대〉를 본 사람이 많을 듯하다. 『대한민국이 답하지 않거든 세상이 답하게 하라』의 저자이고 성공한 사업가 김은미 대표는 아시안 사업가라는 타이틀로 오피스 서비스 기업으로 세계의 사업을 펼쳐 나갈 때 가장 애썼던 것은 지독한 독서였다고 했다. 남녀의 차이, 사랑, 연애, 결혼제도, 자녀 교육 등 다양한 주제로 인생에 닥쳐온 미션에 따라 책을 골라 읽었다. 인사 문제에 부닥치면 인사를 다룬 책을 50권 읽고, 경험해보지 않은 나라와 비즈니스를 시작할 땐 그 나라 역사, 풍습, 문화, 음식에 관한 책을 파고들었다. 여자라는 점이 비즈니스에 걸림돌이 될 때는 남자의 심리, 비즈니스 스킬, 여성학, 인간관계 관련 책을 몇십 권씩 읽었고 사업도 가정에서도 행복한 성공을 했다. 그녀의 독서량과 열정의 깊이를 보니 나는 100배, 1,000배로 노력해도 부족할 듯하다.

한 페이지라도 펼치는 습관이 중요하다. 꼭 한 권의 책을 완독하지 않아도 괜찮다. 여러분이 지금 이 글을 읽고 있는 순간에도 나는 여전히 책을 들고 읽고 있을 것이다. 책을 펼쳐 읽고 깨달은 걸 실천하면 성공인 걸 아니까. 한 페이지라도 읽어 내려가되, 다양한 책 읽기 습관으로 자기 분야에서 성공해보라. 김대중 대통령은 질릴 정도의 메모독서와 한 시간 읽고 한 시간 생각하는 독서를 했다. 이명박 대통령은 돈이 될 독서를, 이건희 회장은 다른 CEO가 사람을 만나 바쁘게 계약을 할 때 자신의 서재에서 여유롭게 책을 읽는 습관으로 사업에서 다양한 아이디어를 냈다.

노무현은 비판독서법, 전두환 독서법은 책을 많이 읽진 않지만 일단 읽은 책은 이해력과 응용력이 빠르다. 독심술의 대가였다는 노태우 대통령의 독서법은 조용한 심리독서법, 링컨과 김대중은 반복독서법, 나폴레옹은 전쟁터에 이동도서관을 만들어 갈 정도로 일상 자체가 책과 함께 한 삶이었다. 『대통령의 독서법』을 보면 성공한 사람들은 모두 독서광임을 깨닫는다.

당신이 읽는 삶을 살겠다고 다짐한 순간부터 성공이다. '성공 독서'가 되는 거다. 내 삶이 여러 문제로 고되지 않았다면 책을 한 페이지도 읽지 않았을 것이다. 읽지 않았다면 내 가정, 회사의 평온은 없었을 거다. 어느 독서법을 쓴 작가처럼 천 권 만 권 읽기 등의 '권수 목표 독서'는 아니었다. 인간관계 잘하는 방법, 회사 설립하는 방법, 행복한 가정생활 성공하는 법, 사업 성공하는 방법, 아이 성공적으로 키우는 방법, 재테크 방법, 부자로 성공하는 법을 알려줄 사람이 내 가까이에는 전혀 없었다. 무조건 도서관이나 서점으로 갔는데, 20여 년 전보다 지금은 앞에 말한 인생 고민 키워드를 치고 고르면 된다. 인터넷 서점으로 검색해 사서 읽는 것도 편하다. 성공하고 싶어 읽었고 행복하고 만족하는 삶 맞다. 정말 읽는다는 자체가 성공으로 가는 지름길 맞다.

한때 인간관계가 힘들었다. 현실과 씨름을 하던 때 무작정 서점으로 향했다. 다양한 책을 읽고 소통의 언어를 배워 따뜻한 대화를 시도했다. 살면서 항상 다양한 문제들이 나를 당황 시킬 때 내게 책보다 좋은 처방법은 없었다. 『협상은 감정이다』에서 가족, 고객, 자존심 살리는 표현을 배웠다. 『여자에게 일이란 무엇인가』는 내 아이들과 함께한 시간 부족의 죄책감을 달래주었다. 『9가지 사랑의 언어』을 통해 자존감 세워주는 칭찬의 말을 배워 사랑을 쏟았다. 인생 문제에 답이 나올 때까지 4~5권 정도 읽다 보면 실천할 해결 힌트가 떠오르는 경험을 많이도 했다. 책 읽지 않고 가만히 있으면 정말 아무런 일도 일어나지 않는다. 생각하는 대로 살지 않으면 사는 대로 생각하게 된다고 폴 발레리도 말했다. 읽다 보면 쓰게 될지도 모른다, 나처럼.

"원하는 목표 지금 당장 책을 쓰겠다는 꿈을 적어보는 것은 어떨까. 책을 쓰는 것은 변화를 만드는 최고의 자기계발 방법이고 행복한 삶을 살게 할 것이다. 개인저서를 출간하고 나는 작가로 데뷔한다. 내 경험과 깨달음이 필요한 사람은 분명 어딘가에 있다. 책을 써서 사람들에게 선한 영향력을 미치는 메신저. 책을 읽는 것에만 그치지 말고 자신만의 경험과 영혼을 담은 책을 쓰자. 그리고 그 책과 당신의 메시지로 세상 사람들에게 선한 영향력을 행사하자. 자신의 운명을 개척하고 자유로운 인생을 향해 하루하루를 살아가자. 이 세상에 불가능은 없다. 자기 자신만 믿고 나아가면 된다. 앞으로 책을 통해서 변화될 여러분들의 제2의 인생을 응원한다."

『책을 쓴 후 내 인생이 달라졌다2』는 읽기만 하던 내가 쓰는 삶을 가도록 동기부여해준 책 중 하나다.

어쩌면 내게 무조건 한 줄이라도 읽어야 성공하고, 안 읽으면 망한 삶인가 묻고 싶을 것이다. 『부자 되는 습관』에서 부자와 가난한 사람의 독서 습관은 천지 차이라고 한다. 부자의 경우 매일 30분 이상 책을 읽는 사람이 88%였던 반면, 가난한 사람은 단 2%만이 이런 습관을 갖고 있었다. 책 읽는 방법 말고 더 좋은 방법이 있으면 알려줬으면 좋겠다. 우리네 삶은 하루에도 수많은 크고 작은 결정들에 의해 만들어진다. 이 '생각 근육'은 책 읽기를 통해 가능하다. 정말이다. 생각의 근육이 좋은 사람은 보다 좋은 결정을 하게 된다. 이런 좋은 결과가 점점 쌓이면 누구의 인생이라도 조금 더 나은 삶을 살 거다. 지금까지 마음에 들지 않아 바꿔버리고 싶었던 당신 운명을 바꿔버릴지도 모를 일이지 않는가? 성공한 부자들 중에 독서광인 사람은 무수히 많다. 책 한 권의 힘을 한번 믿어보라. 내 귀에는 그 소리가 아주 또렷하게 들린다. 왜냐면 내가 그렇게 살아봤기 때문이다. 책 한 페이지로 성공했느냐? 묻는다면 그렇다고 할 수 있다. 예전에 꾸었던 꿈은 이루었고 앞으로 내 꿈의 크기는 점점 커지고 많아질 거다. 책 읽던 내가 이제 책 쓰기로 내 삶을 성공으로 가득 채울 거다. 다른 사람도 내게 말하지만, 책과 함께 원하는 성공을 이루었다. 내 인생에서 갖고 싶은 것이 책에 다 있었다. 내가 읽지 않았을 뿐이다. 우리 삶보다 먼저 살아낸 사람들이 써놓은 그 책에 다 있다는 말이다. 읽어주기만 하면 다 내 것이 된다. 읽고 싶은 책 목록들이 인터넷 서점 장바구니에 저장된 책도 여러 권에 나도 한 페이지도 읽지 않는 날도 있다. 하지만 가방에 담고 싶은 성공자의 책 서너 권 넣어 다니는 자체가 내 삶의 성공일 수 있다.

간절한 마음으로 읽었던 책 한 권의 힘! 책 읽고 성공한다는 것, 가능하다. 밤새워 읽다가 새벽을 맞았던 많은 날들. 그때 나온 여러 아이디어들로 회사를 성공시켜본 뿌듯함을 어떻게 말로 설명할 수 있을까? 돈? 돈은 그 뒤 성큼성큼 다가왔다. 돈이 뒤따라오는 소리가 잘 들리지도 않고 정말인가 의심도 생기는가? 독서를 통해 자신의 삶에 변화를 위해 노력하고 당신이 어떤 분야든 자신의 가치를 높여야 행복을 맛볼 것이다. 사람들이 삶의 의미를 잃고 종종 자살하는 이유 역시 삶에 변화가 없을 거라 믿기 때문이라고 들었다. 어제가 오늘 같고, 내일도 오늘 같은 그런 삶 말고 당신 스스로 뿌듯해질 수 있는 당신만의 '주체적 삶'으로 성공한 삶을 원한다면 시간을 내어 책을 읽어라. 그리고 성공한 자신의 모습을 상상하라. 부자가 되고 인생에서 진정 원하는 성공 모두가 책에 있다는 걸 나는 안다. 눈앞에 보이는 책을 꺼내 한 줄 읽어보는 건 어떨까?

6

작심삼일도 괜찮다,
계속 읽어라

단 한 권의 책밖에
읽은 적이 없는 인간을 경계하라.

— 디즈레일리 —

독서가 작심삼일이 되는 이유는 뭘까? 어떻게 하면 책 읽기를 지속할

수 있을까? 사람들이 현재의 모습에 대부분 만족하지 못하는 이유가 내

의지대로 살지 못하기 때문일 거다. 하루하루 끌려다니듯 시간을 보내다

가 어느 날 결심을 하곤 한다. 뭘 어떻게 해야 할지 모르고 근사하고 대

단해 보일 목표를 세워도 본다. 하지만 처음 마음먹은 대로 이뤄나가기

가 쉽지 않다. 금방 며칠 안 가 목표와 계획은 흐지부지되기 일쑤다. 책

읽기는 더 그렇다.

"오늘도 안 해요?"

"운동? 독서도 그렇고 글쓰기도 자꾸 미뤄지고 그러네."

"혜연아, 운동 안 가?"

"2층 맨션 운동실 폐쇄래요. 엄마 학교 개강 또 늦춰졌어요. 5월 18일로요."

그러잖아도 올해 목표한 운동, 독서, 계획들이 조금씩 안 지켜지고 있었는데 이번 달 운동을 건너뛰는 날이 잦다. 오늘 아침 도쿄 올림픽이 내년으로 연기된다는 보도가 나왔다. 코로나로 인해 전 세계가 어수선하다. 작심삼일 핑계 대기 좋은 분위기다. 안 된다.

간신히 시작하고 꾸준히 해나가다가도 그만두고 싶어질 때가 있었다. 사업을 시작했는데 어느 날인가 출근하고 싶지 않아졌고, 운동을 하다가도 갑자기 운동을 끝까지 하고 싶지 않기도 했다. 원고 제출 약속을 했는데 갑자기 타이핑하기가 싫어지기도 한다. 갑자기 기분이 안 좋아지고 우울해지고 그만두고 싶다는 생각이 불쑥불쑥 튀어나와도 다시 하기를 반복하면 된다. 결과를 지속시키는 비결은 그냥 묵묵히 멈추지 않는 것이다. 그만두지 않으면 된다. 이것이 아주 작은 습관의 힘이다. 처음 얼마간 변화가 미미해도 백일만 읽어보라. 당신이 이루고자 하는 상상 이상의 꿈을 이루는 무기가 될 것이다. 노력해야 하고 끝까지 해내기 힘든 상황이 늘 생기지만 진짜 해내기만 한다면 정말 좋은 것들이 있다. 외국어 배우기, 살빼기, 돈 모으기, 독서 등은 모두 장기전이 필요한 일들이다. 특히 독서는 더더욱 그렇다.

3일하고 하루 쉬면 어떤가? 3일 읽고 하루 쉬고, 또 3일 읽고 하루 쉬고를 이것도 나처럼 반복하면 성공하는 습관이 된다. 멈추지만 않으면 작심삼일도 좋다. 독서 목표 계획을 잘게 쪼개보라. 1년에 300권 계획보다 3일에 책 1권 떼기 계획이 낫다. 작게 시작해보는 거다. 운동이든 독서든 마찬가지다.

그렇다면 다음 달부터 시작한다가 아니라 이번 주부터가 더 좋고, 내일부터가 아닌 지금 당장 1권을 들고 한 페이지라도 일단 즉시 읽어보자. 나중에! 라는 건 안 하겠다는 것이다. 지금 당장 한 페이지 읽기로 시작하는 거다. 그렇지 않고선 평생 못 할 수 있다. 이미 작심삼일 많이 겪어보았을 것이다. 작심삼일로 스스로 자책 한 번 안 해본 자신 있는 사람 있나? 너무 당연하다. 시시때때로 흔들리는 의지력을 믿으면 안 된다. 습관을 들여야 한다. 아침에 일어나면 물 마시듯 책 집어 들고 펴기가 자동적으로 장착되도록 말이다. 그러면 나는 어떻게 하고 있냐면 이렇다. 사실 내 생활권 안에는 늘 책이 있다. 내 가방, 식탁, 침대 머리맡, 세면대 위, 화장실, 현관 입구, 소파 등 손닿는 곳에 항상 읽을거리를 둔다. 잡지라도 말이다. 약속 장소에도 미리 나가 책 읽으며 기다리는 편이다.

여러분은 최근 작심삼일이 된 목표는 무엇인가? 하루 중 늘 틈틈이 시간 날 때마다 독서하던 나는 작년 초 새벽 독서를 3개월 정도 하다가 흐지부지됐다. 원래대로 틈틈이 독서로 돌아왔다. 나쁘지 않은 건 3일 하고 하루 쉬고를 지속하니 괜찮다.

눈에 띄어 읽을 수밖에 없는 환경을 만들어보는 것은 어떨까? 책장을 정리하여 버릴 책들은 버리고 새로 관심 가는 분야의 책들로 채우는 것도 좋다. 집안 여러 곳에 책을 두는 방법도 좋다. 이 방법은 아이들에게 읽히려고 어릴 때 많이 했다. 외출 때는 책 최소 3권 이상 갖고 다니는 방법도 좋다. 이것은 출장이 잦았던 12년 전부터 생긴 습관이다. 차에도 5권 이상 책을 넣어두고 그날 기분에 따라 다른 종류 책을 읽는 것도 좋다. 집이나 사무실에서 읽히지 않으면 나만의 독서 공간이나 카페 등을 찾아다니며 읽는 것도 좋다. 한 번에 다양한 책을 읽는데 주로 성공서, 자기계발서, 업무 책을 동시에 읽는 건 나의 습관이 되었다.

환경을 조금만 바꿔도 습관이 바뀌고 원하는 목표를 이룰 수 있다. 『작은 습관의 힘』 저자는 건강한 식습관을 위해 매일 사과를 먹으려고 했지만, 매번 사과를 사오자마자 냉장고 과일 칸에 집어넣고는 잊고 있다가 다 먹지 못하고 버렸다. 그런데 '매일 사과 먹기'라는 습관을 '분명하게' 하자 변화가 찾아왔다. 저자는 사과를 눈에 잘 보이도록 식탁에 올려두었다. 그러니 저절로 틈날 때마다 매일 사과를 먹는 것을 잊지 않게 되었다. 이처럼 저자가 소개한 방법은 특별한 의지력 없이 지금 현재 습관을 조금만 바꿔도 원하는 목표를 이룰 수 있다.

책이 잘 안 읽힌다면 내가 책을 통해 얻고 싶은 것에 대해 생각해보는 것도 작심삼일을 이기는 동기부여가 될 수 있다. 내 삶에서 필요한 우선순위를 잡아라. 목적이나 목표 없이 하는 독서는 금방 무너지기 쉽다. 인간관계 스트레스받을 때 『인간관계론』, 『끌리는 사람은 1%가 다르다』를, 의욕 상실로 힘이 들었을 때는 『육일약국 갑시다』를, 『혼창통』을 읽으며 리더의 의미에 대해 생각해보기도 했다. 가정, 행복, 육아서, 경영, 직원 관리, 소통, 경영에 관한 책을 사무실과 매장, 내 가방, 집에 두거나 가지고 넣어 다니며 틈틈이 읽었다.

주위에서 추천한다고 처음부터 관심 없었던 동서양고전을 시작했다면 독서에 흥미를 못 느꼈을 것이고 책을 멀리했을 것이다. 철저히 나의 첫 독서는 성공학, 부자학, 자기계발서, 위인전이었고 지금도 손이 간다. 내가 먹고사는 문제, 내 삶에 바로 적용 가능하고 즉시 적용 가능한 책만 골라 읽어왔다. 내게 필요하고 중요한 핵심 문장을 찾고 씹어 소화하는 과정에서 끊이지 않는 독서 습관을 가지게 된 것이다. 김태광 작가님을 만난 후 잠재의식에 관한 책에 관심이 많다. 『확신의 힘』, 『허공의 비밀』,

『초인들의 삶을 찾아서』. 조금 어렵다. 휴대하여 가지고 다니며 몇 번이고 반복해 읽으리라.

YTN 사이언스 〈다큐S프라임〉 '작심삼일의 이유'를 흥미 있게 봤다. 명확한 목표 부재와 의지력 부족이 작심삼일의 원인이다. 독서를 처음 시작하면 1~2주간의 적응하는 기간이 필요하다. 운동 근육처럼 독서 근육도 습관이 되게 하려면 지루한 느낌을 극복해내야 한다. 책을 읽고 자극을 받고 무언가 성취하는 독서도 몸을 움직이는 운동과 비슷하다. 습관이 되기 전엔 몸이 나태해지려고 내 의지와 싸운다. 운동처럼 독서를 해야 보다 나은 질 좋은 삶을 살 수 있다. 한 줄이라도 매일 읽는 습관이 중요하다. 지금 당장 읽어라. 3일 읽다가 하루 쉬면 어떤가. 그렇게 계속 읽으면 된다. 이것이 쌓이면 동기가 되고, 동기가 되면 이제 책을 안 읽으면 양치 안 한 것처럼 찝찝해져 결국 꾸준히 책을 읽게 된다.

목표 없는 마구잡이 독서로 책 읽기를 잠시 멈추기도 했었다. 남들이 읽는다고 해서 내게는 맞지도 않는 어려운 책으로 시작하지 마라. 내게 직업이나 취미 등 당장 도움이 될 읽고 싶고, 쉬운 책으로 골라라. 작심삼일 안 하게 된다. 재미있을 거니까. 지금 당장 시작하라. 독서를 하면 서서히 내 삶이 유익하게 바뀐다는 건 진리다. 독서 재미를 붙이는 또 다른 방법은 독서 모임을 만드는 것이다. 동시에 여러 가지 책을 함께 읽는 것도 독서하는 삶, 습관이 되는 노하우다.

　독서와 혼자만의 시간을 가지고 새로운 길을 도모하라! 스티브 잡스 말이다. 퇴근해서 뭐부터 하는가? TV? 노트북? 스마트폰? 이런 것들을 쥐는 순간 나만의 시간은 사라진다. 귀가 후 3분 동안 보는 읽는 습관을 가져보라. 공평하게 주어지는 24시간, 책을 읽는 것만큼 가치 있는 일은 없다. 점점 미래가 불안하다고 하지만 책을 읽으면 불안에 갇히지 않는다. 오히려 불안 속에서 자신을 성장시킬 기회를 책에서 찾고 있다. 읽으면 시간은 온전히 당신 것이 된다.

　"현재의 삶은 당신의 선택, 결정, 행동의 총체적 결과다. 따라서 당신은 행동을 바꿈으로써 당신의 미래를 바꿀 수 있다. 당신은 이루고 싶어 하는 미래와 삶, 추구하는 가치들에 보다 더 적합한 새로운 선택과 결정을 내릴 수 있다."

　『백만불짜리 습관』에서 본 글이다. 미래를 바꾼다. 책 읽는 습관만으로도! 책이라는 무기를 항상 갖고 다니는 습관을 들여라.

　작심삼일 해도 괜찮다. 다시 시작하면 그 전에 읽었던 게 없어지지 않는다. 독서든 운동이든 지속하면 오히려 그 위에 저력이 차곡차곡 더 쌓인다. 어떤 사람인지 알아보려면 그의 습관을 알아보는 것이 가장 빠르다. 책을 읽는 습관이 몸에 배면 자연스럽게 책을 손에 쥐게 된다. 100일 간 하루 2시간 이상 책 읽는 습관이 만들어지면 읽어야지! 하는 의식을 하지 않아도 책을 잡게 될 것이다. 뭔가 눈으로 읽을거리가 없어 불편하다면 그 순간부터 독서가 습관이 된 것으로 인식하면 된다. 남과 다른 성공적인 삶을 생각한다면 삶의 모든 문제를 해결할 지혜와 행복을 안겨줄 책을 3일 읽고 1일 쉬고 또 시작하더라도 얼마든지 괜찮다. 작심삼일도 100일만 하면 2년을 지속할 수 있고 그 이후엔 당신 삶에 습관이 되어 있을 것이다. 일론 머스크는 수많은 정보 중에 핵심을 찾아내기 위해 만 권을 읽는 습관으로 혁신의 아이콘이 되었다. 작심삼일이면 어떤가? 그냥 죄책감 없이 계속 읽으면 된다. 당신의 습관 중 우선순위를 독서로 세팅하고 읽어라! 계속! 해보다가 안 되면 도움을 내게 구해도 좋다.

7

오늘부터 당장
한 페이지라도 읽어라

좋은 책을 처음 읽을 때는 새 벗을 얻는 것 같고,
전에 정독한 책을 다시 읽을 때는 옛 친구를 만나는 것과 같다.

— 스미드 —

"바빠 죽겠는데 책 읽을 시간이 어딨어?"

다들 너무 바쁘다고 말한다. 또 결심을 한다. 지금과는 다르게 살 거야, 영어 단어 3개씩 외울 거야, 틈새 시간에 꼭 책을 읽어야지 등의 생활 속의 작은 결심을 한다. 집을 사야지, 돈을 모아야지, 자격증 딸 거야, 운동할 거야 등의 결심을 반복하고 작심삼일로 끝난다. 나는 왜 항상 이 모양일까? 실망을 한다. 왜 안 되지? 수많은 사람들이 똑같은 시행착오를 한다. 머리, 마음으로 받아들이지 않으면 아무리 결심을 반복해도 행동 실천은 계속 안 일어난다.

살면서 필요한 건 늘 단 1%의 행동이다. 오늘 당장 한 페이지라도 읽는 습관은 어떤가? 매일 한 줄만 읽어도 되는데 왜 안 읽을까? 사람이 성장하기 위해서는 겉이 아니라 내면이 변해야 한다. 바로 의식이 성장해야 하는 것이다. 이 의식의 성장을 도와주는 것이 책이다. 책뿐이다. 책에 담긴 생각을 읽을 수 있어야 제대로 읽은 거다. 즉, 책 읽기는 한번 시작하고 나면 관성이 생기게 되어 있는데, 전부 다 읽지 않아도, 아주 큰 노력 없이도 유지된다. 책 한 페이지 읽는다는 뜻은 거인의 어깨에 올라타는 거다. 제대로 읽어 습관이 되면 거인 어깨에 올라타 더 빠르게 성장하게 된다.

한 페이지를 읽는 작은 습관을 성공시켜보아라. 아무리 작은 성공이라도 기쁘고 행복하게 받아들이는 사람은 매일 성공하는 사람이다. 그러나 아무리 큰 성공이라도 부족하다고 여기거나 '때문에'라는 핑계를 일삼는 사람이라면 매일 실패하는 사람이다. 한 페이지를 읽다 보면 어느 날 한 권을 완독한 당신을 보게 될 거다. 사실 책 한 페이지 읽기 쉽지 않을 수 있다. 현재 당신 삶이 만족스럽지 않아 이 세상을 바꾸고 싶은가? 수많은 책에서 인생이 기적처럼 바뀔 거라며 몇백, 몇천, 몇만 권 독서법을 이야기하는데 읽을 용기가 나는가? 책 읽기에 흥미를 잃은 당신은 어쩌면 읽어도 별 볼 일 없을 삶이라고 불평할지도 모르겠다. 만날 사람 다 만나 인간관계 유지에 신경 쓰고, 취미생활 여러 가지를 동시에 하고 온갖 문화생활을 다 하며 독서를 할 수 없다. 어제까지와는 다른 삶을 살고 싶다면 어설픈 독서가가 되지 마라. 지독하게 파고들어보라. 다른 건 제쳐두고 오늘 당장 한 페이지라도 보자.

방탄소년단의 성공 이유는 독서라고 한다. 방탄소년단은 책을 읽게 하는 아이돌로 불린다. 독서를 통해 곡을 쓰고 팬들과 소통한다. 어디서 대기를 하더라도 책을 읽고 책으로 노래를 만든다. 언어적 감각이 뛰어나고 노래에 깊은 메시지들이 많다. 방탄소년단 멤버들이 읽은 책, 방탄소년단 앨범에 모티브가 된 책들은 전 세계적으로 열풍을 일으키며 판매량이 급상승하기도 했다. 가장 대표적인 도서는 헤르만 헤세의 『데미안』이다. 이 책은 2016년 발매한 정규 2집 앨범 〈WINGS〉의 밑바탕이 되었고 어두운 세계를 알게 된 소년의 갈등과 성장을 감각적으로 표현했다. 5억 뷰를 돌파한 타이틀곡 '피 땀 눈물' 뮤직비디오에서는 클래식 음악과 미술작품, 심리학, 문학 등 평소 방탄소년단 멤버들의 책 읽는 모습을 자주 볼 수 있다.

『나는 나무에게 인생을 배웠다』의 한 페이지다.

"세상에서 가장 나이 많고 지혜로운 철학자, 나무에게 배우다. 나무 의사로 살아온 지 30년. 곰곰이 되짚어보니 내가 나무를 돌본 게 아니라 실은 나무가 나를 살게 했다는 생각이 들었다. 살면서 부딪치는 힘든 문제 앞에서도 나는 부지불식간에 나무에게서 답을 찾았다. 척박한 산꼭대기 바위틈에서 자라면서도 매해 꽃을 피우고 열매를 맺는 나무의 한결같음에 나는 감히 힘들다는 투정을 부릴 수 없었다. 평생 한 자리에서 살아야 하는 기막힌 숙명을 의연하게 받아들이는 나무를 보면서는 포기하지 않는 힘을 얻었다. 그래서 나는 생각한다. 남은 날들을 꼭 나무처럼만 살아가자고. 마지막 순간까지 최선을 다해 살다가 미련 없이 흙으로 돌아가는 나무처럼, 주어진 하루하루 후회 없이 즐겁고 행복하게 살다가 편안하게 눈 감을 수 있기를 바라는 것이다. 나무 곁에 서면 불필요한 일과 무의미한 관계가 구분되고, 삶은 저절로 단순해진다."

우리가 책을 읽으려고 해도 읽어지지 않는 이유는 명분을 찾지 못해서이다. 인간의 뇌는 생각만으로 바뀌지 않는다. 환경을 바꾸지 않는 이상 바뀌지 않는다. 이제부터라도 읽는 나로 바꾸려면 환경을 바꿔보자.

당신이 삶의 주인공으로 사는 방법은 한 페이지를 읽는 것이다. 책 읽기로 운명을 바꿀 수도 있다. 읽어라, 무엇이든. 읽되 현재 자기 고민과 문제의 키워드를 찾아 내 문제를 해결해보는 경험의 읽기가 중요하다. 무엇이든 처음이 중요한 것 같다. 책에서 멀어졌다면 아마 책 읽는 삶을 내 것으로 못 만들었을 것이다. 내가 읽었던 첫 페이지는 "경청하라."는 한 줄이었다. 소통에 관련된 책을 읽었었다. 남편과의 감정을 회복한 후 다른 분야 책도 눈에 들어오기 시작했다.

"현재를 살면서 불행하다거나 성공적이지 않다고 느낄 때는 언제든 바로 그때 우리는 과거에서 배우건 미래를 계획해야 한다."

-『선물』

살고 싶은 대로 한 번 살아보고 싶은 것이다. 책을 쓸 수 있다는 것을 알게 되었고, 몰입할 수 있다는 것을 알게 되었고, 스스로에게 선물을 줄 수 있는 사람이라는 것도 알게 되었다. 무엇보다 내면의 자산을 쓸 수 있는 사람이라는 걸 알게 되었다.

-『익숙한 것과의 결별』

내가 그랬던 것처럼 당장 서점으로 달려가라. 온라인도 좋지만 발품, 손품, 눈품부터가 독서의 시작이다. 그래야 프롤로그 첫 페이지라도 읽지 않겠는가? 왜 안 읽을까? 마음을 닫은 채 자신이 세상 모든 걸 알고 있다고 생각해서일 수도 있겠다. 독서하지 않는 사람은 자신의 무지를 알지 못하는 경우가 많다. 마음을 열고 읽었으면 좋겠다. 인생 고민을 진정 해결하고 싶은가? 진정 당신 삶의 변화를 원한다면 지금부터 지독하게 읽기 시작하라. 맨날 그만두고 싶다고 하지 말고 직장인이라면 업무에 관한 책을, 사업자라면 사업 관련 책 한 페이지라도 읽고 하나라도 적용을 해보고 시행착오를 겪어라. 부자가 되고 싶다면 관심 있는 분야 주식, 부동산, 금융 관련 책을 자기 수준에 맞는 책을 골라 한 줄이라도 읽어보라. 독서는 책을 고르는 순간부터 독서 시작이다. 가볍게 시작하라.

당신 마음이 끌리고 시선이 가는 그 한 페이지, 한 문장이나 단어가 당신 인생에 기적을 가져다줄지도 모른다. 내게 온 기적처럼 말이다. 책 한 페이지를 내 것으로 만들고 원하는 삶을 이뤄나가고 싶어 노력해왔다.

"너무 오랫동안 고민하다가 너무 늦게 올바른 길이라며 선택하기보다는 용감하게 결심하고서 잘못된 선택이 될지언정 일단 실천을 해보는 것이 낫다."

언젠가 읽었던 이 글이 나를 열정적으로 살게 했던 적이 있다. 나도 늘 작은 유혹에도 마음이 흔들리고, 고비 앞에 약하게 맥없이 무너지곤 했다. 그러니 흔들리지 않으려고 책을 읽었다. 힘든가? 포기하지만 마라. 책이 있지 않은가? 책에게 당신 인생을 맡겨보라. 책 한 권 다 읽어야 한다는 강박에서 벗어나라. 괜찮다. 다 안 읽어도 된다.

책이 나를 살게 했다. 살면서 부딪치는 힘든 문제 앞에서 책에서 답을 찾아가며 말이다. 파도타기 같은 내 삶에게 자주 힘들다는 투정도 했다. 힘들 때 늘 달려갔다. 항상 그 자리 답을 가진 책이 있었다. 의연하게 받아주는 책을 보면서 포기하지 않는 힘을 얻었다. 나는 다짐한다. 남은 날들도 책과 함께 살아갈 거라고. 엘바섬에 유배 갔을 때에도 수많은 책에 둘러싸여 독서를 즐기고 마지막 죽기 직전까지도 독서에 열중했다는 나폴레옹처럼.

오늘부터 당장 한 페이지라도 읽어라. 당신도 살아가면서 한 번쯤 독서로 하루를 기쁘게 보냈으면 좋겠다. "지금부터 5년 후의 모습은 두 가지에 의해 결정된다. 그것은 지금 만나는 사람과 지금 읽고 있는 책이다."라는 글을 본 적 있다. 지금 당신은 어떤 책을 읽고 있는가? 누구를 만나고 있는가?

그저 삶이 답답해 물을 데가 없어 찾았던 곳이 서점이었다. 차 마시며 심심하니 보이는 책을 읽었을 뿐이다. 짧은 명언집을 읽었다. 인간관계, 업무, 재테크, 건강 책 모두 인생사와 관련된 것이었다. 행복하고 성공하고 싶어 읽었다. 내가 변하고 싶어 습관에 관한 책도 읽었다. 서너 권씩 넣어 다니며 읽었다. 대체 몇 권을 읽었는지 모르겠다. 내용이나 영감은 남았는데 누가 물으면 기억 안 나는 책 제목도 많다. 읽었던 책들이 나를 만든다더니 그 말이 맞다.

요즘 책을 내고 난 후 준비를 착착 하고 있다. 〈한책협〉의 1인 지식창업 과정, 블로그 운영 과정, 카페 운영 과정 등 전 과정을 화상으로 배우고 있다. 배움 통로는 여러 가지다. 배워도 돌아서면 잊어버리기도 하지만 나이가 들어도 뭔가 배운다는 건 참 가슴 뛰게 기쁜 일이다. 책 한 페이지, 한 권을 읽고 다 기억 못 하면 자꾸 읽으면 된다. 멈추지만 않으면 된다. 읽고 배우는 것을 우선순위에 두라.

오늘 마음의 위안을 주는 책 한 페이지 읽기 어떤가? 살아가면서 당신 삶의 기쁨을 위해 무엇을 하고 사는가?

"우리가 고통의 대부분을 스스로 만들어내듯이, 기쁨 역시 스스로 만들어낼 능력이 있습니다."

－『JOY, 기쁨의 발견』

영적 지도자의 일주일간의 대화를 담은 책이다. 소중한 시간을 함께한 두 성인의 화두는 '슬픔과 고통이 가득한 세상에서 어떻게 기쁨을 찾을 것인가'이다. 코로나19로 밖으로 나가지 못하는 요즘, 일상이 멈춘 거 같아 이 책을 집었다. 책의 한 줄이 나에게 열정적으로 살 힌트를 준다.

이제는 나를 위해 책 한 페이지를 읽자. 이루고 싶은 꿈이 뭔가? 절박한 꿈인가? 당신이 이루고 싶은 그 꿈을 이룬 누군가가 있다. 이끌려가는 삶이 아니라 나 스스로 행복을 만들어가는 삶을 원한다면 내가 나에게 무언가 해줄 수 있는 책 읽기를 하라. 누구에게나 짊어지고 가야 할 인생의 무게가 있을 것이다. 생명을 가진 모든 존재는 무언가를 늘 선택하며 살게 된다. 무엇을 택하고 무엇을 버릴 것인가? 어떤 선택을 하느냐에 따라 만족감과 행복감이 다를 것이다. 내 삶의 길잡이가 되어줄 책한 페이지를 지금 펼치는 건 어떨까?

지금도 여전히
책에 목마르다

월세와 빚으로 시작한 내가 독서를 통해 돈을 벌고 우울함을 극복하고 긍정적인 마음으로 행복을 꾸려가고 있다는 이야기가 허황돼 보이고 한낱 꿈같이 느껴지는가? 책을 처음 읽을 때 누가 내게 추천해준 것도 아니었고, 이렇게 나를 변화시킬 줄 몰랐다. 예전 내 삶에 비하면 기적 같은 삶이다. 누구나 '목적 있는 책 읽기'로 얼마든지 당신이 원하는 방향으로 삶을 바꿀 수 있다고 감히 말할 수 있다. 너무 어려운 책을 안 읽어도 된다. 자기에게 맞는 필요한 책이면 된다. 하지만 중요한 건, 반드시 종이에 적으라는 것이다! 행동으로 옮기는 독서, 꿈을 종이에 적는 독서, 당신도 삶을 풍요롭게 변화시켜줄 '꿈 독서'를 이제부터라도 시작해 당신 삶에 일어날 기적을 직접 경험해보길 바란다. 삶에서 이루고자 하는 목표를 세우고 관심 분야 책을 읽고 종이에 적고 행동으로 옮겨라.

책에서 받은 정보나 지식을 그대로 적용하거나 책에서 깨달음을 응용해가며 많은 것을 내 것으로 만들었다. 독서를 통해 원하는 삶을 살 수 있다는 것을 다른 사람과 나누고 싶다. 그러다 보면 내 자신은 더욱더 삶의 가치를 더 높여나갈 수 있을 것이다.

지금까지 가족과 주변인이 변하길 바라던 삶이었지만 내가 먼저 변하는 삶으로 방향을 틀기로 마음먹었다. 이 모두가 책이 내게 가져다준 기적이라고밖에 표현할 길이 없다.

책은 돈과 시간이 부족해도 쉽게 만날 수 있다. 언제든지 읽다가 멈추어도 책에게는 미안해하지 않아도 된다. 다시 펼쳐보면 되니까 말이다. 해결하고 싶은 내 삶의 고민에 맞춰 내 속도대로 깨달아갈 수 있는 것은 책을 선택했기 때문이다. 책을 읽으며 남편과 함께 하고 있는 화장품 사업의 비전을 세울 수 있었고, 부는 부수적으로 따라왔다. 맞벌이의 고단함과 결혼 생활의 힘듦이나 인간관계를 차치하고도 무엇보다 건강, 불규칙한 수입으로 인한 경제적 어려움도 큰 문제로 다가왔다. 계속 그렇게 살기 싫었고 내 부모가 그랬듯 가난함은 더더욱 물려주기가 싫었다. 주위에 친절히 알려줄 부자도 없었다.

이제 내가 책이 되는 꿈을 꾼다. 어제와 다를 바 없이 반복되는 일상에 지쳐 힘들게 고민하며 사는 많은 사람들이 책과 상의하며 원하는 삶을 행복하게 살아갔으면 좋겠다는 바람으로 썼다. 물질과 내면이 동시에 풍요로워야만 행복한 부자라고 믿기에……. 건강, 인간관계, 육아, 사업, 부, 삶 등 살면서 부딪히는 수많은 물질적, 정서적 문제를 어떻게 해결해 나갔는지 구체적인 스토리를 예를 들며 썼다. 독서로 삶이 달라질 수 있다는 뜻을 전하고 싶었다. 나도 믿기지 않을 만큼 책으로 얻은 게 너무 많다. 사업을 해 돈은 돌고 도는데 매번 돈에 쪼들리는 상황이 지속되었을 때 손에 든 것은 책이었다. 책을 읽고 책 저자를 찾아가 상담도 하고 강의도 들었다. 지금도 여전히 책에 목마르다. 내 삶의 멘토인 책을 읽어 갈수록 내 멘토가 되어 줄 선한 사람을 잘 찾아낼 안목도 생겼다.

책을 가까이 두는 내 습관 같은 노력들로 내가 먼저 변했다. 환경이 먼저 달라지지는 않았다. 달라진 건 나였다. 독서를 하면서 서서히 달라졌다. 나는 정말 책에서 많은 걸 얻은 인생이다. 내 아이들에게 물려주고 싶은 것은 책을 읽는 삶의 유익함을 꼭 남겨주고 싶다.

책 안 읽던 남편도 책을 쓰고 있다. 인생 후반전 부부 작가로 살며 함께 우리 경험을 나누며 살아가고자 한다. 딸도 책 덕분에 꿈 덩어리로 성장했고, 아들도 많이 편안해져가고 있다. 이 책을 쓸 때 가장 응원을 많이 해준 사랑하는 남편과 딸, 아들의 협조가 없었으면 완성하지 못했을 것이다. 정말 고맙다. 그리고 김태광 작가님과 권동희 작가님 부부의 도움이 없었다면 이 책이 나오기는 힘들었을 것이다. 감사의 말씀을 드린다.

독서가 좋다는 건 이제 너무도 식상하고 질릴지도 모르겠다. 독서를 하며 내 의식을 성장시켰고 내 삶에서 어느 정도 부를 이루는 꿈도 이루어냈다. 원하는 모습을 상상했다. 적고 찍고 그리고 붙이고 또 꿈꾸고 실행했다. 내 인생 보물지도는 지금도 진행 중이고 모두 이룰 것인데, 이것을 상상하는 것만으로도 충분히 행복하다. 물질의 빈곤보다 슬픈 건 의식의 빈곤이다. 의식은 독서로 채울 수 있다.

20여 년 전에 비해 지금은 책뿐만이 아니라, 온라인으로도 마음만 먹고 찾아만 보면 온갖 인생사 고민하고 꿈을 이룰 지름길, 공부할 수 있는 통로가 열려 있고 멘토를 찾을 수 있다. 언제든 연락해도 좋다. 독서를 통해 종이 위의 기적을 이루길 바라며······.

부록

인생을 바꾸는
기적의 100권 도서목록

1) 『나는 질병 없이 살기로 했다』, 하비 다이아몬드, 사이몬북스
2) 『다이어트 불변의 법칙』, 하비 다이아몬드, 사이몬북스
3) 『결국 당신은 이길 것이다』, 나폴레온 힐, 흐름 출판
4) 『확신의 힘』, 웨인 다이어, 21세기북스
5) 『100억 부자 생각의 비밀 필사노트』, 김도사, 위닝북스
6) 『생각의 비밀』, 김승호, 황금사자
7) 『읽어야 이긴다』, 신성석, 교보문고
8) 『부자가 되는 정리의 힘』, 윤선현, 위즈덤하우스
9) 『선물』, 스펜서 존슨, RHK코리아
10) 『돈을 아는 여자가 아름답다』, 윤승희, 쌤앤파커스
11) 『상상의 힘』, 네빌 고다드, 서른 세 개의 계단
12) 『내가 상상하면 꿈이 현실이 된다』, 김새해, 미래지식
13) 『놓치고 싶지 않은 나의 꿈 나의 인생』, 나폴레온 힐, 국일미디어
14) 『강남 사모님의 특별한 조언』, 김규정, 알투스
15) 『굿바이 게으름』, 문요한, 더난
16) 『기쁨의 발견』, 딜라이 라마 외, 위즈덤하우스
17) 『5가지 사랑의 언어』, 게리 채프먼, 생명의말씀사
18) 『행복한 이기주의자』, 웨인 다이어, 21세기북스
19) 『성공해서 책을 쓰는 것이 아니라 책을 써야 성공한다』, 김태광, 위닝북스
20) 『당신이 누구인지 책으로 증명하라』, 한근태, 클라우드나인
21) 『운을 불러오는 49가지 말』, 혼다 켄, 씽크북
22) 『대통령과 부동산』, 이종규, 부연사

23) 『모든 비즈니스는 브랜딩이다』, 홍성태, 쌤앤파커스
24) 『엄마의 자존감 공부』, 김미경, 21세기 북스
25) 『호오포노포노의 비밀』, 조비테일, 판미동
26) 『사장이 전부다』, 고야마 마사히코, 위즈덤하우스
27) 『사업을 한다는 것』, 레이크록, 센시오
28) 『지금 이 순간을 살아라』, 에크하르트 톨레, 양문
29) 『결혼 후 행복해지는 사람 불행해지는 사람』, 김주언, 좋은책만들기
30) 『가계 부채 1100조 시대 회사처럼 가계를 경영하라』, 박기웅, 생각비행
31) 『익숙한 것과의 결별』, 구본형, 을유문화사
32) 『사장 일기』, 폴다운스, 유노북스
33) 『90년생이 온다』, 임홍택, 웨일북스
34) 『포노 사피엔스』, 최재붕, 쌤엔파커스
35) 『초인들의 삶과 가르침을 찾아서』, 베어드 T. 스폴딩, 정신세계사
36) 『허공의 놀라운 비밀』, 로터스마음연구소장 시전, 남경흥, 지식과 감성
37) 『유인력 끌어당김의 법칙』, 에스더&제리 힉스, 나비랑북스
38) 『그렇다고 생각하면 진짜 그렇게 된다』, 삭티 거웨인, 도솔
39) 『소원을 이루는 마력』, 팸 그라웃, 알키
40) 『커피 한잔의 명상으로 10억을 번 사람들』, 오시마 준이치, 나라원
41) 『종이 위의 기적 쓰면 이루어진다』, 헨리에트 앤 클라우저, 샨티
42) 『일생에 한 번은 고수를 만나라』, 한근태, 미래의 창
43) 『웰컴 투 지구별』, 로버트 슈워츠, 알키
44) 『신이 선물한 기적』, 팸 그라우트, 알키
45) 『소오름 돋는 우주의 법칙』, 고이케 히로시, 나무생각
46) 『세상은 당신의 명령을 기다리고 있습니다』, 네빌 고다드, 서른세개의계단
47) 『3개의 소원 100일의 기적』, 이시다 히사쓰구, 김영사
48) 『될 일은 된다』, 마이클 싱어, 김정은 옮김, 정신세계사
49) 『당신의 소중한 꿈을 이루는 보물지도』, 모치즈키 도시타카, 나라원
50) 『최고의 변화는 어디서 시작되는가』, 벤저민 하디, 비즈니스북스
51) 『운을 만드는 집』, 신기율, 위즈덤하우스
52) 『신의 멘탈』, 호시 와타루, 21세기 북스
53) 『하워드의 선물』, 에릭 시노웨이, 메릴 미도우, 위즈덤하우스
54) 『나는 단호해지기로 결심했다』, 롤프 젤린, 걷는나무
55) 『내 안에서 나를 만드는 것들』, 애덤 스미스 원저, 러셀 로버츠 저, 세계사
56) 『운을 지배하다』, 사쿠라이 쇼이치, 후지타 스무스, 프롬북스
57) 『보랏빛 소가 온다』, 세스 고딘, 재인
58) 『결단』, 롭 무어, 다산북스
59) 『돈이란 무엇인가』, 이즈미 마사토, 오리진 하우스
60) 『나는 지금 점프한다』, 마이크 루이스, 움직이는서재
61) 『부동산 계급사회』, 손낙구, 후마니타스

62) 『왓칭』, 김상운, 정신세계사
63) 『두번째 명함』, 크리스 길아보, 더퀘스트
64) 『자기경영노트』, 김승호, 황금사자
65) 『돈과 인생의 비밀』, 혼다 켄, 더난
66) 『나는 돈에 미쳤다』, 젠 신체로, 위너스 북
67) 『알면서도 알지 못하는 것들』, 김승호, 스노우폭스북스
68) 『혼창통 당신은 이 셋을 가졌는가?』, 이지훈, 쌤앤파커스
69) 『타이탄의 도구들』, 팀 페리스, 토네이도
70) 『돈은 4색 통장에 맡겨라』, 카메다 준이치로, 성안당
71) 『돈 경제가 어려울수록 꼭 필요한 자기경영』, 보도 섀퍼, 북플러스
72) 『몸이 전부다』, 이상원, 올림
73) 『나는 나무에게 인생을 배웠다』, 우종영, 한성수 엮음, 메이븐
74) 『부자가 되려면 부자에게 점심을 사라』, 혼다 켄, 더난
75) 『경제습관을 상속하라』, 조진환, 한빛비즈
76) 『나는 브랜드다』, 조연심, 미다스북스
77) 『돈보다 운을 벌어라』, 김승호, 쌤앤파커스
78) 『백만장자 시크릿』, 하브 에커, RHK코리아79)
79) 『정상에서 만납시다』, 지그 지글러, 산수야
80) 『부자 아빠의 세컨드 찬스』, 로버트 기요사키, 민음인
81) 『채용이 전부다』, 한근태, 올림
82) 『회계경영』, 이나모리 가즈오, 다산북스
83) 『배움을 돈으로 바꾸는 기술』, 이노우에 히로유키, 예문
84) 『고득성의 인생은 돈 관리다』, 고득성, 다산북스
85) 『돈 버는 사람은 분명 따로 있다』, 이상건, 더난
86) 『좋아 보이는 것들의 비밀』, 이랑주, 인플루엔셜
87) 『왜 A학생은 C학생 밑에서 일하게 되는가』, 로버트 기요사키, 민음인
88) 『나는 심플한 관계가 좋다』, 한근태, 두앤북
89) 『비즈니스 발가벗기기』, 리처드 브랜슨, 리더스북
90) 『매력자본』, 캐서린 하킴, 민음사
91) 『지속하는 힘』, 고바야시 다다아키, 아날로그
92) 『미라클모닝』, 할 엘로드, 한빛비즈
93) 『결단』, 천천, 쉬지엔, 미르북스
94) 『핑크펭귄』, 빌 비숍, 스노우폭스북스
95) 『경험을 돈으로 바꾸는 세가지 비결』, 장영광, 박성훈, 청춘미디어
96) 『백만불짜리 습관』, 브라이언 트레이시, 용오름
97) 『고객의 80%는 비싸도 구매한다』, 무라마츠 다츠오, 씨앤톡
98) 『왜 사업하는가』, 이나모리 가즈오, 다산북스
99) 『부의 추월차선』, 엠제이 드마코, 토트
100) 『백만장자 메신저』, 브랜든 버처드, 리더스북